普通高等院校船舶与海洋工程“十三五”规划教材
普通高等院校“三海一核”系列规划教材
黑龙江省优秀学术著作出版资助项目

船舶操纵性

主　编　孙玉山
副主编　张国成　张铁栋　李岳明　曹　建
主　审　庞永杰

哈尔滨工程大学出版社
Harbin Engineering University Press

内 容 简 介

船舶操纵性是船舶的重要性能之一。本书共八章，系统地介绍了船舶操纵性的概念及基本理论知识，包括船舶操纵性的含义和发展简史、船舶操纵运动方程、船舶运动稳定性、船舶的回转运动与机动性、船舶水动力导数的理论计算方法、船舶操纵性设计、船舶操纵性试验及船舶操纵运动控制等内容。

本书可作为船舶与海洋工程专业本科生和研究生教材，也可供从事船舶设计和研究工作的相关专业技术人员参考。

图书在版编目(CIP)数据

船舶操纵性 / 孙玉山主编. —哈尔滨 ：哈尔滨工程大学出版社，2019.7
ISBN 978-7-5661-1705-2

Ⅰ. ①船… Ⅱ. ①孙… Ⅲ. ①船舶操纵 Ⅳ. ①U675.9

中国版本图书馆 CIP 数据核字(2017)第 259823 号

选题策划 张玮琪
责任编辑 张 昕 张志雯
封面设计 刘长友

出版发行 哈尔滨工程大学出版社
社　　址 哈尔滨市南岗区南通大街 145 号
邮政编码 150001
发行电话 0451-82519328
传　　真 0451-82519699
经　　销 新华书店
印　　刷 哈尔滨市石桥印务有限公司
开　　本 787 mm×1 092 mm 1/16
印　　张 10.5
字　　数 255 千字
版　　次 2019 年 7 月第 1 版
印　　次 2019 年 7 月第 1 次印刷
定　　价 38.80 元
http://press.hrbeu.edu.cn
E-mail:heupress@hrbeu.edu.cn

前　言

21 世纪是海洋的世纪，伴随着世界各国快速发展，经济贸易往来越加频繁，而其中海运是世界贸易运输中最重要的运输手段。船舶操纵性是船舶航行的重要性能之一，对航运安全有着重要影响。特别是近年来，随着海运业的发展，船舶吨位的急剧增大，航速的不断提高及通航密度的加大都使得船舶航运安全成为一个突出的问题，各国航运部门对船舶操纵性的要求更加明确、严格。

“船舶操纵性”也是船舶与海洋工程专业本科生的重要课程之一。本书系统地介绍了船舶操纵性的概念及基本理论知识。第 1 章介绍了船舶操纵性的含义和发展简史；第 2 章介绍了常用的船舶操纵运动方程；第 3 章介绍了船舶运动稳定性相关内容；第 4 章介绍了船舶的回转运动与机动性的主要概念和求解分析；第 5 章介绍了船舶水动力导数的理论计算方法；第 6 章介绍了船舶操纵性设计；第 7 章介绍了回转试验、Z 形操纵试验等典型操纵试验和计算流体动力学（CFD）操纵数值模拟；第 8 章介绍了船舶操纵运动控制的基本理论知识。

本书由孙玉山担任主编，张国成、张铁栋、李岳明、曹建担任副主编，由哈尔滨工程大学庞永杰教授主审。笔者在编写本书过程中，得到了哈尔滨工程大学丁勇教授的悉心指导，以及张英浩、李成涛、于洋、廖欢欢、曹东东、付廿立、于鑫等研究生的热心帮助，在此一并表示感谢。

由于编者水平有限，加之时间仓促，书中难免存在不足和错误之处，敬请广大读者和同行专家批评指正。

编　者

2019 年 1 月

主 要 符 号

$O_1-x_1y_1z_1$——固定于地球的固定坐标系（定系）。

$G-xyz$ ——固联于船舶（潜艇）的运动坐标系（动系）。

$\boldsymbol{V}$——船舶（潜艇）重心处的航速。

u、v、w ——航速 $\boldsymbol{V}$ 在 $G-xyz$ 坐标系上的投影，分别称为纵向速度、横向速度和垂向速度。

$\boldsymbol{\Omega}$——船舶（潜艇）转动的角速度。

p、q、r ——角速度 $\boldsymbol{\Omega}$ 在 $G-xyz$ 坐标系上的投影，分别称为横摇角速度、纵摇角速度和艏摇角速度（回转角速度）。

$\boldsymbol{F}$——作用于船舶（潜艇）上的力。

X、Y、Z ——力 $\boldsymbol{F}$ 在 $G-xyz$ 坐标系上的投影。

$\boldsymbol{M}$——作用于船舶（潜艇）上的力矩。

L、M、N ——力矩 $\boldsymbol{M}$ 在 $G-xyz$ 坐标系的投影。

m ——船舶（潜艇）质量。

I_x、I_y、I_z——船舶（潜艇水下状态）对 x、y、z 轴的转动惯量。

ψ、θ ——艏向角、航速角。

δ ——舵角。

β ——漂角。

δ_r——零法向力舵角。

λ_{11}、λ_{22}——船体沿 Gx 和 Gy 方向运动的附加质量系数。

λ_{66}——船体绕 Gz 轴转动的附加转动惯量系数。

X_{vv}、X_{vr}、X_{rr}——船体纵向水动力的二阶导数。

$X(u)$ ——直航时的船体阻力。

X_{R0}——零舵角时舵的阻力。

t ——螺旋桨推力减额。

J_P——螺旋桨进速系数。

$\boldsymbol{V}_R$——计入船体和螺旋桨影响后舵处水流的有效流速。

α_R——舵的有效舵角。

α_H、x_H——舵对船体水动力的影响系数及此水动力作用点的坐标。

ω_p——螺旋桨伴流系数。

K——回转性指数或回转圈的反横距。

$\boldsymbol{F}_H$、$\boldsymbol{F}_R$、$\boldsymbol{F}_p$——作用于船体、舵、螺旋桨上的水动力。

T——应舵指数或船的吃水、螺旋桨推力和回转周期。

C——稳定性衡准数。

C'——回转稳定性衡准数。

C_N——舵法向力系数。

l_v——位置力臂。

l_s——阻尼力臂。

D_s——定常回转直径。

D_T——战术直径。

A_d——纵距。

T_r——横距。

φ_s——定常回转横倾角。

φ_d——回转动力横倾角。

r_K——临界回转角速度。

δ_K——临界舵角。

r_0——航向不稳定的船舵角 $\delta=0$ 时的回转角速度。

A_R——舵面积。

X'、Y'、Z'——力投影 X、Y、Z 的无量纲值(除以 $1/2\rho V^2L^2$)。

L'、M'、N'——力矩投影 L、M、N 的无量纲值(除以 $1/2\rho V^2L^3$)。

Y_v——水动力 $Y(u,v,r,\delta)$ 对横荡速度 v 的偏导数在展开点 $u=u_0$,$u=r=\delta=0$ 处的值,Y_r、Y_δ、N_v、N_r、N_δ 等的意义与此相似。

X_H、X_p、X_R——作用于船体、螺旋桨和舵上的水动力在 Gx 轴上的投影,Y_H、Y_p、Y_R、N_H、N_p、N_R 等的意义与此相似。

Y_{NL}、N_{NL}——船体非线性横向水动力和艏摇力矩。

Y_φ、N_φ——横倾角 φ 对 Y_H、N_H 影响的附加项。

f_α——舵法向力系数对舵角的导数。

σ_j——第 j 个点源(位于(η_j,ξ_j)处)的强度。

S_B——计及由纵向运动速度引起的下沉和纵倾后的船体湿表面积。

Y_o、N_o——约束力和力矩的幅值。

$\bar{\varphi}_y$、$\bar{\varphi}_n$——约束力和力矩的横向位移之间的相位差。

h——船舶(潜艇)稳心高度。

$\bar{C}_L$——计算由于指挥室围壳升力对潜艇附着涡的影响时,经修正的无因次切片升力曲线的斜率。

$\bar{v}f_w$——指挥室围壳升力在艇体附着涡的起始位置 x_1 处的 y 轴方向的速度分量。

$\boldsymbol{Y}_H$、$\boldsymbol{Z}_H$——横向、垂向水动力。

$\boldsymbol{K}_H$、$\boldsymbol{M}_H$、$\boldsymbol{N}_H$——横倾、纵倾和转艏水动力矩。

FRT ——自由自航船模试验。

ORT ——斜航试验。

RAT ——旋臂试验。

PMM、VPMM、LAHPMM ——平面运动机构、垂直面平面运动机构、大振幅水平面平面运动机构。

说明 本书中量的符号在运算时，如无特殊说明，均表示大小关系，不指明方向。

目　　录

第 1 章　绪论 …… 1

1.1　船舶操纵性的含义 …… 1

1.2　船舶操纵性研究的发展过程 …… 3

1.3　船舶在风浪中的操纵性概述 …… 5

1.4　非常规水下航行体操纵性概述 …… 7

第 2 章　船舶操纵运动方程 …… 8

2.1　坐标系与船舶运动情况描述 …… 8

2.2　船舶运动方程式 …… 12

2.3　作用在船上的惯性类水动力 …… 16

2.4　船所受的黏性类水动力、水动力导数 …… 20

2.5　船舶操纵方程式 …… 25

第 3 章　船舶运动稳定性 …… 36

3.1　运动稳定性概述 …… 36

3.2　航向稳定性与保向性 …… 38

3.3　船舶直线运动的自动稳定性 …… 39

3.4　船舶控制稳定性 …… 50

第 4 章　船舶机动性 …… 53

4.1　船舶的回转运动 …… 53

4.2　定常回转运动 …… 63

4.3　回转运动计算 …… 66

4.4　定常回转运动的稳定性 …… 74

第 5 章　船舶水动力导数的理论计算 …… 77

5.1　简单几何形体的附加质量的理论计算 …… 77

5.2　计算水动力导数的流体力学方法 …… 79

第 6 章　船舶操纵性设计 …… 90

6.1　概述 …… 90

6.2　船舶操纵性设计标准 …… 92

6.3　舵设计 …… 93

6.4　船舶在浅水及限制水域中的操纵性概述 …… 104

第 7 章　船舶操纵性试验 …… 106
7.1　实船试验 …… 108
7.2　船模试验 …… 120
7.3　船舶操纵模拟器 …… 134
7.4　计算流体动力学数值模拟 …… 136
第 8 章　船舶操纵运动控制 …… 140
8.1　运动控制基本原理 …… 140
8.2　船舶运动控制概述 …… 144
附录　向量的绝对改变与相对改变的关系 …… 152
参考文献 …… 155

第1章　绪　　论

1.1　船舶操纵性的含义

船舶操纵性是船舶重要的航行性能之一。船舶操纵性主要研究船舶保持和改变其航速、航向及位置的能力，与航行的安全性、经济性及军舰的战斗力和生命力有着密切关系。船舶一旦丧失操纵能力，航行就缺少了起码的安全保障。对于军舰，良好的操纵性是提高战斗力的重要手段，因此军舰有更高的操纵性要求。随着船舶的高速化、巨型化和航运密集程度加大，船舶操纵性的研究日益显示其重要性。

在船舶航行的过程中，为了尽快到达目的地和减少燃料的消耗，驾驶者总是力求使船舶以一定的速度沿直线航行；而当在预定的航线上发现障碍物或其他船舶时，为了避免碰撞，驾驶者又要使船舶及时改变航速或航向。在这两种情况下，驾驶者所采取的操作称为对船舶的操纵；船舶在运动上对驾驶者的操纵作出反应的能力称为船舶的操纵性，或者说船舶操纵性是指船舶根据控制系统（舵手、计算机控制系统）的指令，借助其控制装置（螺旋桨、舵翼等）来改变或保持其运动状态（速度、姿态、方向等）的能力，即船舶能保持或改变航速、航向和位置的性能。

这里所谓的“运动状态”，是指由作为时间函数的船舶所处的位置及线速度、线加速度、角速度、角加速度等矢量所决定的运动状况。各矢量同时也决定了船舶运动的轨迹。

具体来说，操纵性包含如下四个方面的内容：

（1）航向稳定性　指船舶在水平面内的运动受扰动而偏离平衡状态，当扰动完全消除后，保持原有航向运动的性能。如图 1.1 所示。

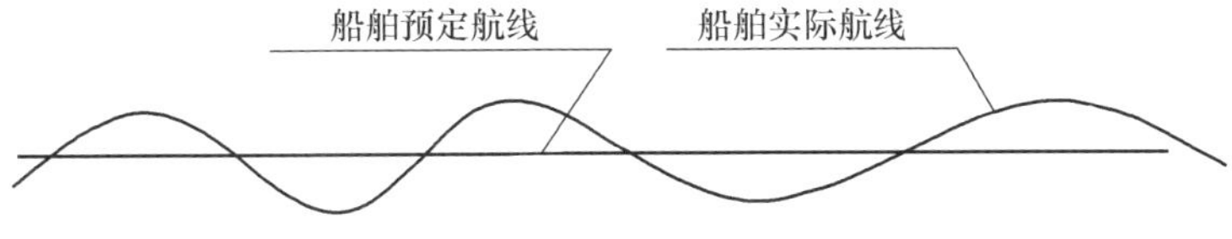

图 1.1　船舶的航向稳定性

（2）回转性　指船舶应舵作曲线运动的性能。

（3）转艏性及跟从性　指船舶应舵转艏及迅速进入新的稳定运动状态的性能。前者称为转艏性，后者称为跟从性。

（4）停船性能　指船舶对惯性停船和倒车停船的响应性能。

所以具有良好操纵性的船舶，在直线航行时能保持运动方向，需要转向时能迅速地改变航向，使船舶按照预定的航线航行，并且具有适合的停船性能。

船体形状对操纵性有重要影响，因为船在水中航行时，船体上所受的水动力受船型影响很大。但船体本身不能实施航行操纵，如果没有操纵装置的作用，船不能自动改变航向而按所需的航线运动。为了使船舶具有合适的操纵性，其必须具备专门的操纵装置，以提供按驾驶者的意图迫使船舶改变航向的力矩。另外，即使在良好的海况下，船也会不断地偏离航向，要保持航向必须不断地操船。所以不论是保持航向或改变航向，都要靠操纵装置来实现。船的操纵装置的种类很多，如舵、襟翼舵、平旋推进器、横向推力器、直翼推进器和主动转向装置等。各装置的作用都是提供一个使船转向的力。舵的构造简单、工作可靠、造价低廉，是目前应用最广泛的操纵装置。其他操纵装置仅在少数对操纵性能有特殊要求的船上使用。

从使用者的观点来看，船舶操纵包括复杂而具体的内容，如靠离码头、系带浮筒、在狭窄水道内航行、风浪中操纵、紧急碰壁、拖带船舶及海上救助等。而要正确地驾驶船舶需要合理地使用操纵六要素，即舵、车、锚、缆、风和流，其中舵是操纵的关键性设备。因此，设计性能优良的船型和舵是船舶安全而迅速地完成预定任务的必要基础。

关于操纵性的完整含义表述，人们也一直不断地在探索和发展。1946 年戴维逊首先从运动稳定性理论出发，说明船舶操纵性应包括航向稳定性和回转性两个方面；1970 年日本召开第二届船舶操纵性会议，藤井齐和野本谦作等人对船舶操纵性的含义进一步细化，将其分为小舵角的航向保持性、中舵角的航向机动性和大舵角的紧急规避性，认为只有同时具备这三个方面的性能，船舶才能满足驾驶者的使用要求。

戴维逊的定义着重于从力学上规定操纵性的含义，藤井齐等人的定义则偏重于使用要求。应该指出，两者都是在比较狭隘的范围内定义操纵性的，后者规定的三个方面的性能只包括了一般的使用要求，而且船舶并非都是用舵来操纵的。

从实际的船舶操纵过程来看，驾驶者是通过一系列操纵设备实现对船的操纵。通常驾驶者从船上的显示器得到预定航向与实际航向的差别，为纠正这一差别，驾驶者发出舵角指令，并要求操纵舵轮。舵机接到舵轮指令后，转动舵到某规定舵角，同时也将实际舵角值传送到显示器上，以供进一步操纵使用。当船舶在海湾、内海或者进入泊地及在港内系泊时，经常要频繁地使用主机控制速度大小，以避免碰撞或触礁，确保航行安全，由此形成速度改变的闭环回路。实际航行中，驾驶者就是通过这两个闭环系统来改变船舶的运动状态。

在图 1.2 所示的操纵系统中，每一个矩形框表示一个环节，每一个环节都接收一个（或几个）输入信号，而产生相应的输出信号。这些环节组成一个闭环回路系统，即反馈系统。系统中每个环节的特性都对系统特性有影响，不同特性的组合构成系统的特性。

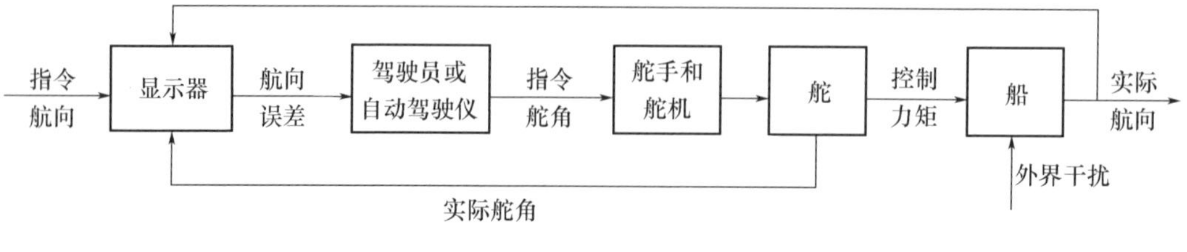

图 1.2　船舶操纵系统

原则上，一艘船的操纵性能取决于整个系统的特性。所以在考虑一艘船的操纵性时，不应只片面地追求一个环节的性能而不顾及其他环节。图 1.3 所示为船舶的虚拟控制台。

图 1.3 船舶的虚拟控制台

1.2 船舶操纵性研究的发展过程

与其他学科一样，船舶操纵性的研究也经历了萌芽、发展和成熟阶段。几乎在第一艘船舶出现的同时，就有了操纵船舶的手段。在我国古代，人们曾创造了许多操纵船舶的设备。在独木舟时代就有“剡木为楫”（即单叶短划桨）的说法。楫是一种短划柄桨，兼作船舶的推进器和操纵器。随着航海事业的发展，船舶容积不断增加，单叶短桨已不适用。随后在东汉时期（25—220 年）出现了橹，这是我国独有的一种推进－操纵器。从现代流体力学观点看，橹是一种效率很高的水动力工具。在西汉时期（前 206—公元 25 年），我国就有了关于舵的记载，这是我国发明的专门用于船舶操纵的装置。最迟在 3 世纪，我国已广泛使用舵来操纵船舶。而直到 13 世纪，这一技术才由阿拉伯人由我国传到欧洲。在帆船时代，舵的应用大大提高了船舶的使用性能，舵的出现使“船行八面风”得以实现。19 世纪后，风帆被蒸汽机和柴油机动力所代替，而舵一直沿用至今。在长期实践过程中，我们祖先曾对舵作了许多创造性的改进。在宋代（960—1279 年）已使用了适合在深水和浅水航行的可升降的舵，以及能降低转舵力矩的平衡舵。而西方直到 18 世纪才开始使用平衡舵。至今平衡舵仍是现代船舶普遍应用的一种非常有效和经济的操纵器。

舵、橹与风帆和指南针一样，是中华民族对世界航海和造船事业的伟大贡献。图 1.4 所示为船舶的操纵设备。

船舶操纵性是一门比较年轻的学科，早期的理论研究可追溯到 18 世纪。1776 年，欧拉在《关于造船和驾驶的完整概念》一书中，建立了第一个描述船舶曲线运动的方程式。但在此后的一百年中进展不大。1860 年，人们开始使用实船或船舶模型的回转试验来标定回转轨迹。直到 19 世纪 40 年代，其仍是研究船舶操纵性方法中占主导地位的方法。1911 年，

(a)

(b)

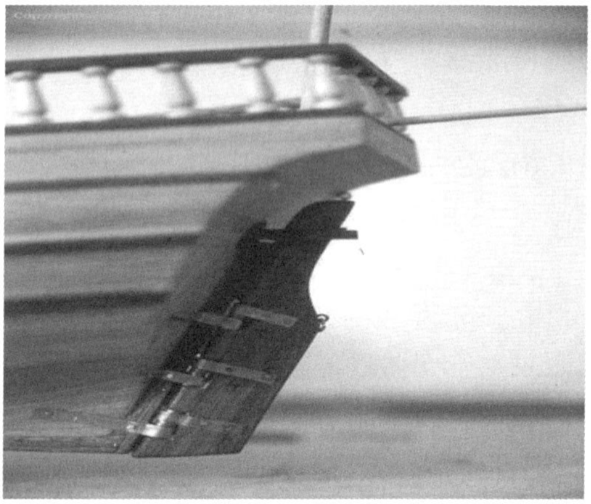

(c)

(d)

图 1.4　船舶的操纵设备

(a)橹；(b)篙；(c)舵；(d)风帆

布朗在《飞行中的稳定性》一书中首先提议用“缓慢运动导数”来表达流体动力。布朗直观地创立的这一方法，至今仍是船舶操纵性研究中的一个重要手段。在这方面作出贡献的学者还有米诺尔斯基、库查尔斯基和温布轮等人的著作。他们分别把船舶作为类似于机翼和飞艇的物体来研究其操纵性。1912 年，霍夫加特建立了计算船舶稳定回转直径的实用方法和图谱。随着航空事业的发展，人们把研究飞机、飞艇操纵性的方法和成果引入造船中来。

1939 年，巴辛利用里雅普诺夫的运动稳定性理论，研究了船舶的航向稳定性问题。1944 年，肯夫提出用 Z 形操舵试验结果来评价船舶操纵性。两者的工作开创了船舶对操舵的动态响应的研究。

所有这些早期研究工作虽然为后人奠定了基础，但都未能建立一个完整的描述船舶受控运动的方程式和给出一个完整的操纵性概念。

现代船舶操纵性的研究始于戴维逊和许夫的工作。两人于 1946 年发表的《回转和航向保持性》一文中第一次给出了运动方程式的正确结构形式和准确的操纵性概念，从而建立了船舶操纵性的线性理论。在以后短短的几十年中，随着航运事业和科学技术的发展，船舶操纵性学科有了飞速的发展。许多学者提出了各种形式的船舶操纵运动方程，代表性的有两种：一种是阿柏科维茨于1967年在其《船舶操纵性水动力讲座》中严格推导出的运动方程，其特点是水动力以泰勒级数的形式表示；另一种是日本操纵性数学模型小组（MMG）于1977年提出的MMG方程，其特点是以船体、螺旋桨和舵各自单独的水动力为基础，加上船－桨－舵相互之间的流体动力干扰，从而为讨论非线性运动提供了有力的数学工具。

1957年，野本谦作在《论船舶操纵性》一文中，将船看作一个动态系统，用经典的控制理论来分析船舶操纵运动，提出了用一阶近似船舶操纵运动方程和Z形操纵试验确定K、T指数的方法。提出的一阶方程形式简单，K、T指数物理意义鲜明，得到了广泛应用，尤其是这种研究方法有力地促进了船舶操纵性研究的发展。

近十多年来，随着计算机技术和计算流体动力学（CFD）技术的发展，数值计算方法越来越广泛地用于操纵运动船体水动力的计算。因数值计算方法可以方便地得到流场细节和进行重复计算，所以适合于在船舶设计阶段对不同船型的操纵运动流场和水动力进行比较。

国内哈尔滨工程大学、上海交通大学、中国船舶科学研究中心、华中科技大学、武汉理工大学、海军工程大学、中国舰船研究设计中心、海军大连舰艇学院等单位都开展了大量的相关研究工作，主要集中在水下航行体、水面舰船的非定常水动力数值计算。中国船舶科学研究中心建立了适用于低速水下航行体的非定常操纵运动数值预报方法，并基于CFX软件，建立了相应的数值模拟方法，分析了大攻角流体动力及分离流动结构随雷诺数变化特性。哈尔滨工程大学提出的一种基于CFD技术的三维滑行艇水动力数值研究方法，可以成功捕捉到滑行艇滑行过程中产生的水流飞溅现象。国内各相关单位已开展了数值水池的相关研究工作，利用CFD软件模拟水池中的自由液面及波浪的生成、传播，准确再现了回转过程中的各种宏观流动现象，得到了作用于模型上的水动力。

国际船舶操纵性领域中，对基准数据作出贡献的主要是SIMMAN学委会2008年发布的文章，包括对KVLCC1、KVLCC2、KCS和5415四条模型在浅水和深水状态下作平面运动及自航模试验时的水动力系数。上海交通大学邹早建研究小组对KVLCC1模型在深水和浅水中作纯横荡运动、纯艏摇运动黏性流场进行了数值模拟，计算了作用在船体上的水动力和力矩。对KVLCC2模型的斜航运动黏性流场进行数值模拟，计算得到了不同漂角时的横向水动力、艏摇力矩、船体表面压力分布及尾流场。中国船舶科学研究中心采用CFD技术，针对KVLCC2型船模，开展其在低速、小振幅运动中的操纵性研究，得到船模在纯横荡运动、纯舷摇运动及带漂角的舷摇运动过程中所受侧向力和舷摇力矩。

近年来，操纵性研究不断向新的领域发展。船舶在浅水、窄航道中的操纵性，在风、浪及水流作用下的操纵性，两船接近时的操纵性，肥大型船舶的操纵性，以及船舶动力定位等新课题的研究，正在不断取得令人鼓舞的成果。

1.3 船舶在风浪中的操纵性概述

船舶在风浪中的操纵性研究已经有近30年的历史，但直到近年才有了实质性的研究进展。随着船舶水动力学学科的发展，风浪中的船舶操纵性研究在近年来出现了热潮。风浪中的船舶操纵性和航向稳定性对于船舶的航行安全至关重要。当船舶在风浪中处于尾斜浪或顺浪航行时,可能出现稳性丧失和横甩等现象,所以船舶在波浪中的操纵性问题已引起人们的关注。

模型试验方法是研究风浪中的操纵性能较为可靠的方法。上海交通大学采用一种新型自航模系统的操纵性试验和数值模拟的方法对规则波中 VLCC 的操纵性能进行了研究。重点研究分析了不同波长、初始浪向角对 VLCC 操纵性的影响。海军大连舰艇学院探讨了风浪中失速、横漂、突然偏转、波群与船舶操纵性等安全航行密切相关的问题。

除了模型试验方法以外,有两种数值方法被用来研究风浪中的船舶操纵性:一种方法是将船舶操纵运动方程和船舶耐波性理论结合起来,先采用耐波性理论方法计算操纵运动方程中的水动力系数,包括初期的切片理论和细长体理论方法,以及较现代的三维面元法,然后求解操纵运动方程,对风浪中的船舶操纵性进行预报;另一种更现代的方法是采用 CFD 工具,使用重叠网格和自由面追踪或捕捉技术,通过联立求解流体运动方程和刚体运动方程,用时间步进的方式直接数值模拟风浪中的船舶操纵运动,从而实现对风浪中的操纵性的数值预报。

上海交通大学、哈尔滨工程大学、海军大连舰艇学院、江苏科技大学和中国船舶科学研究中心做了相关工作。海军大连舰艇学院的石爱国教授就船舶在风浪中的失速现象提出新的计算模式。江苏科技大学探究了滑行艇水气双重介质共同作用下的运动响应情况,针对喷水推进滑行艇的高速运动原理,建立了水气双重介质作用下滑行艇非线性的纵向运动数学模型。

动力定位技术是一项跨学科的综合性技术,其通过实时检测船舶实际位置与目标位置的偏差,根据风、浪、流等外界扰动力的影响对各推力器参数进行计算和分配,使船舶保持预定位置。近几年哈尔滨工程大学、中国船舶科学研究中心、上海交通大学等单位开展了船舶动力定位技术研究。哈尔滨工程大学是我国最早的动力定位技术的研发单位,并于 20 世纪 80 年代研制出能够应用于深海救生艇的四自由度动力定位系统,是国内第一套动力定位系统。此外还有一些自主研发的动力定位系统和技术已经成功运行在我国的某些舰船上,如某猎雷舰的动力定位系统,海洋石油 981 深水半潜式钻井平台(图 1.5)动力定位系统国产化技术研究等。中国船舶科学研究中心在国家高技术研究发展计划(863 计划)支持下,基于风浪流中船舶运动研究成果,在铺缆船拘束模和自航模试验的基础上,开发出动力定位样机,并在实船上调试成功。上海交通大学开展了动力定位系统中的模型预测控制方法(轨迹跟踪)研究。

图 1.5 海洋石油 981 深水半潜式钻井平台

1.4 非常规水下航行体操纵性概述

深海作业装备所担负的作业任务和总体要求对其操纵性设计提出了挑战。水下航行体与水面船不同,多了垂直面内的运动。对于具有复杂构型的深海载人潜水器,国内并没有现成的设计方法和研究经验。"蛟龙号"载人潜水器 1 000 ~7 000 m 级 50 余次海试的成功及展现的优良操纵性能,体现了中国操纵性设计在非常规水下航行体操纵性设计研究方面取得的进步。

中国船舶科学研究中心开展了深海海底环境下潜水器坐离底吸附力的试验研究,探讨了潜水器坐离底吸附力的影响因素和规律。基于风洞和旋臂水池模型试验结果,分析建立了海流作用下潜水器六自由度运动数学模型,以及潜水器抗流运动自动操舵和推力器自动控制模型。以此为基础对海流作用下潜水器的运动特性进行了预报分析。同时,针对海洋作业潜水器作业要求,开展了应用调节索进行抗流运动的功能分析及水动力性能设计工作,而新型操纵面的应用研究则为提高水下航行体水下作业时操纵控制性能提供了良好的技术手段。水下航行体的垂直面内运动如图 1.6 所示。

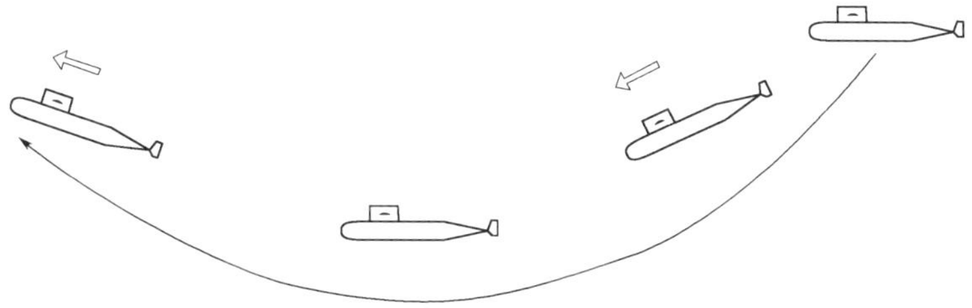

图 1.6 水下航行体的垂直面内运动

当前,扁平型体已成为水下航行体外形设计的一个重要方向。与传统的细长回转体水下航行体相比,扁平型水下航行器的水动力特性有较大的差别,这给其操纵性能带来显著的影响,也给其操纵性设计带来挑战。近年来,中国船舶科学研究中心对扁平型体水动力特性开展了持续深入研究,掌握了扁平型体的操纵运动水动力特性和操纵性变化规律,建立的数值计算方法可达到工程实用精度。

第 2 章　船舶操纵运动方程

船舶操纵性主要讨论的是船舶的受控运动,采用解析方法研究物体运动规律。本章的主要内容是分析作用于船舶上的力及力矩,建立船舶操纵性数学模型,以作为分析航向稳定性和机动运动的基础。

2.1　坐标系与船舶运动情况描述

2.1.1　坐标系

为了描述船舶的运动,我们选取两种右手直角坐标系(图 2.1):固定坐标系$O_1-x_1y_1z_1$(以下简称"定系")固定于地球;运动坐标系 $G-xyz$(以下简称"动系")固联于船舶,随船一起运动。G 点为动系原点,通常 G 点取在船舶重心或舯部剖面处。Gx 轴取为船纵轴,以指向船首为正;Gy 轴与纵剖面垂直,以指向右舷为正; Gz 轴垂直于水线面,以指向龙骨为正(注意和耐波性计算时坐标系 z 轴的区别),这样就组成了一个固联在船体上的右手坐标系。

图 2.1　右手直角坐标系

由于分析船体受力在动系中较为方便,运动矢量也在动系中表示:船重心处的速度 $\boldsymbol{V}$ 在动系 $G-xyz$ 上的投影为 u、v、w;船舶以角速度 $\boldsymbol{\Omega}$ 转动,角速度在动系 $G-xyz$ 上的投影为 p、q、r;船舶所受外力 $\boldsymbol{F}$ 在动系 $G-xyz$ 上的投影为 X、Y、Z;力矩 $\boldsymbol{M}$ 在动系 $G-xyz$ 上的投影为 L、M、N。角速度和力矩的正方向按右手系的规定,如 r 和 N 的正方向是使 Gx 轴转向 Gy 轴。各变量的具体描述见表 2.1。

表 2.1 船舶运动各变量的具体含义

$O_1-x_1y_1z_1$	固定于地球的固定坐标系
$G-xyz$	固联于船舶(潜艇)的运动坐标系
$\boldsymbol{V}$	船舶(潜艇)重心处的航速
u、v、w	航速 $\boldsymbol{V}$ 在 $G-xyz$ 坐标系上的投影,分别称为纵向速度、横向速度和垂向速度
$\boldsymbol{\Omega}$	船舶(潜艇)转动的角速度
p、q、r	角速度 $\boldsymbol{\Omega}$ 在 $G-xyz$ 坐标系上的投影,分别称为横摇角速度、纵摇角速度和艏摇角速度(回转角速度)
$\boldsymbol{F}$	作用于船舶(潜艇)上的力
X、Y、Z	力 $\boldsymbol{F}$ 在 $G-xyz$ 坐标系上的投影
$\boldsymbol{M}$	作用于船舶(潜艇)上的力矩
L、M、N	力矩 $\boldsymbol{M}$ 在 $G-xyz$ 坐标系上的投影

在建立船舶动力学方程式之前,先对船舶操纵运动的情况进行介绍。

2.1.2 船在水平面内运动情况分析

当船受到力的作用后,如操舵,在其艏向航迹变化的同时,还可能伴有升沉、纵摇和横摇运动。大多数的船对某些力的作用所产生的升沉、纵摇和横摇运动较小,可以忽略,即可以单独研究水平面内的运动;对于横摇较大的船,如集装箱船、滚装船和高速军舰,可以考虑横摇运动,从而构成四自由度的运动。

静水假设:海面无风、无浪、无流。

1. 操舵后船的运动

船在航行时,若向右转一舵角 δ,则舵上受到流体动力 $\boldsymbol{F}_R$ 作用。力 $\boldsymbol{F}_R$ 对船重心 G 的力矩使船向顺时针方向旋转,逐渐使船的中纵剖面与船航速 $\boldsymbol{V}$ 的方向之间形成一个夹角,称为漂角,以 β 表示。把船的水下部分看作小展弦比的翼(吃水的两倍是展,船长是弦)。漂角 β 相当于翼的冲角,故出现漂角后船体上将受到如图 2.2 所示的流体动力 $\boldsymbol{F}_H$ 的作用。力 $\boldsymbol{F}_R$ 与 $\boldsymbol{F}_H$ 的作用,一方面使船产生加速度,使船的重心 G 作变速曲线运动,同时力 $\boldsymbol{F}_R$ 与 $\boldsymbol{F}_H$ 对重心 G 的力矩又使船产生角加速度,使船绕重心 G 作变角速度转动。所以船的操纵运动是固体在流体表面的平面运动(图 2.2)。在一般情况下,其运动特点是,船的重心 G 作变速曲线运动,同时船又绕重心 G 作变角速度转动,船的中纵剖面与航速之间有漂角 β。

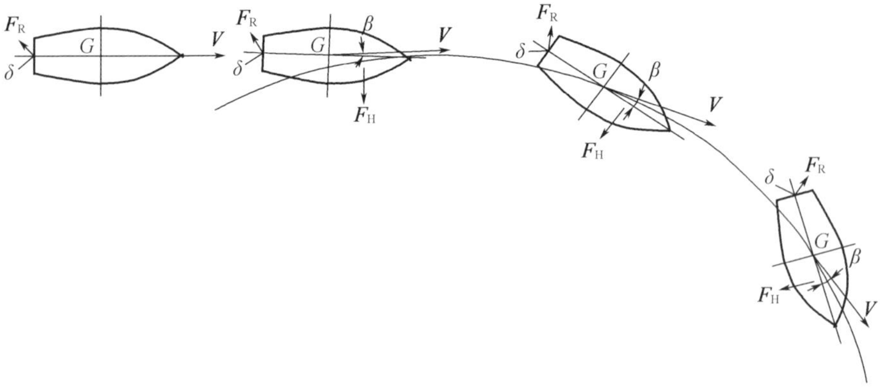

图 2.2　操舵后船的平面运动

2. 船舶操纵运动参数的表示及说明

为了描述船在空间运动的方位情况，需在大地坐标系（即"定系"）中来描述，以平面运动为例，表示船舶操纵运动的参数如图 2.3 所示。

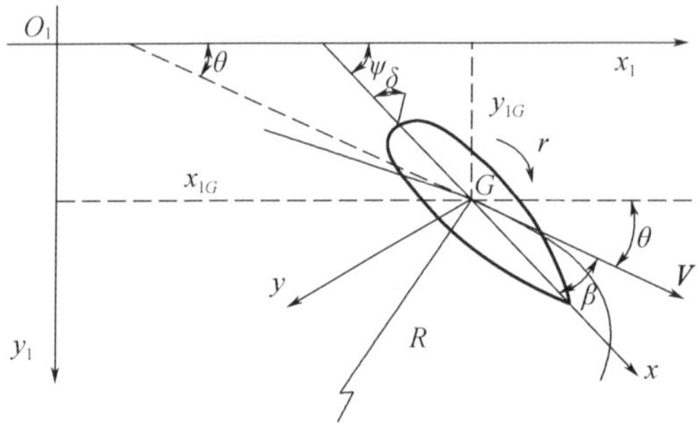

图 2.3　表示船舶操纵运动的参数

图中主要参数说明如下：

x_{1G}、y_{1G}——重心 G 的坐标。

ψ——艏向角，为 O_1x_1 与船体艏向 Gx 轴之间的夹角，规定自 O_1x_1 顺时针转到 Gx 为正，反之为负。

β——漂角，即重心处的航速 $\boldsymbol{V}$ 与 Gx 轴之间的夹角，规定自航速 $\boldsymbol{V}$ 转向 Gx 轴顺时针方向为正，反之为负。航速 $\boldsymbol{V}$ 在动系 $G-xyz$ 上的投影为 $u=V\cos\beta, v=-V\sin\beta$。

θ——航速角，即航速 $\boldsymbol{V}$（船重心 G 运动轨迹的切线）与 O_1x_1 轴的夹角，规定自 O_1x_1 轴转向 $\boldsymbol{V}$ 顺时针方向为正，反之为负。

r——艏摇角速度，顺时针方向为正。

δ——舵角，左舵为正，右舵为负。

所以表示船运动的主要参数是速度参数 u、v、r 和位置参数 x_{1G}、y_{1G}、ψ。一般来说，研究船舶操纵性的基本任务是研究在给定操舵规律 $\delta(t)$（也可以是在其他操纵装置如主动舵、旋转导流管等的操纵规律下）与推力（矩）的情况后，上述参数如 $u(t)$、$v(t)$、$\psi(t)$ 等随时间的变化规律。这一问题只有通过受力分析,建立和求解船舶操纵运动微分方程式后才能解决。

因为船在水中运动时的受力取决于其运动情况,所以在分析船舶的受力之前,还将对船舶操纵运动的特点再作一些分析。这里主要是针对漂角进行分析,因为其对船舶操纵运动时所受的流体动力和力矩有重要影响。

3. 漂角 β 随时间和沿船长的变化特性

船舶操纵运动的情况不同于一般机翼运动情况。一般机翼是以某一不变的冲角作直线平移运动,而船舶操纵运动的特点是不仅重心的运动是曲线运动,而且有绕重心的转动,故其所受流体动力也不同于一般的机翼,不仅与速度 $\boldsymbol{V}$ 有关,还与转动的角速度 r 有关。

下面对船运动时漂角随时间的变化情况,以及同一瞬间船中纵剖面上各点漂角的情况加以分析。

显然,艏向角 ψ、航速角 θ 和漂角 β 之间有如下关系(图 2.4),即

$$\psi = \theta + \beta$$

船转动的角速度可表示为

$$r = \frac{\mathrm{d}\psi}{\mathrm{d}t} = \frac{\mathrm{d}\theta}{\mathrm{d}t} + \frac{\mathrm{d}\beta}{\mathrm{d}t}$$

所以漂角 $\beta = \psi - \theta$ 是船相对于航速 $\boldsymbol{V}$($\boldsymbol{V}$ 本身的方向也随时间改变)的角位移。漂角随时间的变化率$\left(\frac{\mathrm{d}\beta}{\mathrm{d}t} = \frac{\mathrm{d}\psi}{\mathrm{d}t} - \frac{\mathrm{d}\theta}{\mathrm{d}t}\right)$是船相对于航速 $\boldsymbol{V}$ 的转动角速度,漂角 β 是随着艏向角 ψ 和航速角 θ 二者的变化而变化的。

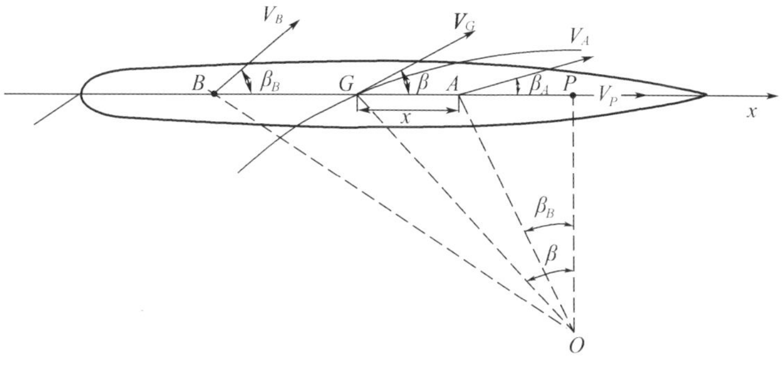

图 2.4 船中纵剖面上各点速度的大小和方向

航速角 θ 与重心处的速度 $\boldsymbol{V}$、重心轨迹的曲率半径 R 之间有如下关系,即

$$\frac{\mathrm{d}\theta}{\mathrm{d}t} = \frac{\boldsymbol{V}}{R}$$

重心处速度 $\boldsymbol{V}$ 在定系下的速度分量为

$$\begin{cases} u_{1G} = u\cos\psi - v\sin\psi \\ v_{1G} = u\sin\psi + v\cos\psi \end{cases}$$

所以船转动的角速度为

$$r = \frac{d\varphi}{dt} = \frac{\boldsymbol{V}}{R} + \frac{d\beta}{dt}$$

航向改变是角速度产生的原因,这里有回转运动产生的角速度和船体绕重心的角速度(和速度的夹角)原因的总和。

由于船舶操纵运动时,不仅有移动,同时还有转动,所以在同一瞬时,船上各点速度的大小和方向都是不同的,平面运动的物体上各点的速度可以看成物体绕瞬时速度中心作转动的速度,可以用此方法来分析船上各点漂角的情况。

根据船的运动特点(平动加转动),在同一瞬时,各点速度的大小和方向均不相同,那么各点上的漂角就不同。设船重心 G 的速度为 $\boldsymbol{V}$,漂角为 β。A 为船中纵剖面上任意一点,A 点至重心 G 的距离为 x(图 2.4)。

由质点运动定理,对重心有 $V = OG \cdot r$,对任一点 A 有

$$V_A = \frac{OA}{OG}V,\ V_A = OA \cdot r$$

一般地,船的回转半径角为船长的 3 ~4 倍,所以 $\angle AOG$ 较小。

故可以近似地取

$$\angle AOG = \frac{x}{OG} = \frac{x}{V/r} = \frac{xr}{V}$$

所以 A 点处的漂角 β_A 与重心处的漂角 β 的关系为

$$\beta_A = \beta - \angle AOG = \beta - \frac{xr}{V} \tag{2.1}$$

对于在重心向船尾方向的点,如图 2.4 中的 B 点,式(2.1)中 x 值应取为负值。越靠近船尾,漂角越大,船尾处最大。艏摇角速度与重心处的航速之比越大,各点处的漂角的差别就越大。

在艏艉线上(或延长线上)有一点漂角为 0°,即速度的方向与船对称面一致,此点称为“枢心”(如图 2.4 中的 P 点,其 V_P 与 x 轴同向,故漂角 $\beta_P = 0°$)。在枢心前后漂角的方向将改变符号。

由以上分析可知船操纵运动时中纵剖面上各点速度的大小和方向(即漂角的分布)的规律是,船艉处的速度和漂角最大,向艏逐渐减小,至枢心 P 点处漂角减小至 0°,而速度最小;再向艏则漂角和速度又逐渐增大,但漂角变为负值,而且由式(2.1)可以看出,船转动的角速度愈大,沿船长各点处速度的大小与漂角的差别也就愈大。所以船在水面作操纵运动时,由于不仅有移动,同时还有转动,中纵剖面上各点相对于水流运动的速度和漂角都是不同的。因此船上所受到的流体动力和力矩的大小,不仅取决于船重心处的航速和漂角,还与转动的角速度 r 的大小有关。

2.2 船舶运动方程式

船舶操纵性是研究刚体在流体中的运动,主要是研究所受流体动力的作用。物体所受的流体动力与物体形状及物体的运动方向(如攻角)有关。当物体运动时,物体的形状在定系下是时间的函数,随物体的运动而变化,这将使运动方程变得十分复杂;而物体形状在动

系中不随时间变化,因此船舶受力在动系中表示方便。但应用牛顿运动定律建立的船舶运动方程需要采用惯性坐标系,即大地坐标系。所以船的速度、加速度等仍是相对大地系的,矢量投影到动系上去。而且应用动量定理和动量矩定理时,对时间求导必须是对于惯性坐标系的,这里需要进行两坐标系间对时间求导的变换,要将在大地坐标系上建立的运动方程转换到船体坐标系上去。具体推导可参见附录。这里直接给出船舶六自由度的运动方程式,即

$$\begin{cases} m\dot{u} + m(qw - vr) = X \\ m\dot{v} + m(ur - pw) = Y \\ m\dot{w} + m(pv - uq) = Z \\ I_x\dot{p} + (I_z - I_y)qr = L \\ I_y\dot{q} + (I_x - I_z)pr = M \\ I_z\dot{r} + (I_y - I_x)pq = N \end{cases} \tag{2.2}$$

式中,前三个等式为质心运动定理在动系上的表示,后三个等式即为著名的刚体绕定点转动的欧拉动力学方程式。

2.2.1 坐标原点在重心的船舶运动方程式

一般船舶在静水表面作操纵运动时,升沉、纵倾和横倾很小,即为微幅运动。对于水平面运动,可忽略升沉、纵摇和横摇的影响,即令

$$w = 0,\ p = 0,\ q = 0$$

则六自由度的运动方程化简为三自由度的水平面运动方程为

$$\begin{cases} m(\dot{u} - vr) = X \\ m(\dot{v} + ur) = Y \\ I_z\dot{r} = N \end{cases} \tag{2.3}$$

对于集装箱船、滚装船和高速军舰等,回转时横倾角较大,则须考虑横倾运动和水平面运动。令 $w = 0,\ p \neq 0,\ q = 0$,即四自由度的水平面运动方程为

$$\begin{cases} m(\dot{u} - vr) = X \\ m(\dot{v} + ur) = Y \\ I_z\dot{r} = N \\ I_x\dot{p} = L \end{cases} \tag{2.4}$$

式(2.3)和式(2.4)均为坐标原点在重心的运动方程式。若水动力试验时所测得的参数是对于舯部($\otimes$)的,则力矩需要进行转换,将试验测得的对舯部的力矩转换为对重心 G 的力矩,有

$$N = N_{\otimes} + x_{\otimes} Y$$

2.2.2 坐标原点在舯部的船舶运动方程式

当坐标原点不在重心处,而是在舯处时,则令重心的坐标为 x_G(图 2.5),有

$$
\begin{cases}
u = u_G, v = v_G - rx_G \\
r = r_G \\
X = X_G, Y = Y_G \\
N = N_G + x_G Y_G \\
I_z = I_{zG} + x_G^2 m
\end{cases}
$$

$$
\begin{cases}
m(\dot{u} - vr) = X \\
m(\dot{v} + ur) = Y \\
I_z \dot{r} = N
\end{cases}
\Rightarrow
\begin{cases}
m(\dot{u}_G - v_G r_G) = X_G \\
m(\dot{v}_G + u_G r_G) = Y_G \\
I_{zG} \dot{r}_G = N_G
\end{cases}
\Rightarrow
\begin{cases}
m[\dot{u} - (v + rx_G) r] = X \\
m(\dot{v} + \dot{r} x_G + ur) = Y \\
(I_z - m x_G^2) \dot{r} = N - x_G Y
\end{cases}
$$

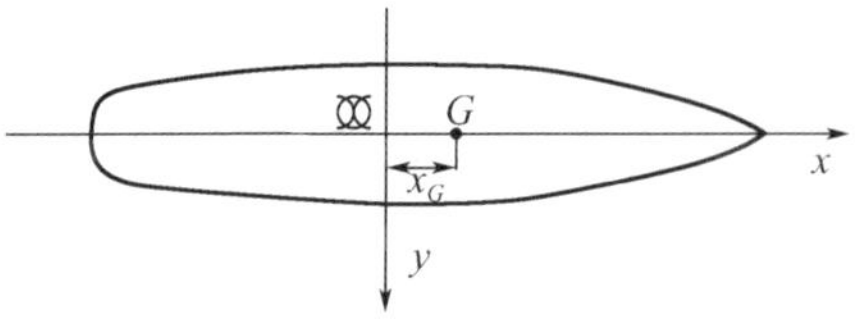

图 2.5　原点在舯部的坐标系

由相对于重心的方程推导相对于舯部的方程，有

$$
\begin{aligned}
I_z \dot{r} - m x_G^2 \dot{r} &= N - x_G Y \\
&= N - x_G m(\dot{v} + ur + x_G \dot{r}) \\
&= N - m x_G^2 \dot{r} - m x_G (\dot{v} + ur)
\end{aligned}
$$

则有

$$
I_z \dot{r} + m x_G (\dot{v} + ur) = N
$$

整理后得，坐标原点不在船的重心时

$$
\begin{cases}
m(\dot{u} - vr - x_G r^2) = X \\
m(\dot{v} + ur + x_G \dot{r}) = Y \\
I_z \dot{r} + m x_G (\dot{v} + ur) = N
\end{cases}
\tag{2.5}
$$

坐标原点在船的重心时

$$
\begin{cases}
m(\dot{u} - vr) = X \\
m(\dot{v} + ur) = Y \\
I_z \dot{r} = N
\end{cases}
\tag{2.6}
$$

式(2.5)和式(2.6)为船舶在水平面内的运动方程组。当受力确定后，即可求解。

2.2.3　船体在操纵运动时的受力

要想通过船舶操纵性运动方程来得到速度、艏向、位置等运动属性，必须确定船体上的受力及其力矩。流体力学的理论和试验结果表明，在流体中作非定常运动的物体在任一瞬时所受到的水动力，不仅与该时刻物体的运动状态有关，而且与物体的运动经历有关，即水动力的“记忆效应”。而速度、加速度对时间的高阶导数项实际反映了船舶运动的历史。在操纵性研究中，人们引入了“缓慢运动”假设，以速度和加速度为标志的物体运动状态随时间的变化十分缓慢，或者说无因次值表示的物体运动速度对时间的所有高阶导数都比运动速度和加速度本身小一个量级以上。缓慢运动的极限状态就是恒定加速度的运动，即准定常运动。

在流体中“缓慢运动”的物体在任一瞬时受到的水动力与运动经历无关，只取决于物体当前的运动状态（即该瞬时的速度和加速度）。

通常可以把作用于船舶的外力分成水动力和非水动力的外力两类。

1. 水动力

船舶在水中运动，推动船体周围的水产生动量，水对船体产生反作用，这种由于船舶运动而引起运动的水对船舶的反作用力称为水动力。水动力的大小、方向和分布都取决于船舶本身的运动，其反过来又影响船舶运动。通常这种水动力只能与船舶运动一起求得，可表示为

$$\boldsymbol{F} = \boldsymbol{F}(X,Y,N) = \boldsymbol{F}_{\mathrm{H}} + \boldsymbol{F}_{\mathrm{wind}} + \boldsymbol{F}_{\mathrm{wave}} + \boldsymbol{F}_{\mathrm{R}} + \boldsymbol{F}_{\mathrm{P}} + \boldsymbol{F}_{\mathrm{cable}}$$

2. 非水动力的外力

把除水动力之外船舶所受的外力统称为非水动力的外力，或称其他外力。属于这类外力的有风力、波浪力、舵力、桨力和系缆力等。

故作用在船上的力可表示为

$$\begin{cases} X = X_{\mathrm{H}} + X_{\mathrm{wind}} + X_{\mathrm{wave}} + X_{\mathrm{R}} + X_{\mathrm{P}} + X_{\mathrm{cable}} \\ Y = Y_{\mathrm{H}} + Y_{\mathrm{wind}} + Y_{\mathrm{wave}} + Y_{\mathrm{R}} + Y_{\mathrm{P}} + Y_{\mathrm{cable}} \\ N = N_{\mathrm{H}} + N_{\mathrm{wind}} + N_{\mathrm{wave}} + N_{\mathrm{R}} + N_{\mathrm{P}} + N_{\mathrm{cable}} \end{cases}$$

这种划分方法，在一定程度上是人为的。严格地讲，风、浪、水流，甚至拖缆力、系泊力等，也都与船舶的运动有关。只是在处理方法上与水动力略有不同。

为简化研究，船在无限深广的平静水面上作操纵运动时所受的流体动力有如下假设：

（1）不考虑风浪作用的平静水面，有

$$\boldsymbol{F}_{\mathrm{wind}} = \boldsymbol{F}_{\mathrm{wave}} = 0$$

（2）不考虑缆的作用，有

$$\boldsymbol{F}_{\mathrm{cable}} = 0$$

（3）采用分离型方程，即将船体与桨、舵单独考虑，有

$$\boldsymbol{F} = \boldsymbol{F}(X,Y,N) = \boldsymbol{F}_{\mathrm{H}}$$

船体周围存在非定常绕流场，船体所受的水动力与船体的几何特征（外形、尺寸）、运动特征（速度、加速度）相关。为了评判不同船舶的操纵性能，通常将水动力无量纲化。

为了简化研究，将船体在实际流体中作非定常运动时所受的水动力分为由与船体加速度相关的惯性引起的惯性类水动力（$\boldsymbol{F}_{\mathrm{I}}, \boldsymbol{M}_{\mathrm{I}}$）和由与船体速度（流场中速度梯度）相关的黏性引起的黏性类水动力（$\boldsymbol{F}_v, \boldsymbol{M}_v$），即

$$\boldsymbol{F} = \boldsymbol{F}(X,Y,N) = \boldsymbol{F}_{\mathrm{H}} = \begin{cases} \boldsymbol{F}_{\mathrm{I}}, \boldsymbol{M}_{\mathrm{I}} \\ \boldsymbol{F}_v, \boldsymbol{M}_v \end{cases}$$

对惯性类水动力（矩）和黏性类水动力（矩）这两部分力（矩），采用不同的分析方法来

确定，并忽略各方法之间的相互影响。

2.3 作用在船上的惯性类水动力

2.3.1 附加质量

任意形状的物体在理想流体中作非定常运动时，其所受到的水动力大小与物体运动的加速度成正比，此比例系数为附加质量系数。共有 36 个附加质量系数（包括附加质量系数、附加质量静矩系数和附加转动惯量系数），可表示为

$$\boldsymbol{\lambda}_{ij} = -\rho\int_S \varphi_j \frac{\partial \varphi_i}{\partial n}\mathrm{d}s \quad (i,j = 1,2,3,4,5,6) \tag{2.7}$$

式中，S 为物体的表面积；φ_1、φ_2、φ_3 分别为物体沿连体系轴 Ox、Oy、Oz 以单位速度平移运动所引起的体速度势；φ_4、φ_5、φ_6 分别为物体绕连体系轴 Ox、Oy、Oz 轴作单纯转动运动所引起的体速度势；$\boldsymbol{\lambda}_{ij}$ 为 6×6 矩阵。可以证明 $\lambda_{ij}=\lambda_{ji}$，故 36 个附加质量系数中只有 21 个是独立的。

λ_{ij} 只取决于物体的形状和坐标轴的选择，与物体的运动速度（角速度）大小情况无关。

根据附加质量系数 λ_{ij} 因次不同，可分为

$$\begin{cases}\text{附加质量}[m] = [\rho l^3]:(\lambda)_{11,22,33},(\lambda)_{12,13,23} \\ \text{附加质量静矩}[ml] = [\rho l^4]:(\lambda)_{14,15,16},(\lambda)_{24,25,26},(\lambda)_{34,35,36} \\ \text{附加转动惯量}[ml^2] = [\rho l^5]:(\lambda)_{44,55,66},(\lambda)_{45,46,56}\end{cases} \tag{2.8}$$

物体以单位加速度沿 j 方向移动或转动时，在 i 方向的流体惯性力（矩）为 $-\lambda_{ij}$。如当物体以加速度 $\dot{u}$ 沿 Ox 轴移动时，受到的流体动力为 $\boldsymbol{R}$，对于任意形状物体，力 $\boldsymbol{R}$ 并不沿 Ox 轴的方向，则

力 $\boldsymbol{R}$ 在三个坐标轴的投影为

$$\begin{cases}R_x = -\lambda_{11}\dot{u} \\ R_y = -\lambda_{21}\dot{u} \\ R_z = -\lambda_{31}\dot{u}\end{cases} \tag{2.9}$$

力 $\boldsymbol{R}$ 对三个坐标轴的力矩为

$$\begin{cases}L_L = -\lambda_{41}\dot{u} \\ L_M = -\lambda_{51}\dot{u} \\ L_N = -\lambda_{61}\dot{u}\end{cases} \tag{2.10}$$

物体绕坐标轴转动时的受力情况与此类似。所以任意形状的物体，即使是沿坐标轴运动，所受流体动力在三坐标轴方向都有力和力矩分量。

若对于有对称面的物体，则计算附加质量可化简。

假设船体有对称面 Oxz（中纵剖面），则船体沿 Ox 轴平移或绕 Oy 轴转动时，周围流的流场也是对称的（对称于 Oxz），所以

$$\begin{cases}\text{沿 } Ox \text{ 轴平移} & \lambda_{21} = \lambda_{41} = \lambda_{61} = 0 \\ \text{沿 } Oz \text{ 轴平移} & \lambda_{23} = \lambda_{43} = \lambda_{63} = 0 \\ \text{绕 } Oy \text{ 轴转动} & \lambda_{25} = \lambda_{45} = \lambda_{65} = 0\end{cases}$$

显然，若物体有一个对称面，则 $i+j$ 为奇数的附加质量系数 λ_{ij} 都为 0，21 个独立的附加质量系数只剩下 12 个不为 0。

若物体有第二个对称面 Oxy（前后对称），则类似有

$$\lambda_{13} = \lambda_{15} = \lambda_{24} = \lambda_{46} = 0$$

z 方向的移动不会产生 x 方向的力，绕 Oy 轴的转动不会产生 x 方向的力，绕 Ox 轴的转动不会产生 y 方向的力，绕 Oz 轴的转动不会产生 x 方向的力。这样附加质量系数还剩 8 个独立的不等于零的系数。

若物体有第三个对称面 Oyz（上下对称），则有

$$\lambda_{26} = \lambda_{35} = 0$$

$\lambda_{ii} \neq 0$，只剩下 6 个独立量位于方阵的对角线上，分别为附加质量和附加转动惯量。

2.3.2 作用在船体上的惯性类水动力

假设船在无限深广的平静水面上作操纵运动时受到流体动力，即认为船是在理想流体中运动。

一般地，物体在无界流体中运动时，流体受扰运动的动能为

$$T = \frac{1}{2}\sum_{i=1}^{6}\sum_{j=1}^{6}\lambda_{ij}v_i v_j \tag{2.11}$$

式中，$v_1 = u, v_2 = v, v_3 = w, v_4 = p, v_5 = q, v_6 = r$。

船体是舯纵剖面左右对称的，所以 $i+j$ 为奇数的附加质量系数为零，将对称条件代入式(2.7)中，得

$$T = \frac{1}{2}(\lambda_{11}u^2 + \lambda_{22}v^2 + \lambda_{33}w^2 + \lambda_{44}p^2 + \lambda_{55}q^2 + \lambda_{66}r^2 + 2\lambda_{13}uw + 2\lambda_{15}uq + 2\lambda_{24}vp + 2\lambda_{26}vr + 2\lambda_{35}wq + 2\lambda_{46}pr) \tag{2.12}$$

流体扰动的动量、动量矩和动能的关系为

$$\begin{cases}B_i = \dfrac{\partial T}{\partial v_i} & (i = 1,2,3) \\ K_i = \dfrac{\partial T}{\partial v_i} & (i = 4,5,6)\end{cases} \tag{2.13}$$

将式(2.12)代入式(2.13)，可得

$$\begin{cases}B_1 = B_x = \dfrac{\partial T}{\partial u} = \lambda_{11}u + \lambda_{13}w + \lambda_{15}q \\ B_2 = B_y = \dfrac{\partial T}{\partial v} = \lambda_{22}v + \lambda_{24}p + \lambda_{26}r \\ B_3 = B_z = \dfrac{\partial T}{\partial w} = \lambda_{13}u + \lambda_{33}w + \lambda_{35}q\end{cases}$$

$$\begin{cases} B_4 = K_x = \dfrac{\partial T}{\partial p} = \lambda_{24}v + \lambda_{44}p + \lambda_{46}r \\ B_5 = K_y = \dfrac{\partial T}{\partial q} = \lambda_{15}u + \lambda_{35}w + \lambda_{55}q \\ B_6 = K_z = \dfrac{\partial T}{\partial r} = \lambda_{26}v + \lambda_{46}p + \lambda_{66}r \end{cases}$$

若不计升沉和纵倾，即 $w = q = 0$，在水平面内有

$$\begin{cases} B_x = \lambda_{11}u \\ B_y = \lambda_{22}v + \lambda_{24}p + \lambda_{26}r \\ K_z = \lambda_{26}v + \lambda_{46}p + \lambda_{66}r \end{cases} \tag{2.14}$$

船舶所受的惯性类水动力 $\boldsymbol{F}$ 和力矩 $\boldsymbol{M}$ 应用在动系中，则求导数的关系式为

$$\begin{cases} \boldsymbol{F} = -\dfrac{\mathrm{d}\boldsymbol{B}}{\mathrm{d}t} = -\left(\dfrac{\mathrm{d}\tilde{\boldsymbol{B}}}{\mathrm{d}t} + \boldsymbol{\Omega} \times \boldsymbol{B}\right) \\ \boldsymbol{M} = -\dfrac{\mathrm{d}\boldsymbol{K}}{\mathrm{d}t} = -\left(\dfrac{\mathrm{d}\tilde{\boldsymbol{K}}}{\mathrm{d}t} + \boldsymbol{\Omega} \times \boldsymbol{K} + \boldsymbol{V} \times \boldsymbol{B}\right) \end{cases} \tag{2.15}$$

将式(2.14)代入式(2.15)，并写成有关的投影式，即得包括横摇的四自由度运动时，作用在船体所受到的惯性类水动力为

$$-X_I = \frac{\mathrm{d}B_x}{\mathrm{d}t} + qB_z - rB_y = \lambda_{11}\dot{u} - \lambda_{22}vr - \lambda_{24}pr - \lambda_{26}r^2$$

$$-Y_I = \frac{\mathrm{d}B_y}{\mathrm{d}t} + rB_x - pB_z = \lambda_{22}\dot{v} + \lambda_{24}\dot{p} + \lambda_{26}\dot{r} + \lambda_{11}ur - \lambda_{13}up$$

$$\begin{aligned} -L_I &= \frac{\mathrm{d}K_x}{\mathrm{d}t} + qK_z - rK_y + vB_z - wB_y \\ &= \lambda_{24}\dot{v} + \lambda_{44}\dot{p} + \lambda_{46}\dot{r} - \lambda_{15}ur + \lambda_{13}uv \end{aligned}$$

$$\begin{aligned} -N_I &= \frac{\mathrm{d}K_z}{\mathrm{d}t} + pK_y - qK_x + uB_y - vB_x \\ &= \lambda_{66}\dot{r} + \lambda_{26}\dot{v} + \lambda_{46}\dot{p} + \lambda_{15}up + \lambda_{22}uv + \\ &\quad \lambda_{24}up + \lambda_{15}up - \lambda_{11}uv \end{aligned}$$

对于水平面运动，忽略横摇，即 $p = 0$，上面四个式子简化为

$$-X_I = \lambda_{11}\dot{u} - \lambda_{22}vr - \lambda_{26}r^2$$

$$-Y_I = \lambda_{22}\dot{v} + \lambda_{26}\dot{r} + \lambda_{11}ur$$

$$-N_I = \lambda_{66}\dot{r} + \lambda_{26}(\dot{v} + ur) + (\lambda_{22} - \lambda_{11})uv$$

对于一般船型，λ_{26}很小，若忽略，得

$$\begin{cases} -X_I = \lambda_{11}\dot{u} - \lambda_{22}vr \\ -Y_I = \lambda_{22}\dot{v} + \lambda_{11}ur \\ -N_I = \lambda_{66}\dot{r} + (\lambda_{22} - \lambda_{11})uv \end{cases} \tag{2.16}$$

特殊情况下：

(1)船体前后对称,即对称于中横剖面;

(2)重叠船体对称于水线面(即船有三个对称面);

(3)无界流体(无边界与自由表面的影响)。

从流体力学知,满足上述条件的物体在运动时,其周围流体所具有的动能为

$$T = \frac{1}{2}(\lambda_{11}u^2 + \lambda_{22}v^2 + \lambda_{33}w^2 + \lambda_{44}p^2 + \lambda_{55}q^2 + \lambda_{66}r^2) \tag{2.17}$$

由于流体的动量、动量矩和动能的关系为

$$\begin{cases} B_i = \dfrac{\partial T}{\partial v_i} & (i = 1,2,3) \\ K_i = \dfrac{\partial T}{\partial v_i} & (i = 4,5,6) \end{cases}$$

则对于在水面内运动的船有

$$\begin{cases} B_x = \lambda_{11}u \\ B_y = \lambda_{22}v \\ K_z = \lambda_{66}r \end{cases}$$

$$\boldsymbol{F} = -\frac{\mathrm{d}\boldsymbol{B}}{\mathrm{d}t} = -\left(\frac{\mathrm{d}\tilde{\boldsymbol{B}}}{\mathrm{d}t} + \boldsymbol{\Omega} \times \boldsymbol{B}\right)$$

$$\boldsymbol{M} = -\frac{\mathrm{d}\boldsymbol{K}}{\mathrm{d}t} = -\left(\frac{\mathrm{d}\tilde{\boldsymbol{K}}}{\mathrm{d}t} + \boldsymbol{\Omega} \times \boldsymbol{K} + \boldsymbol{V} \times \boldsymbol{B}\right)$$

则船体所受到的惯性类水动力为

$$\begin{aligned} \boldsymbol{F}_{\mathrm{I}} &= X_{\mathrm{I}}\boldsymbol{i} + Y_{\mathrm{I}}\boldsymbol{j} \\ &= -\left(\lambda_{11}\dot{u}\boldsymbol{i} + \lambda_{22}\dot{v}\boldsymbol{j} + \begin{vmatrix} \boldsymbol{i} & \boldsymbol{j} & \boldsymbol{K} \\ 0 & 0 & r \\ \lambda_{11}u & \lambda_{22}v & 0 \end{vmatrix}\right) \\ &= -(\lambda_{11}\dot{u}\boldsymbol{i} + \lambda_{22}\dot{v}\boldsymbol{j} - \lambda_{22}vr\boldsymbol{i} + \lambda_{11}ur\boldsymbol{j}) \end{aligned} \tag{2.18}$$

同理,水动力矩为

$$\begin{aligned} \boldsymbol{M}_{\mathrm{I}} &= N_{\mathrm{I}}\boldsymbol{K} \\ &= -[\lambda_{66}\dot{r}\boldsymbol{K} + r\boldsymbol{K} \times (\lambda_{66}r\boldsymbol{K}) + (u\boldsymbol{i} + v\boldsymbol{j}) \times (\lambda_{11}u\boldsymbol{i} + \lambda_{22}v\boldsymbol{j})] \\ &= -(\lambda_{66}\dot{r}\boldsymbol{K} + \lambda_{22}uv\boldsymbol{K} - \lambda_{11}uv\boldsymbol{K}) \end{aligned}$$

整理上式得

$$\begin{cases} X_{\mathrm{I}} = -(\lambda_{11}\dot{u} - \lambda_{22}vr) \\ Y_{\mathrm{I}} = -(\lambda_{22}\dot{v} + \lambda_{11}ur) \\ N_{\mathrm{I}} = -[\lambda_{66}\dot{r} + (\lambda_{22} - \lambda_{11})uv] \end{cases} \tag{2.19}$$

即为所求的流体惯性力。

对于一些特殊情况,如有漂角的匀速直线运动,当 $u = c_1(\neq 0)$,$v = c_2(\neq 0)$,$r = 0$ 时,则所求惯性力、惯性力矩为

$$\begin{cases} X_{\mathrm{I}} = 0 \\ Y_{\mathrm{I}} = 0 \\ N_{\mathrm{I}} = -(\lambda_{22} - \lambda_{11})uv \end{cases} \tag{2.20}$$

式(2.20)最后一项为 Munk 力矩,表示物体在理想流体中作等速直线运动时,所受到的流体动力为零,只受力矩作用。

当 $u=c_1(\neq 0)$,$v=c_2(\neq 0)$,$r=c_3(\neq 0)$时,得到如下公式,即

$$\begin{cases} X_{\mathrm{I}} = \lambda_{22}vr \\ Y_{\mathrm{I}} = -\lambda_{11}ur \\ N_{\mathrm{I}} = -(\lambda_{22} - \lambda_{11})uv \end{cases}$$

一般的船体对于中横剖面是不对称的,所以惯性类水动力应该考虑船体前后的不对称性,即应该加入 λ_{26}和 λ_{62}项。其中 λ_{26}是由于船在绕 Oz 轴转动时,在横向引起的附加质量静矩;而 λ_{62}是由于船在横向运动时,引起的绕 Oz 轴的附加质量静矩,由流体力学知 $\lambda_{26}=\lambda_{62}$,则水平面运动的惯性水动力可以写为

$$\begin{cases} -X_{\mathrm{I}} = \lambda_{11}\dot{u} - \lambda_{22}vr - \lambda_{26}r^2 \\ -Y_{\mathrm{I}} = \lambda_{22}\dot{v} + \lambda_{11}ur + \lambda_{26}\dot{r} \\ -N_{\mathrm{I}} = \lambda_{66}\dot{r} + (\lambda_{22} - \lambda_{11})uv + \lambda_{26}(\dot{v} + ur) \end{cases} \tag{2.21}$$

2.4 船所受的黏性类水动力、水动力导数

2.4.1 水动力的表示式

假定船在无限深广的平静水域,无浪、无流,则作用在一艘确定的船上的黏性类水动力只与船的运动状态有关,并可采用以下三种形式来表达:

表达式 1 去掉桨、舵,只考虑船体,则有

$$\boldsymbol{F} = f(\boldsymbol{V}, \boldsymbol{\Omega})$$

对于船型已定的船,受力只与运动状态有关。该式用于求非线性水动力。

表达式 2 若考虑船-桨-舵是一个系统,则有

$$\boldsymbol{F} = f(\boldsymbol{V}, \boldsymbol{\Omega}, \delta, \dot{\delta}, n)$$

螺旋桨的水动力取决于螺旋桨的转速 n,舵的水动力取决于舵角 δ 和 $\dot{\delta}$。

表达式 3 将螺旋桨作为外力,即把船-舵看成一个系统,且忽略转舵速率的影响,则有

$$\boldsymbol{F} = f(\boldsymbol{V}, \boldsymbol{\Omega}, \delta)$$

该式可用于求线性水动力。

对于水平面运动,可将表达式 3 分解为

$$
\begin{cases}
X = f_X(u,v,r,\delta) \\
Y = f_Y(u,v,r,\delta) \\
N = f_N(u,v,r,\delta)
\end{cases}
\tag{2.22}
$$

式(2.22)即为黏性类水动力的函数表达式。

为了求出黏性类水动力的具体表达式,选择等速直航运动状态为初始状态,即 $u_0 \neq 0$,$v_0 = 0$,$r_0 = 0$,$\delta_0 = 0$,作为展开点,将受力公式展开成泰勒级数,当船受到扰动后,上述参数的变化为

$$
\begin{cases}
\Delta u = u - u_0 \\
\Delta v = v - v_0 = v \\
\Delta r = r - r_0 = r \\
\Delta \delta = \delta - \delta_0 = \delta
\end{cases}
$$

由于船左右对称于中纵剖面,所以当 v、r、δ 改变方向时,纵向力 X 不变,而 N、Y 都要改变,所以 X 为 v、r、δ 的偶函数,而 N、Y 为 v、r、δ 的奇函数,所以 N、Y 对 v、r、δ 的偶次阶导数和偶次阶偶合导数为0。

另外,对于船舶在小舵角下的操纵运动,假设可忽略水动力泰勒展开式中的二阶以上的微量,则水动力的泰勒展开式可以写为

$$
\begin{cases}
X = X_0 + X_u \Delta u \\
Y = Y_0 + Y_u \Delta u + Y_v v + Y_r r + Y_\delta \delta \\
N = N_0 + N_u \Delta u + N_v v + N_r r + N_\delta \delta
\end{cases}
\tag{2.23}
$$

式中,X_0、Y_0、N_0 为船舶无扰动时的受力,X_0 为直航阻力,$X_0 = C_{xf}\frac{1}{2}\rho V^2 L^2$,其中 L 为船舶特征长度,C_{xf}为特征长度无因次化的阻力系数。由船的左右对称可知

$$
Y_0 = 0,\ N_0 = 0,\ Y_u = 0,\ N_u = 0
$$

故

$$
\begin{cases}
X = X_0 + X_u \Delta u \\
Y = Y_v v + Y_r r + Y_\delta \delta \\
N = N_v v + N_r r + N_\delta \delta
\end{cases}
\tag{2.24}
$$

式中采用了国际水池水动力导数的标准符号,即

$$
\begin{cases}
X_u = \left.\dfrac{\partial X}{\partial u}\right|_{u=u_0, v=r=\delta=0} \\
Y_v = \left.\dfrac{\partial Y}{\partial v}\right|_{u=u_0, v=r=\delta=0} \\
Y_r = \left.\dfrac{\partial Y}{\partial r}\right|_{u=u_0, v=r=\delta=0} \\
Y_\delta = \left.\dfrac{\partial Y}{\partial \delta}\right|_{u=u_0, v=r=\delta=0} \\
N_v = \left.\dfrac{\partial N}{\partial v}\right|_{u=u_0, v=r=\delta=0} \\
N_r = \left.\dfrac{\partial N}{\partial r}\right|_{u=u_0, v=r=\delta=0} \\
N_\delta = \left.\dfrac{\partial N}{\partial \delta}\right|_{u=u_0, v=r=\delta=0}
\end{cases}
$$

为了便于比较，常将水动力导数无因次化。取船长 L 为特征长度，重心处的航速 $\boldsymbol{V}$ 为特征速度。将力的方程两端除以力，有

$$F = \frac{1}{2}\rho V^2 L^2$$

将力矩的方程两端除以力矩，有

$$
\begin{cases}
M = \dfrac{1}{2}\rho V^2 L^3 \\
\dfrac{X}{\frac{1}{2}\rho V^2 L^2} = \dfrac{X_0}{\frac{1}{2}\rho V^2 L^2} + \dfrac{X_u}{\frac{1}{2}\rho V L^2}\dfrac{\Delta u}{V} \\
\dfrac{Y}{\frac{1}{2}\rho V^2 L^2} = \dfrac{Y_V}{\frac{1}{2}\rho V L^2}\dfrac{U}{V} + \dfrac{Y_r}{\frac{1}{2}\rho V L^3}\dfrac{r}{\frac{V}{L}} + \dfrac{Y_\delta}{\frac{1}{2}\rho V^2 L^2}\delta \\
\dfrac{N}{\frac{1}{2}\rho V^2 L^3} = \dfrac{N_V}{\frac{1}{2}\rho V L^3}\dfrac{U}{V} + \dfrac{N_r}{\frac{1}{2}\rho V L^4}\dfrac{r}{\frac{V}{L}} + \dfrac{N_\delta}{\frac{1}{2}\rho V^2 L^3}\delta
\end{cases}
$$

则无因次的黏性力及力矩的线性表达式为

$$
\begin{cases}
X' = X'_0 + X'_u \Delta u' \\
Y' = Y'_v v' + Y'_r r' + Y'_\delta \delta \\
N' = N'_v v' + N'_r r' + N'_\delta \delta
\end{cases}
\tag{2.25}
$$

由此可知，水动力导数只取决于船型，而与船舶运动情况无关。水动力导数可用理论和试验方法确定。试验方法主要采用拘束船模试验。

对于研究船舶大舵角下的操纵运动和航向不稳定船的操纵性，需考虑运动参数的非线性项（高阶导数项）。根据经验，保留泰勒展开式的三阶项已足够精确。由于数学模型与实际情况的差别及试验测量精度的限制，再增加高阶项对提高计算精度并无好处。

按照泰勒级数展开的原理，并考虑水动力的奇偶性，可以得到

$$\begin{cases} X = X_0 + X_u\Delta u + X_{vv}v^2 + X_{vr}vr + X_{rr}r^2 + X_{\delta\delta}\delta^2 \\ Y = Y_v v + Y_r r + Y_\delta \delta + Y_{r\delta} r\delta + Y_{v\delta} v\delta + Y_{vvv}v^3 + Y_{rrr}r^3 + \\ \qquad Y_{vvr}v^2 r + Y_{vrr}vr^2 + Y_{\delta\delta\delta}\delta^3 \\ N = N_v v + N_r r + N_\delta \delta + N_{r\delta} r\delta + N_{v\delta} v\delta + N_{vvv}v^3 + N_{rrr}r^3 + \\ \qquad N_{vvr}v^2 r + N_{vrr}vr^2 + N_{\delta\delta\delta}\delta^3 \end{cases} \tag{2.26}$$

式中

$$Y_{vvv} = \left.\frac{\partial^3 Y}{\partial v^3}\right|_{u=u_0, v=r=\delta=0}$$

$$Y_{rrr} = \left.\frac{\partial^3 Y}{\partial r^3}\right|_{u=u_0, v=r=\delta=0}$$

$$Y_{vvr} = \left.\frac{\partial^3 Y}{\partial v^2 \partial r}\right|_{u=u_0, v=r=\delta=0}$$

…………

2.4.2 水动力导数

1. 水动力导数的分类

(1)线速度导数 指水动力或力矩分量对 Ox 轴和 Oy 轴方向线速度分量的偏导数,如 X_u、Y_v、Y_{vvv}、N_v、N_{vvv}。线速度导数表示船舶相对于初始运动状态线速度发生变化时所引起的水动力增量。由于 v' 为船舶运动的漂角,$v' = \dfrac{v}{V} = -\sin\beta \approx -\beta$,所以 Y_v、N_v 又称为“位置导数”,两者描述了船舶的 Ox 轴相对于运动的合速度方向变化引起的水动力变化。

(2)角速度导数 指作用于船舶的水动力分量对角速度分量的偏导数,如 Y_r、Y_{rrr}、N_r、N_{rrr}。角速度导数是由于船舶旋转产生的,故又称为“旋转导数”。旋转引起的船首及船尾部分的漂角的方向相反,引起的横向力的方向也相反,所以旋转引起的总的横向力数值较小,方向也不一定,取决于重心前后的船型。旋转引起的船首尾水动力对重心的力矩是一致的,所以数值较大,方向总是阻止船舶旋转的,称为阻尼力矩。

(3)线加速度导数 指作用于船舶的水动力分量对船舶运动的线加速度分量的偏导数,如 $X_{\dot u}$、$Y_{\dot v}$、$N_{\dot v}$ 等。

(4)角加速度导数 指作用于船舶的水动力分量对船舶运动的角加速度分量的偏导数,如 $Y_{\dot r}$、$N_{\dot r}$ 等。

线加速度导数和角加速度导数描绘的是流体的惯性力,两种导数统称为惯性导数。

(5)耦合导数 指水动力分量对两种或两种以上运动参数交叉的高阶偏导数,如 Y_{vvr}、Y_{vrr}、N_{vvr}、N_{vrr}、$Y_{r\delta}$、$N_{r\delta}$等。耦合导数表示两种或两种以上的扰动同时存在时所产生的水动力与各扰动分别单独存在时所产生的水动力之差。也就是说,其表示两种或两种以上运动所产生的水动力的相互干扰作用。

(6)控制导数 指水动力分量对舵角或其他操纵器的参数的偏导数,如 Y_δ、N_δ 等,特别注意 $Y_\delta > 0$,$N_\delta < 0$。控制导数表示操纵器运动所产生的水动力分量。

2. 水动力导数的意义

(1)物理意义　各线性水动力导数表示船舶在以 $u = u_0$ 运动的情况下,保持其他参数都不变,只改变某一个运动参数所引起船体所受水动力的改变与此运动参数的比值。以 Y_v 为例,有

$$Y_v = \left.\frac{\partial Y}{\partial v}\right|_{u=u_0, v=r=\delta=0}$$

(2)几何意义　各线性水动力导数表示相应于某一变化参数的受力(矩)曲线在原点处的斜率。以 Y_v、N_v 为例,其表示船具有纵向速度 u_0 和横向速度 v_0 时,横向力 $Y(v)$ 和力矩 $N(v)$ 曲线上原点处的斜率(图 2.6)。

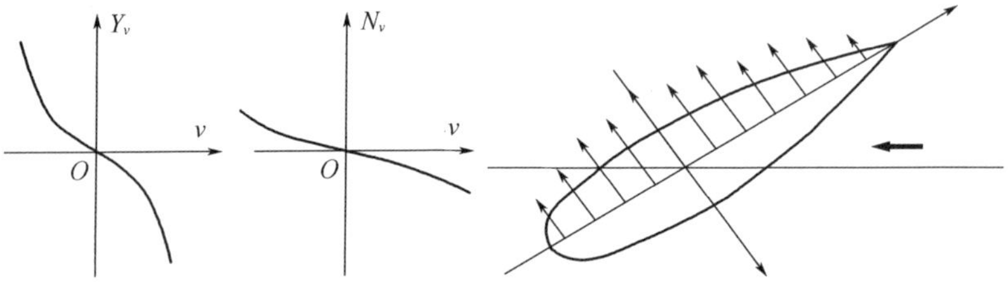

图 2.6　船斜航运动时所受的横向水动力及位置导数

(3)线性化的几何意义　线性化只有在船的运动偏离匀速直线运动不大的情况下才是正确的。此时 Δu、v、r、$\dot{u}$、$\dot{v}$、$\dot{r}$、δ 等运动参数均为小量,其高阶项均是高阶小量。但是对于强机动情形,上述假定已不满足,需要考虑非线性项的影响。

(4)线性位置导数的特点　当船以 u_0 和 v 作直线运动时,有一漂角,船受到横向力 $Y(v)$ 作用。艏艉部所受横向力方向相同,都是负的,所以合力是较大的负值,即 $Y(v)$ 是较大的负值。而艏艉部的横向力对 Gz 轴的力矩方向相反,同时由于黏性的影响,艉部的横向力减少,所以对于一般的船型,$N(v)$ 是不大的负值。

(5)线性控制导数的特点　Y_δ、N_δ 是当船具有舵角 δ,作等速直线运动时,$u = u_0$,$v = 0$,$r = 0$,船舵作用在船上的水动力曲线在原点处的斜率(图 2.7)。当 $\delta > 0$ 时,$Y(\delta) > 0$,$N(\delta) < 0$,所以 $Y_\delta > 0$,$N_\delta < 0$。

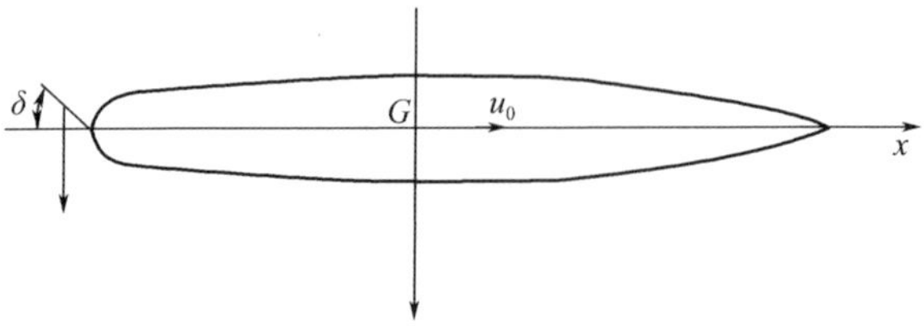

图 2.7　船以 u_0、δ、$v = r = 0$ 运动时所受的横向水动力

(6)线性旋转导数的特点　线性旋转导数为当船速度 $u_0 \neq 0$,角速度 $r \neq 0$,作匀速圆周运动时,横向力 $Y(r)$ 和力矩 $N(r)$ 曲线在原点处的斜率(图 2.8)。

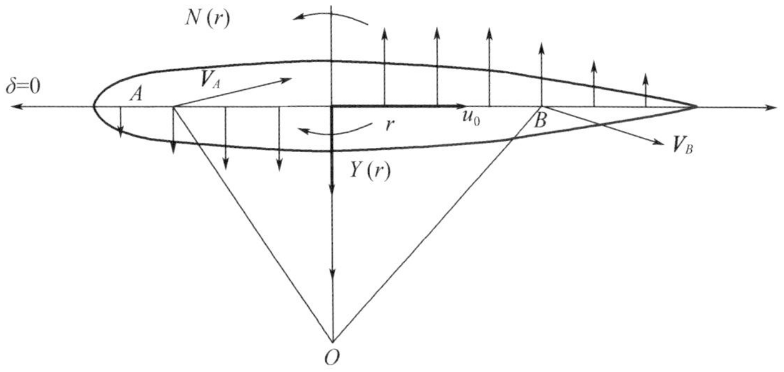

图 2.8 旋转引起的水动力

重心前后的力产生的绕重心的力矩符号相同,可以相叠加,其方向总是阻止船舶旋转。故 $N_r=0$ 是较大的负值,而 Y_r 方向不定,数值较小。

2.5 船舶操纵方程式

将船舶所受的惯性类和黏性类水动力代入船舶运动方程式即得船舶操纵性方程式。

根据使用目的和试验条件的不同,船舶操纵方程式的形式很多,这里只介绍几种常用的形式。

2.5.1 船舶操纵线性方程式

对于弱机动运动情况(Δu、v、r、δ 均为小量),可以用线性方程来研究,为了得到船舶操纵线性方程式,分两步进行分析。

第一步:首先将运动方程式线性化。

根据公式

$$\begin{cases} m(\dot{u} - vr) = X \\ m(\dot{v} + ur) = Y \\ I_z\dot{r} = N \end{cases}$$

由于 vr 为小量,可以忽略,同时有

$$ur = (u_0 + \Delta u)r = u_0 r + \Delta u \cdot r$$

式中,$\Delta u \cdot r$ 也是小量,可忽略,则有

$$\begin{cases} m\dot{u} = X \\ m(\dot{v} + u_0 r) = Y \\ I_z\dot{r} = N \end{cases} \tag{2.27}$$

在式(2.27)中,第一式不含 v 和 r,后两式不含 Δu,故可以将第一式与后两式分离,并用来确定航速。

第二步 将水动力线性化。

惯性力

$$\begin{cases} X_I = -\lambda_{11}\dot{u} + \lambda_{22}vr \\ Y_I = -\lambda_{22}\dot{v} - \lambda_{11}ur \\ N_I = -\lambda_{66}\dot{r} - (\lambda_{22} - \lambda_{11})uv \end{cases} \Rightarrow \begin{cases} X_I = -\lambda_{11}\dot{u} \\ Y_I = -\lambda_{22}\dot{v} - \lambda_{11}u_0 r \\ N_I = -\lambda_{66}\dot{r} - (\lambda_{22} - \lambda_{11})u_0 v \end{cases}$$

黏性力

$$\begin{cases} X_v = X_0 + X_u\Delta u \\ Y_v = Y_v v + Y_r r + Y_\delta \delta \\ N_v = N_v v + N_r r + N_\delta \delta \end{cases}$$

则全部的水动力为

$$\begin{cases} X = X_I + X_v = -\lambda_{11}\dot{u} + X_0 + X_u\Delta u \\ Y = Y_I + Y_v = -\lambda_{22}\dot{v} - \lambda_{11}u_0 r + Y_v v + Y_r r + Y_\delta \delta \\ N = N_I + N_v = -\lambda_{66}\dot{r} - (\lambda_{22} - \lambda_{11})u_0 v + N_v v + N_r r + N_\delta \delta \end{cases}$$

将船舶所受的水动力表达式代入线性化后的运动方程式(2.27),有

$$\begin{cases} m\dot{u} = -\lambda_{11}\dot{u} + X_0 + X_u\Delta u \\ m(\dot{v} + u_0 r) = -\lambda_{22}\dot{v} - \lambda_{11}u_0 r + Y_v v + Y_r r + Y_\delta \delta \\ I_z\dot{r} = -\lambda_{66}\dot{r} - (\lambda_{22} - \lambda_{11})u_0 v + N_v v + N_r r + N_\delta \delta \end{cases}$$

整理得

$$\begin{cases} (m + \lambda_{11})\dot{u} = X_0 + X_u\Delta u \\ (m + \lambda_{22})\dot{v} + (m + \lambda_{11})u_0 r - Y_v v - Y_r r = Y_\delta \delta \\ (I_z + \lambda_{66})\dot{r} - [N_v - (\lambda_{22} - \lambda_{11})u_0]v - N_r r = N_\delta \delta \end{cases} \tag{2.28}$$

由于在用船模试验测定黏性类水动力矩 $N_v v$ 时,常将$[N_v - (\lambda_{22} - \lambda_{11})u_0]$项测出,而难以分出前面各项,所以合并为

$$N_v - (\lambda_{22} - \lambda_{11})u_0 = \bar{N}_v$$

1. 坐标原点在重心处

假定坐标原点在重心处,船舶中横剖面对称,则所求的船舶水平面操纵运动方程为

$$\begin{cases} (m + \lambda_{11})\dot{u} = X_0 + X_u\Delta u \\ (m + \lambda_{22})\dot{v} + (m + \lambda_{11})u_0 r - Y_v v - Y_r r = Y_\delta \delta \\ (I_z + \lambda_{66})\dot{r} - N_v v - N_r r = N_\delta \delta \end{cases}$$

船舶水平面操纵运动方程进行无量纲化,则

$$\frac{(m + \lambda_{11})}{\frac{1}{2}\rho L^3}\frac{\dot{u}}{\frac{V^2}{L}} = \frac{X_0}{\frac{1}{2}\rho V^2 L^2} + \frac{X_u}{\frac{1}{2}\rho V L^2}\frac{\Delta u}{V}$$

$$(m' + \lambda'_{11})\dot{u}' = X'_0 + X'_u\Delta u'$$

$$\frac{(m+\lambda_{22})\dot{u}}{\frac{1}{2}\rho V^2L^2}+\frac{(m+\lambda_{11})u_0r}{\frac{1}{2}\rho V^2L^2}-\frac{Y_vv}{\frac{1}{2}\rho V^2L^2}-\frac{Y_rr}{\frac{1}{2}\rho V^2L^2}$$

$$=\frac{Y_\delta\delta}{\frac{1}{2}\rho V^2L^2}\quad\frac{m+\lambda_{22}}{\frac{1}{2}\rho L^3}\frac{\dot{v}}{\frac{V^2}{L}}+\frac{m+\lambda_{11}}{\frac{1}{2}\rho L^3}\frac{u_0}{V}\frac{r}{\frac{V}{L}}-\frac{Y_v}{\frac{1}{2}\rho VL^2}\frac{v}{V}-\frac{Y_r}{\frac{1}{2}\rho VL^3}\frac{r}{\frac{V}{L}}$$

$$=\frac{Y_\delta}{\frac{1}{2}\rho V^2L^2}$$

$$(m'+\lambda'_{22})\dot{v}'+(m'+\lambda'_{11})u'_0r'-Y'_vv'-Y'_rr'$$

$$=Y'_\delta\delta\frac{I_z+\lambda_{66}}{\frac{1}{2}\rho L^5}\frac{\dot{r}}{\frac{V^2}{L^2}}-\frac{N_v}{\frac{1}{2}\rho VL^3}\frac{v}{V}-\frac{N_r}{\frac{1}{2}\rho VL^4}\frac{r}{\frac{V}{L}}$$

$$=\frac{N_\delta}{\frac{1}{2}\rho L^3V^2}\delta(I'_z+\lambda'_{66})\dot{r}'-N'_vv'-N'_rr'=N'_\delta\delta$$

则无量纲化的船舶水平面操纵运动方程为

$$\begin{cases}(m'+\lambda'_{11})\dot{u}'=X'_0+X'_u\Delta u'\\(m'+\lambda'_{22})\dot{v}'+(m'+\lambda'_{11})u'_0r'-Y'_vv'-Y'_rr'=Y'_\delta\delta\\(I'_z+\lambda'_{66})\dot{r}'-N'_vv'-N'_rr'=N'_\delta\delta\end{cases}\tag{2.29}$$

2. 坐标原点不在重心处(在舯部)

假定坐标原点在舯部,且考虑船体前后对于横剖面不对称,则所求的船舶水平面操纵运动方程为

$$\begin{cases}m(\dot{u}-vr-x_Gr^2)=X\\m(\dot{v}+ur+x_G\dot{r})=Y\\I_z\dot{r}+mx_G(\dot{v}+ur)=N\end{cases}\tag{2.30}$$

惯性力

$$\begin{cases}-X_{\mathrm{I}}=\lambda_{11}\dot{u}-\lambda_{22}vr-\lambda_{26}r^2\\-Y_{\mathrm{I}}=\lambda_{22}\dot{v}+\lambda_{11}ur+\lambda_{26}\dot{r}\\-N_{\mathrm{I}}=\lambda_{66}\dot{r}+(\lambda_{22}-\lambda_{11})uv+\lambda_{26}(\dot{v}+ur)\end{cases}$$

黏性力

$$\begin{cases}X_v=X_0+X_u\Delta u\\Y_v=Y_vv+Y_rr+Y_\delta\delta\\N_v=N_vv+N_rr+N_\delta\delta\end{cases}$$

$$\begin{cases}(m+\lambda_{11})\dot{u}=X_0+X_u\Delta u\\(m+\lambda_{22})\dot{v}-Y_v v+(mx_G+\lambda_{26}\dot{r})+[(m+\lambda_{11})u_0-Y_r]r=Y_\delta\delta\\(I_z+\lambda_{66})\dot{r}+[(mx_G+\lambda_{26})u_0-N_r]r+(mx_G+\lambda_{26})\dot{v}-N_v v=N_\delta\delta\end{cases}$$

则无量纲化的船舶水平面操纵运动方程为

$$\begin{cases}(m'+\lambda'_{11})\dot{u}'=X'_0+X'_u\Delta u'\\(m'+\lambda'_{22})\dot{v}'-Y'_v v'+(m'x'_G+\lambda'_{26}\dot{r}')+[(m'+\lambda'_{11})u'_0-Y'_r]r'=Y'_\delta\delta'\\(I'_z+\lambda'_{66})\dot{r}'+[(m'x'_G+\lambda'_{26})u'_0-N'_r]r'+(m'x'_G+\lambda'_{26})\dot{v}'-N'_v v'=N'_\delta\delta'\end{cases} \quad (2.31)$$

2.5.2 阿柏科维茨操纵性方程

当船大幅度机动时，如大漂角下的运动（如船舶回转、Z 形操舵和横移等）时，必须考虑非线性的影响。

1967 年，阿柏科维茨提出一种操纵性非线性方程，其特点是：①将船、桨、舵看作一个系统（因而可以不考虑船、桨、舵相互之间的流体动力干扰）；②惯性和黏性水动力统一考虑，按泰勒级数展开。

对于在无限深广的平静水面运动的一艘具体的船，其水动力取决于舵角 δ 和运动情况，即

$$\boldsymbol{F}=f(\dot{\boldsymbol{V}},\boldsymbol{V},\boldsymbol{\Omega},\dot{\boldsymbol{\Omega}},\delta)$$

对于平面运动，有

$$\boldsymbol{F}=f(u,v,r,\dot{u},\dot{v},\dot{r},\delta)$$

在初始定常直线运动状态下，即 $u_0\neq0, v_0=r_0=\delta_0=\dot{u}_0=\dot{v}_0=\dot{r}_0=\delta_0=0$，对具体的船（船型已定），其水动力为舵角和运动状态的函数，即

$$\begin{cases}\boldsymbol{F}=f_1(\boldsymbol{V},\dot{\boldsymbol{V}},\boldsymbol{\Omega},\dot{\boldsymbol{\Omega}},\delta)\\\boldsymbol{N}=f_2(\boldsymbol{V},\dot{\boldsymbol{V}},\boldsymbol{\Omega},\dot{\boldsymbol{\Omega}},\delta)\end{cases}$$

对于平面运动，有

$$\begin{cases}\boldsymbol{F}=f_1(u,v,r,\dot{u},\dot{v},\dot{r},\delta,n)=X\boldsymbol{i}+Y\boldsymbol{j}\\\boldsymbol{N}=f_2(u,v,r,\dot{u},\dot{v},\dot{r},\delta,n)=N\boldsymbol{K}\end{cases}$$

按泰勒级数展开，并假设：

(1) 对称于中纵剖面，则 X 为上述变量的偶函数，Y、N 为上述变量的奇函数；

(2) 加速度导数只有一阶项，即高阶导数及加速度与速度的交叉耦合导数均为零；

(3) 势流理论对非定常运动物体受力的计算中，只出现加速度的一次项，即认为惯性力与黏性力互不影响。

经验表明，对于一般的船，保留三阶项即可满足工程要求，即

$$X = X_0 + X_u\Delta u + \frac{1}{2}X_{uu}(\Delta u)^2 + \frac{1}{6}X_{uuu}(\Delta u)^3 + \frac{1}{2}X_{vv}v^2 + \frac{1}{2}X_{rr}r^2 + \frac{1}{2}X_{\delta\delta}\delta^2 +$$
$$\frac{1}{2}X_{vvu}v^2\Delta u + \frac{1}{2}X_{rru}r^2\Delta u + \frac{1}{2}X_{\delta\delta u}\delta^2\Delta u + X_{vr}vr + X_{u\delta}u\delta + X_{r\delta}r\delta +$$
$$X_{vru}vr\Delta u + X_{v\delta u}v\delta\Delta u + X_{r\delta u}r\delta\Delta u + X_{\dot{u}}\dot{u}$$

$$Y = Y_v v + \frac{1}{6}Y_{vvv}v^3 + \frac{1}{2}Y_{vrr}vr^2 + \frac{1}{2}Y_{v\delta\delta}v\delta^2 + Y_{vu}v\Delta u + \frac{1}{2}Y_{vuu}v(\Delta u)^2 + Y_r r + \frac{1}{6}Y_{rrr}r^3 +$$
$$\frac{1}{2}Y_{rvv}rv^2 + \frac{1}{2}Y_{r\delta\delta}r\delta^2 + Y_{ru}r\Delta u + \frac{1}{2}Y_{ruu}r(\Delta u)^2 + Y_\delta\delta + \frac{1}{6}Y_{\delta\delta\delta}\delta^3 + \frac{1}{2}Y_{\delta vv}\delta v^2 +$$
$$\frac{1}{2}Y_{\delta rr}\delta r^2 + Y_{\delta u}\delta\Delta u + \frac{1}{2}Y_{\delta uu}\delta(\Delta u)^2 + Y_{vr\delta}vr\delta + Y_{\dot{v}}\dot{v} + Y_{\dot{r}}\dot{r}$$

$$N = N_v v + \frac{1}{6}N_{vvv}v^3 + \frac{1}{2}N_{vrr}vr^2 + \frac{1}{2}N_{v\delta\delta}v\delta^2 + N_{vu}v\Delta u + \frac{1}{2}N_{vuu}v(\Delta u)^2 + N_r r + \frac{1}{6}N_{rrr}r^3 +$$
$$\frac{1}{2}N_{rvv}rv^2 + \frac{1}{2}N_{r\delta\delta}r\delta^2 + N_{ru}r\Delta u + \frac{1}{2}N_{ruu}r(\Delta u)^2 + N_\delta\delta + \frac{1}{6}N_{\delta\delta\delta}\delta^3 + \frac{1}{2}N_{\delta vv}\delta v^2 +$$
$$\frac{1}{2}N_{\delta rr}\delta r^2 + N_{\delta u}\delta\Delta u + \frac{1}{2}N_{\delta uu}\delta(\Delta u)^2 + N_{vr\delta}vr\delta + N_{\dot{v}}\dot{v} + N_{\dot{r}}\dot{r}$$

将上述展开式代入式(2.15),即得下面的运动方程

$$\begin{cases} m(\dot{u} - vr - x_G r^2) = X \\ m(\dot{v} + ur + x_G\dot{r}) = Y \\ I_z\dot{r} + mx_G(\dot{v} + ur) = N \end{cases}$$

将含有加速度的项移到方程的左边,其余项在右边,即可得到阿柏科维茨操纵性方程

$$\begin{cases} (m - X_{\dot{u}})\dot{u} = f_1(u,v,r,\delta) \\ (m - Y_{\dot{v}})\dot{v} + (mx_G - Y_{\dot{r}})\dot{r} = f_2(u,v,r,\delta) \\ (I_z - N_{\dot{r}})\dot{r} + (mx_G - N_{\dot{v}})\dot{v} = f_3(u,v,r,\delta) \end{cases} \tag{2.32}$$

式中

$$f_1(u,v,r,\delta) = X_0 + X_u\Delta u + \frac{1}{2}X_{uu}\Delta u^2 + \frac{1}{6}X_{uuu}\Delta u^3 + \frac{1}{2}X_{vv}v^2 + \left(\frac{1}{2}X_{rr} + mx_G\right)r^2 +$$
$$\frac{1}{2}X_{\delta\delta}\delta^2 + \frac{1}{2}X_{vvu}v^2\Delta u + \frac{1}{2}X_{rru}r^2\Delta u + \frac{1}{2}X_{\delta\delta u}\delta^2\Delta u + (X_{vr} + m)vr +$$
$$X_{v\delta}v\delta + X_{r\delta}r\delta + X_{vru}vr\Delta u + X_{v\delta u}v\delta\Delta u + X_{r\delta u}r\delta\Delta u$$

$$f_2(u,v,r,\delta) = Y_0 + Y_u\Delta u + Y_{uu}\Delta u^2 + Y_v v + \frac{1}{6}Y_{vvv}v^3 + \frac{1}{2}Y_{vrr}vr^2 + \frac{1}{2}Y_{v\delta\delta}v\delta^2 + Y_{vu}v\Delta u +$$
$$\frac{1}{2}Y_{vuu}v\Delta u^2 + (Y_r - mu)r + \frac{1}{6}Y_{rrr}r^3 + \frac{1}{2}Y_{rvv}rv^2 + \frac{1}{2}Y_{r\delta\delta}r\delta^2 + Y_{ru}r\Delta u +$$
$$\frac{1}{2}Y_{ruu}r\Delta u^2 + Y_\delta\delta + \frac{1}{6}Y_{\delta\delta\delta}\delta^3 + \frac{1}{2}Y_{\delta vv}\delta v^2 + \frac{1}{2}Y_{\delta rr}\delta r^2 + Y_{\delta u}\delta\Delta u +$$
$$\frac{1}{2}Y_{\delta uu}\delta\Delta u^2 + Y_{vr\delta}vr\delta$$

$$f_3(u,v,r,\delta) = N_0 + N_u\Delta u + N_{uu}\Delta u^2 + N_v v + \frac{1}{6}N_{vvv}v^3 + \frac{1}{2}N_{vrr}vr^2 + \frac{1}{2}N_{v\delta\delta}v\delta^2 + N_{vu}v\Delta u + \frac{1}{2}N_{vuu}v\Delta u^2 + (N_r - mx_G u)r + \frac{1}{6}N_{rrr}r^3 + \frac{1}{2}N_{rvv}rv^2 + \frac{1}{2}N_{r\delta\delta}r\delta^2 + N_{ru}r\Delta u + \frac{1}{2}N_{ruu}r\Delta u^2 + N_\delta\delta + \frac{1}{6}N_{\delta\delta\delta}\delta^3 + \frac{1}{2}N_{\delta vv}\delta v^2 + \frac{1}{2}N_{\delta rr}\delta r^2 + N_{\delta u}\delta\Delta u + \frac{1}{2}N_{\delta uu}\delta\Delta u^2 + N_{vr\delta}vr\delta$$

注意:力和力矩的加速度导数为

$$X_{\dot{u}} = \left.\frac{\partial X}{\partial \dot{u}}\right|_{\text{展开点}} = -\lambda_{11}$$

$$Y_{\dot{v}} = \left.\frac{\partial Y}{\partial \dot{v}}\right|_{\text{展开点}} = -\lambda_{22}$$

$$N_{\dot{r}} = \left.\frac{\partial N}{\partial \dot{r}}\right|_{\text{展开点}} = -\lambda_{66}$$

$$Y_{\dot{r}} = \left.\frac{\partial Y}{\partial \dot{r}}\right|_{\text{展开点}} = -\lambda_{26}$$

$$N_{\dot{v}} = \left.\frac{\partial N}{\partial \dot{v}}\right|_{\text{展开点}} = -\lambda_{62}$$

阿柏科维茨方程的优点:

(1)将水动力对各影响因素展开,理论上比较完整;

(2)将船-桨-舵看成一个系统,不存在复杂的相互干扰。

阿柏科维茨方程的缺点:

(1)水动力导数太多,有些项的物理意义不清楚;

(2)确定水动力导数的工作量巨大,且有些不易得到;

(3)不便于处理实船和船模的相关问题;

(4)不便于操纵性设计方案的局部修改,对积累资料不利。

2.5.3 日本 MMG 方程

针对阿柏科维茨方程的缺点,MMG 提出船舶操纵性方程应满足以下四点要求:

(1)数学模型中各系数物理意义明确;

(2)便于通过试验求取模型中各系数;

(3)便于处理模型与实船间的相关问题;

(4)便于船舶操纵性设计方案局部修改。

针对以上要求,他们对船舶操纵性数学模型提出以下建议:

(1)应以船、桨、舵的单独性能为基础;

(2)能够简捷地表示船-桨-舵之间的干扰效应;

(3)能够合理地表示作用在船体上的流体动力。

运动方程式采用坐标原点在船重心处的坐标系,由式(2.3)可得

$$\begin{cases} m(\dot{u} - vr) = X_{\mathrm{H}} + X_{\mathrm{p}} + X_{\mathrm{R}} = X \\ m(\dot{v} + ur) = Y_{\mathrm{H}} + Y_{\mathrm{R}} = Y \\ I_z \dot{r} = N_{\mathrm{H}} + N_{\mathrm{R}} = N \end{cases} \tag{2.33}$$

由于桨的横向力 $\boldsymbol{Y}_{\mathrm{p}}$ 及其对船重心处的力矩 $\boldsymbol{N}_{\mathrm{p}}$ 很小,故式(2.33)中已将 $\boldsymbol{Y}_{\mathrm{p}}$ 和 $\boldsymbol{N}_{\mathrm{p}}$ 略去。式(2.33)右面的水动力表达式为

$$X = -\lambda_{11}\dot{u} + (X_{vr} + \lambda_{22})vr + X_{vv}v^2 + X_{rr}r^2 + X(u) + X_{\mathrm{R}_0} + (1-t)T(J_{\mathrm{p}}) - F_{\mathrm{N}}\sin\delta$$

$$Y = -\lambda_{22}\dot{v} + Y_v v + (Y_r - \lambda_{11}u)r + Y_{\mathrm{NL}} + (1+\alpha_{\mathrm{H}})F_{\mathrm{N}}\cos\delta$$

$$N = -\lambda_{66}\dot{r} + N_v v + N_r r + N_{\mathrm{NL}} + x_{\otimes}Y_{\mathrm{H}} + (x_{\mathrm{R}} + \alpha_{\mathrm{H}}x_{\mathrm{H}})F_{\mathrm{N}}\cos\delta$$

式中　X_{vr}、X_{vv}、X_{rr}——纵向水动力的二阶导数,X_{vr}、X_{vv} 与 $(X_{vr} + \lambda_{22})$ 相比为小量,一般可略去;

X_{R_0}——零舵角时舵阻力,一般很小,在快速性计算中归并在船体阻力中;

$X(u) + X_{\mathrm{R}_0}$——直航阻力;

J_{p}——进速系数,$J_{\mathrm{p}} = \dfrac{u(1-\omega)}{nD}$;

$T(J_{\mathrm{p}})$——螺旋桨推力;

t——螺旋桨推力减额;

δ——舵角;

F_{N}——舵水动力的法向分量(垂直于舵面);

α_{H}、$\alpha_{\mathrm{H}}x_{\mathrm{H}}$——舵对船体水动力和力矩的影响系数;

$x_{\otimes}Y_{\mathrm{H}}$——舯部的船体水动力矩转换为对重心的水动力矩的修正项,其中 Y_{H} 为船体横向水动力(不包括舵),$Y_{\mathrm{H}} = -\lambda_{22}\dot{v} + Y_v v + (Y_r - \lambda_{11}u)r + Y_{\mathrm{NL}}$;

Y_{NL}、N_{NL}——船体水动力和力矩的非线性部分。

1. MMG 方程中非线性水动力的确定

(1)基于流体力学的横向流理论和牛顿阻力定理认为,升力的非线性部分与剖面横向速度的平方成比例,即

$$Y_{\mathrm{NL}} = -\frac{\rho}{2}\int_{-\frac{L}{2}}^{\frac{L}{2}} (v + xr)\,|v + xr|\, T(x)C_{\mathrm{D}}(x)\mathrm{d}x$$

$$N_{\mathrm{NL}} = -\frac{\rho}{2}\int_{-\frac{L}{2}}^{\frac{L}{2}} (v + xr)\,|v + xr|\, xT(x)C_{\mathrm{D}}(x)\mathrm{d}x$$

式中　$T(x)$——船体 x 处的局部吃水;

$C_{\mathrm{D}}(x)$——船体 x 处剖面的横流阻力系数。

(2)将 Y_{NL}、N_{NL} 直接展开为三次式,有

$$Y_{\mathrm{NL}} = Y_{vvv}v^3 + Y_{vvr}v^2 r + Y_{vrr}vr^2 + Y_{rrr}r^3$$

$$N_{\mathrm{NL}} = N_{vvv}v^3 + N_{vvr}v^2 r + N_{vrr}vr^2 + N_{rrr}r^3$$

由于三次式中的水动力导数的物理意义很难解释，所以人们提出了准二阶逼近公式，即

$$Y_{NL} = Y_{v|v|}v|v| + Y_{v|r|}v|r| + Y_{r|r|}r|r|$$

$$N_{NL} = N_{v|v|}v|v| + N_{|v|r}|v|r + N_{r|r|}r|r|$$

式中 $Y_{v|r|}$——横向耦合力，反映了 r 对 $Y(v)$ 的影响；

$N_{|v|r}$——横向耦合力矩，反映了 v 对 $N(r)$ 的影响。

将非线性水动力写成准二阶逼近公式，物理意义非常清楚，而且简化了计算，也很容易通过试验来确定这些导数。

2. MMG 方程中舵的法向水动力的确定

MMG 将舵的法向水动力表示为

$$F_N = f_\alpha \frac{1}{2}\rho A_R v_R^2 \sin\alpha_R$$

式中 f_α——系数；

v_R、α_R——计及船体、螺旋桨影响后的有效流速和有效舵角。

3. MMG 方程中舵对船体水动力的影响系数的确定

舵改变了船体周围的流场，特别是改变了艉部压力场，从而使船体产生横向力。该力的大小与舵的横向力成比例，可以写为 $\alpha_H F_H \cos\delta$。舵产生的船体横向力的作用点的坐标为 x_H，靠近船尾。比例系数 α_H 不随舵角变化，只与船型有关，船尾越丰满，α_H 越大。一般民船 $\alpha_H = 0.2 \sim 0.4$；对于高速军舰，α_H 较小。

4. MMG 方程中船体与螺旋桨的相互影响由伴流系数 ω_p 和推力减额系数 t 确定

对于运动中横倾较大的船，要考虑横倾角的影响，即要用四自由度的非线性方程来描述舰船的运动。采用坐标原点在重心的方程

$$\begin{cases} m(\dot{u} - vr) = X \\ m(\dot{v} + ur) = Y \\ I_x\dot{p} = L \\ I_z\dot{r} = N \end{cases}$$

$$\begin{cases} X = -\lambda_{11}\dot{u} + X_{vr} + \lambda_{22})vr + X_{vv}v^2 + X_{rr}r^2 + X(u) + X_{R_0} + \\ \qquad (1-t)T(J_p) - F_N\sin\delta \\ Y = -\lambda_{22}\dot{v} + Y_v v + (Y_r - \lambda_{11}u)r + Y_{NL} + Y_\varphi + (1+\alpha_H)F_N\cos\delta \\ L = -\lambda_{44}\dot{p} - N(p) - Dl(\varphi) - Y_H z_H + (1+\alpha_H)z_R F_N\cos\delta \\ N = -\lambda_{66}\dot{r} + N_v v + N_r r + N_{NL} + x_{\otimes} Y_H + N_\varphi + (x_R + \alpha_H x_H)F_N\cos\delta \end{cases} \tag{2.34}$$

式中 φ——横摇角；

$N(p)$——横摇阻尼力矩，$N(p) = K_p p + K_{p|p|}p|p|$；

$Dl(\varphi)$——静扶正力矩（恢复力矩），$Dl(\varphi) = mgh\sin\varphi$。

横倾产生的附加力（矩）项需根据试验确定，根据试验资料提出的表达式为

$$Y_\varphi(v,r,\varphi) = 0$$

$$N_\varphi(v,r,\varphi) = N_\varphi\varphi + N_{v|\varphi|}v|\varphi| + N_{r|\varphi|}r|\varphi|$$

2.5.4 船舶操纵响应方程

1. 线性方程

操纵性最关心的是航向，为了研究航向角对操舵的响应，可以利用水平面的线性操纵运动方程，也可以利用船舶艏摇响应方程。船舶艏摇响应方程可由船舶操纵线性运动方程推导出来。

由船舶操纵线性运动方程式有

$$(m+\lambda_{22})\dot{v}-Y_v v+(m+\lambda_{11})u_0 r-Y_r r=Y_\delta\delta \tag{2.35}$$

$$(I_z+\lambda_{66})\dot{r}-N_v v-N_r r=N_\delta\delta \tag{2.36}$$

令

$$m+\lambda_{11}=M_1$$
$$m+\lambda_{22}=M_2$$
$$I_z+\lambda_{66}=M_3$$

将式(2.36)对时间求导，有

$$M_3\ddot{r}-N_v\dot{v}-N_r\dot{r}=N_\delta\delta \tag{2.37}$$

由式(2.35)解得

$$\dot{v}=\frac{Y_v v+Y_r r+Y_\delta\delta-M_1u_0r}{M_2} \tag{2.38}$$

由式(2.36)解得

$$\dot{v}=\frac{M_3\dot{r}-N_r r-N_\delta\delta}{N_v} \tag{2.39}$$

将式(2.39)代入式(2.38)，再将式(2.38)代入式(2.37)，得

$$M_3\ddot{r}-\frac{N_v}{M_2}\left[\frac{Y_v}{N_v}(M_3\dot{r}-N_r r-N_\delta\delta)+Y_r r+Y_\delta\delta-M_1u_0r\right]-N_r\dot{r}$$

$$=N_\delta\delta\frac{M_2M_3}{Y_vN_r-N_vY_r+N_vM_1u_0}\ddot{r}+\frac{-(M_2N_r+M_3Y_v)}{Y_vN_r-N_vY_r+N_vM_1u_0}\dot{r}+r$$

$$=\frac{N_vY_\delta-Y_vN_\delta}{Y_vN_r-N_vY_r+N_vM_1u_0}\delta+\frac{M_2N_\delta}{Y_vN_r-N_vY_r+N_vM_1u_0}\delta$$

对上述微分方程的系数引入参数替代，即

$$C=Y_vN_r+N_v[(m+\lambda_{11})u_0-Y_r]$$

$$K=\frac{N_vY_\delta-Y_vN_\delta}{C}$$

$$T_1T_2=\frac{(m+\lambda_{22})(I_Z+\lambda_{66})}{C}$$

$$T_1+T_2=-\frac{(m+\lambda_{22})N_r+(I_Z+\lambda_{66})Y_v}{C}$$

$$T_3=\frac{(m+\lambda_{22})N_\delta}{N_vY_\delta-Y_vN_\delta}$$

上述系数与船型、舵外形、船的主尺度和航速等有关。

则得到二阶船舶艏摇响应方程——二阶 $K-T$ 方程，即

$$T_1T_2\ddot{r}+(T_1+T_2)\dot{r}+r=K\delta+KT_3\delta \tag{2.40}$$

该方程可用于分析航向稳定性等问题。

1957 年，野本谦作使用自动调节原理的方法(求传递函数)分析二阶 $K-T$ 方程后提出，在操舵不是很频繁的情况下可近似地用一阶 $K-T$ 方程来代替。

一阶船舶艏摇响应方程——一阶 $K-T$ 方程为

$$T\dot{r}+r=K\delta \tag{2.41}$$

式中，$T=T_1+T_2-T_3$。

该方程适用条件为船有较好的稳定性，舵角小，且操舵的频率较低。

在零初始条件下，即 $r(0)=\dot{r}(0)=\delta(0)=0$ 时，对二阶 $K-T$ 方程进行拉氏变换，并令

$$R(s)=\int_0^{\infty}e^{-st}r(t)\,dt,\ \Delta(s)=\int_0^{\infty}e^{-st}\delta(t)\,dt$$

式中，s 为复频率，$s=\delta+i\omega$，其中 ω 为角频率。

则有

$$T_1T_2s^2R(s)+(T_1+T_2)sR(s)+R(s)=K\Delta(s)+KT_3s\Delta(s)$$

整理后得二阶 $K-T$ 方程的传递函数为

$$G(s)\triangleq\frac{R(s)}{\Delta(s)}=\frac{K(T_3s+1)}{(T_1s+1)(T_2s+1)}$$

将 $G(s)$ 按泰勒级数展开，有

$$\begin{aligned}G(s)&=K(T_3s+1)(T_1s+1)^{-1}(T_2s+1)^{-1}\\&=K(1+T_3s)(1-T_1s+\cdots)(1-T_2s+\cdots)\\&=K(1-T_1s+\cdots+T_3s-T_1T_3s^2+\cdots)(1-T_2s+\cdots)\\&=K(1-T_2s+\cdots-T_1s+T_1T_2s^2+\cdots+T_3s-T_2T_3s+\cdots)\\&=K\{1-(T_1+T_2-T_3)s+[T_1^2+T_1(T_2-T_3)+T_2(T_2-T_3)]s^2+\cdots\}\end{aligned}$$

式中　T_1、T_2——船运动响应时间常数；

T_3——操舵时间常数。

在稳定性较好的情况下，T_1、T_2 为正数，且 $T_1\gg T_2$。试验表明，T_3 的数值与 T_2 相近。于是可以用 $T=T_1+T_2-T_3$ 来代替 T_1、T_2 和 T_3 的总效应，则有

$$G(s)=K(1-Ts+T^2s^2+\cdots)=\frac{K}{Ts+1}$$

2. 非线性方程

为了研究大舵角下的运动和不稳定船的操纵特性，可以在线性方程的基础上增加非线性项，得到非线性的船舶运动响应方程。

常见的非线性方程的形式为

$$T_1T_2\ddot{r}+(T_1+T_2)\dot{r}+r+\alpha r^3=K\delta+KT_3\delta \tag{2.42}$$

或

$$T_1T_2\ddot{r} + (T_1 + T_2)\dot{r} + KH(r) = K\delta + KT_3\delta \tag{2.43}$$

式中　α——系数；

　　$H(r)$——r 的非线性函数。

两者可由船模试验来确定。

当 $H(r) = \dfrac{r + \alpha r^3}{K}$ 时，式(2.42)与式(2.43)相同。

显然，当船进入定常回转后，有

$$r + \alpha r^3 = K\delta$$

$$H(r) = \delta$$

一阶非线性 $K-T$ 方程为

$$T\dot{r} + r + \alpha r^3 = K\delta$$

3. 船舶操纵运动中大地坐标系下船位的确定公式

对于一艘确定的船舶，可由水动力试验确定其各个水动力导数，继而建立操纵运动方程。给定操舵规律 $\delta = \delta(t)$，可以求出船舶的运动参数 $u(t)$、$v(t)$、$r(t)$；同时，也可积分求解出船的重心在大地坐标系下的运动轨迹，即

$$\begin{cases} \psi(t) = \int_0^t r(t)\mathrm{d}t \\ x_{1G}(t) = \int_0^t (u\cos\psi - v\sin\psi)\mathrm{d}t \\ y_{1G}(t) = \int_0^t (u\sin\psi + v\cos\psi)\mathrm{d}t \end{cases} \tag{2.44}$$

该公式是用于推算船位的重要公式。

第 3 章　船舶运动稳定性

3.1　运动稳定性概述

3.1.1　运动稳定性的概念

在实际航行中，当船舶以舵角 $\delta = 0$ 作直线航行时，不可避免地受到偶然因素（风、浪、水流及作用在船上的水动力微小变化）的影响。在这些干扰因素作用下，船舶必然要偏离原来的运动状态。由于运动是连续的，在短时间内，这种偏离一般不会太大；但是在干扰过去之后，船舶的运动有可能会扩大对原来状态的偏离，也可能会恢复到原来的运动状态。扰动消失后，如果船能够不用转舵而自动回到原来的航向，则该船具有自动航向稳定性。如果船不具有自动航向稳定性，而必须借助于转舵才能回到原来的航向，则该船具有航向控制稳定性。

船舶运动的稳定性直接关系到船舶保持一定运动状态的能力，是船舶操纵性的一个重要方面。

运动物体（或系统）的稳定性是指处于定常运动状态的物体（或系统）受到某种极小的干扰作用而使某些运动偏离原来状态的值，当干扰消失后，随着时间推移，如果某些参数可以恢复到原来状态的值，则称该物体（或系统）原来的运动状态对这些参数是稳定的，否则就是不稳定的。

需要说明的是，物体的运动稳定性是相对于不同的运动参数而言的，不只取决于物体本身的性质。所以要讨论船的稳定性，就必须指明是针对哪一个运动参数，如角速度 $\boldsymbol{r}$、艏向角 ψ 或横向位置 y_{1G}等。

3.1.2　船舶运动稳定性的种类

船沿直线航行，若受到的某种扰动去除后，经过一段时间，船重心运动的轨迹不外乎以下四种情况。

1. 直线运动稳定性（动航向稳定性）

如图 3.1(a) 所示，船舶受扰后，最后运动平衡状态仍为匀速直线运动，但其运动方向异于初始运动方向，只是从初始直线运动转到另一直线运动。其中，$t \to \infty$，$r \to 0$，$\psi = \psi_0 + \Delta\psi \neq \psi_0$，$\Delta y_{1G} \neq \Delta y_{1G0}$。

2. 直线运动不稳定性（动航向不稳定性）

如图 3.1(b) 所示，船舶受扰后，在各种非线性因素作用下，最终将进入曲线运动。其中，$t \to \infty$，$r \neq 0$，$\psi \neq \psi_0$，$y_{1G} \neq \Delta y_{1G0}$。

3. 方向稳定性(静航向稳定性)

如图 3.1(c)所示,船舶受扰后,最后运动平衡状态不仅为原方向上的匀速直线运动,且运动轨迹与初始运动轨迹间存在一横向偏离。其中,$t\to\infty$,$r\to0$,$\psi\to\psi_0$,$y_{1G}\neq y_{1G0}$。

4. 位置稳定性

如图 3.1(d)所示,船舶受扰后,最后运动平衡状态与初始运动方向相同,且运动轨迹为无偏离的匀速直线运动。其中,$t\to\infty$,$r\to0$,$\psi\to\psi_0$,$y_{1G}\to\Delta y_{1G0}$。

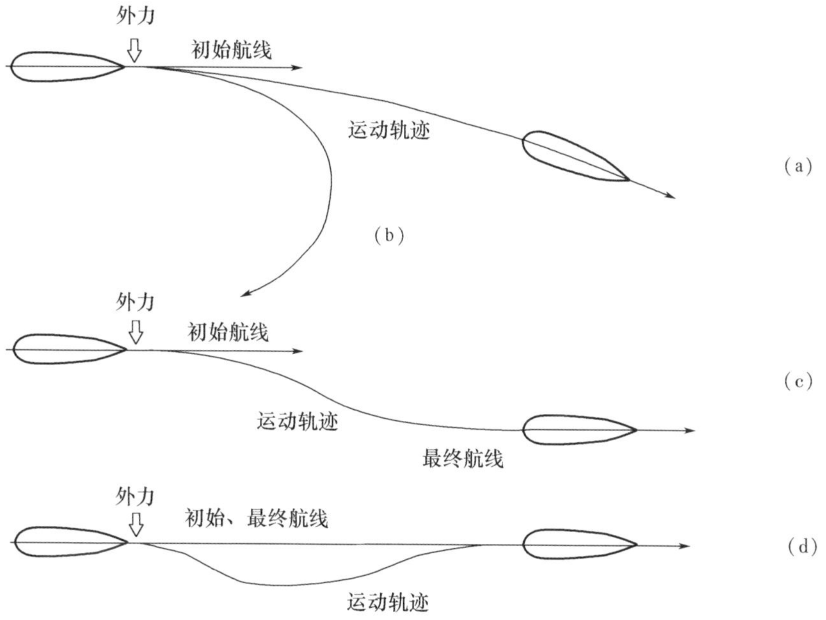

图 3.1 船受扰动的运动情况

(a)直线运动稳定或动航向稳定;(b)直线运动不稳定或动航向不稳定;
(c)方向稳定或静航向稳定;(d)位置稳定

由上述分析可见,各种稳定情况的稳定范围是依次递增的,即具有位置稳定性的船舶一定同时具有直线稳定性和方向稳定性;具有方向稳定性的船舶一定同时具有直线稳定性。反之,不具有直线稳定性,也一定不具有方向稳定性和位置稳定性;不具有方向稳定性,也一定不具有位置稳定性。

一切船舶都可以分别讨论在无控制和有控制下的上述三种稳定性。所谓无控制的稳定性是指在控制器固定时(例如舵角 $\delta=0$ 时)船舶所具有的稳定性,也称为自动稳定性。自动稳定性是船体和舵(不包括控制系统)的属性。船舶操纵中要求有控制情况下的稳定性,因为一切船舶在航行过程中总是直接或间接地受到控制。

船舶无控制下的稳定性直接影响有控制下的稳定性,具有自动稳定性的船舶往往比较容易实现有控制的稳定性。两者之间的关系是整个系统和系统中的一个环节之间的关系。

对于通常的水面船舶,如果不进行操舵,不具备方向稳定性和位置稳定性,最多具有直线运动稳定性。要使船舶具有方向稳定性和位置稳定性,就需要通过操舵控制才能实现。

3.2 航向稳定性与保向性

3.2.1 航向稳定性的重要性

一艘航向稳定性较好的船舶，直航中即使很少操舵，也能很好地保持航向；而当操舵改向时，又能较好地改变航向；当在转向过程中操舵转回到正舵时，又能较好地把航向稳定下来。其特点是船舶对舵的响应运动发生快，耗时短，因而舵效好。

一艘航向稳定性较差的船，为了保持航向，就需频繁操舵，而且所用舵角也偏大。此外，这类船舶不具有直线运动稳定性，具有一些缺点：在小舵角情况下，可能出现反操现象；保向较困难；海上航行时可能无法使用自动舵；可能有操舵失误等。

通常情况下，大型船舶由于其惯性较大，时间常数较大，如果航向不稳定，也可以通过操舵保持近似直线运动；但小型船舶时间常数较小，如果航向不稳定，则很难通过操舵保持其航向。

3.2.2 航向稳定性的经验判别

船舶航向稳定与否主要取决于船体斜航时水动力特性，因此与船型关系较大。据统计数据显示，船速和船舶长度均较接近的船舶，其航向稳定性与该船的方形系数(C_B)、长宽比有密切关系。一般来说，方形系数较低、长宽比较高的船舶具有较好的航向稳定性。超级油船之类的肥大型船舶，方形系数一般在0.8左右，其航向总具有不稳定性，因此这种船舶在小舵角保向航行中，艏偏摆角度往往较大。

水下船体侧面积的分布影响水动力作用中心的位置，因此对航向稳定性影响也较大。船首侧面积较大的船舶(例如带有球鼻艏)，斜航(向前)时水动力作用中心靠近船首，航向稳定性较差；船尾侧面积较大的船舶(例如带有舭龙骨，舵面积很大，舵宽较大)，航向稳定性较好。

对于给定船舶，空载或压载时往往艉倾较大，艉部水下侧面积较艏部大得多，水动力作用中心要比满载吃水时明显后移，航向稳定性变好。

3.2.3 船舶保向性

1. 船舶保向性的概念

保向性就是船舶保持原航线的性能。显然，即使船舶具有航向稳定性，若不对其进行操纵，一般也不具有航向稳定性。因此，保向性是指操舵保持船舶直线运动的性能。船舶在直线航行过程中受到某种扰动而改变了原航向或轨迹，由舵工(或自动舵)通过罗经识别船舶的艏摇情况，通过操舵抑制或纠正艏摇并使船舶恢复到原航线或轨迹上作直线运动，这种运动性能称为船舶保向性。操纵(小舵角)时船舶在短时间内就能恢复原航线的直线运动，即保向性好，反之则保向性差。方向稳定性和位置稳定性都属于保向性的范畴。

航向稳定性与保向性之间既有区别又有联系。航向稳定性是船舶固有的运动性能，其与船舶水面以下部分的几何尺度和运动状态等因素有关，而与操舵无关。严格来讲，航向稳定性不属于船舶操纵性范畴，而仅仅是一种船舶固有的运动性能。一般来说，航向稳定性好的船舶，其保向性也相对较好。但不具有航向稳定性的船舶，通过频繁操作或大舵角也可能保向，但其保向性较差，即需要较长时间才能使船舶保持新的直线运动或保持近似的直线运动。

2. 影响保向性的因素

保向性是船舶受控状态下的运动性能，即船舶航向对操纵的反应能力，且与船舶运动状态和控制量的大小有关。因此，船舶保向性的好坏不仅与船舶航向稳定性的好坏有关，还与操舵人员、自动舵、舵机有关。

(1)船型因素　水下船型是决定船舶转头阻矩和惯性的重要因素；水上船型是决定船舶所受风力及风力转船力矩大小的重要因素。两者对保向性均有很大影响。

①方形系数较低、长宽比较高的瘦削型船舶，保向性较好；浅吃水的宽体船保向性较差。

②船体侧面积在艉部分布较多者，如船尾有钝材，其保向性较好；船首水下侧面积分布较多者，如船首有球鼻艏，将降低保向性。

③较高的干舷将降低船舶在风中航行时的保向性。

(2)装载状态　载态的改变将导致水下和水上船型的改变，因而也影响到船舶保向性。对于同一艘船，一般倾向如下：

①轻载较满载时保向性好(无风时)；

②艉倾较艏倾时保向性好。

(3)舵角　增大所操纵的舵角，能明显地改善船舶的保向性。超大型油船小舵角状态下有航向不稳定趋势，需要较大舵角才能保向。

(4)船速　对于同一艘船而言，船速提高会使船舶保向性变好。

(5)其他因素　保向性将因水深变浅而提高，船舶顺风浪或顺流航行时保向性会降低。

3.3　船舶直线运动的自动稳定性

3.3.1　稳定性指数与船舶扰动运动方程及其解

1. 船舶对角速度 r 的稳定性

考虑定常直线运动中的船受到某种扰动后，角速度 r 变为 $r+\Delta r$，Δr 称为“扰动运动”。分析稳定性就是分析当扰动除去后，Δr 随时间的变化情况。在不操舵的情况下($\delta=0$)，当 $t\to\infty$，$\Delta r\to 0$，则运动是稳定的。为此，首先建立扰动运动微分方程式。

船舶艏摇响应线性方程式为

$$T_1T_2\ddot{r}+(T_1+T_2)\dot{r}+r=K\delta+KT_3\delta$$

式中

$$T_1T_2=(m+\lambda_{22})(I_z+\lambda_{66})/C$$

$$T_1+T_2=-[(m+\lambda_{22})N_r+(I_z+\lambda_{66})Y_r]/C$$

$$K=(Y_\delta N_v-N_\delta Y_v)/C$$

$$T_3 = (m+\lambda_{22})N_\delta/(Y_\delta N_v - N_\delta Y_v)$$

$$C = Y_v N_r + N_v[(m+\lambda_{11})u_0 - Y_r] \tag{3.1}$$

为了简便可以将上式写成

$$\ddot{r} + 2p\dot{r} + qr = S\delta + ST_3\dot{\delta} \tag{3.2}$$

式中

$$2p = \frac{1}{T_1} + \frac{1}{T_2} = \frac{-[(m+\lambda_{22})N_r + (I_z+\lambda_{66})Y_r]}{(m+\lambda_{22})(I_z+\lambda_{66})}$$

$$q = \frac{1}{T_1 T_2} = \frac{Y_v N_r + N_v[(m+\lambda_{11})u_0 - Y_r]}{(m+\lambda_{22})(I_z+\lambda_{66})}$$

$$S = \frac{K}{T_1 T_2} = (Y_\delta N_v - N_\delta Y_v)/[(m+\lambda_{22})(I_z+\lambda_{66})]$$

不操舵的情况下($\delta=0$),船舶艏摇响应线性方程式($K-T$ 方程)为

$$T_1 T_2 \ddot{r} + (T_1+T_2)\dot{r} + r = 0 \tag{3.3}$$

由此可将船舶艏摇响应线性方程式($K-T$ 方程)改写成

$$\ddot{r} + 2p\dot{r} + qr = 0 \tag{3.4}$$

当船受到扰动后使角速度 r 有增量 Δr,扰动增量方程为

$$\frac{d^2(r+\Delta r)}{dt^2} + 2p\frac{d(r+\Delta r)}{dt} + q(r+\Delta r) = 0 \tag{3.5}$$

于是得到扰动方程为

$$\frac{d^2(\Delta r)}{dt^2} + 2p\frac{d(\Delta r)}{dt} + q(\Delta r) = 0 \tag{3.6}$$

式(3.6)为常系数二阶线性微分方程,其特征方程为

$$\sigma^2 + 2p\sigma + q = 0 \tag{3.7}$$

特征方程的解为

$$\sigma_{1,2} = \frac{-2p \pm \sqrt{4p^2 - 4q}}{2} = -p \pm \sqrt{p^2 - q} \tag{3.8}$$

扰动方程的通解可写为

$$\Delta r = C_1 e^{\sigma_1 t} + C_2 e^{\sigma_2 t} \tag{3.9}$$

式中,C_1、C_2 为常数,由初始条件确定。若 σ_1、σ_2 为复数,通解式(3.9)可写成三角函数形式。由此可见,船受扰动后的运动情况取决于特征解 σ_1、σ_2 的正负号。

当 σ_1 和 σ_2 均为负实数或实部为负的虚数,即

$$\sigma_1 < 0, \sigma_2 < 0 \text{ 或 } \mathrm{Re}\,\sigma_1 < 0, \mathrm{Re}\,\sigma_2 < 0$$

则当 $t\to\infty$,$\Delta r\to 0$ 时,角速度具有自动稳定性。船受到扰动后,经过一段时间,将仍作直线运动,即船具有直线稳定性;反之,当 σ_1 和 σ_2 中有一个为正实数或两个都是实部为正的复数时,则扰动运动就不会衰减,运动是不稳定的。

2. 船舶对艏向角 ψ 的自动稳定性

$$\Delta\psi = \int \Delta r \mathrm{d}t$$

将式(3.9)代入得艏向的增量为

$$\Delta\psi = \int \Delta r \mathrm{d}t = C_0 + \frac{C_1}{\sigma_1}\mathrm{e}^{\sigma_1 t} + \frac{C_2}{\sigma_2}\mathrm{e}^{\sigma_2 t} \tag{3.10}$$

所以当 σ_1 和 σ_2 均为负实部时,有 $t\to\infty$,$\Delta r\to 0$。但 $\Delta\psi\to C_0$,船沿新的航向作直线运动,即船具有直线稳定性,而不具有方向稳定性。也就是说,船最多只具有直线自动稳定性,而不具有航向自动稳定性。扰动消失后,船将沿着新的航向直线航行。但习惯上也常将直线自动稳定性称为航向自动稳定性。

特征值 σ_1 和 σ_2 实部的正负决定了船是否具有自动稳定性,实部负值的大小决定了衰减的快慢。负实部的绝对值大,则扰动衰减快,船的新航线偏离原航线的程度就小。所以 σ_1 和 σ_2 可作为船稳定性的一种度量,称为稳定性指数。

$$\sigma_{1,2} = -\frac{1}{2}\left(\frac{1}{T_1}+\frac{1}{T_2}\right) \pm \left(\frac{1}{T_1}-\frac{1}{T_2}\right)$$

$$\sigma_1 = -\frac{1}{T_1}, \sigma_2 = -\frac{1}{T_2} \tag{3.11}$$

显然,T_1、T_2 与 σ_1、σ_2 互为负倒数,故 T_1、T_2 也可以作为稳定性的一种度量。

3.3.2 稳定性指数的分析

根据运动稳定性的定义,此处讨论的是原来作直线定常运动的船舶,受到一个瞬时存在的小干扰作用,在干扰消失后,保持控制器不动,随时间的增加,运动参数 v 和 r 的变化趋势问题。可见其完全适合小扰动的线性化扰动运动方程式所描述的情况,所不同的是由于保持控制器为原定常运动状态情况,不转动,故 $\delta=0$。这样的扰动运动称为自由运动。参照线性扰动方程,自由运动可由下式表示:

$$\begin{cases}(m-Y_{\dot{v}})\dot{v} - Y_v v + (mx_G - Y_{\dot{r}})\dot{r} + (mu_0 - Y_r)r = 0 \\ (mx_G - N_{\dot{v}})\dot{v} - N_v v + (I_x - N_{\dot{r}})\dot{r} + (mx_G u_0 - N_r)r = 0\end{cases} \tag{3.12}$$

式(3.12)称为自由运动方程。由式(3.12)得到的运动参数 r、v 的解如果随 $t\to\infty$ 时,r 和 v 不趋于零,则原来运动不具有直线运动的稳定性。所以稳定性问题可归结为讨论自由运动方程解的性质问题。

式(3.12)是一个二元一阶常系数齐次线性微分方程组,其解具有下列一般形式:

$$\begin{cases}r = \tilde{r}\,\mathrm{e}^{\sigma t} \\ v = \tilde{v}\,\mathrm{e}^{\sigma t}\end{cases} \tag{3.13}$$

式中 $\tilde{r}$、$\tilde{v}$——积分常数;

σ——特征方程的根。

将式(3.13)对时间微分得

$$\begin{cases}\dot{r} = \tilde{r}\sigma\mathrm{e}^{\sigma t} \\ \dot{v} = \tilde{v}\sigma\mathrm{e}^{\sigma t}\end{cases} \tag{3.14}$$

将式(3.13)、式(3.14)代入式(3.12),得

$$\begin{cases}[(m-Y_{\dot{v}})\sigma - Y_v]\tilde{v}\,\mathrm{e}^{\sigma t} + [(mx_G - Y_{\dot{r}})\sigma + (mu_1 - Y_r)]\tilde{r}\,\mathrm{e}^{\sigma t} = 0 \\ [(mx_G - N_{\dot{v}})\sigma - N_v]\tilde{v}\,\mathrm{e}^{\sigma t} + [(I_x - N_{\dot{r}})\sigma + (mx_G u_1 - N_r)]\tilde{r}\,\mathrm{e}^{\sigma t} = 0\end{cases} \tag{3.15}$$

式(3.15)是对于 $\tilde{r}e^{\sigma t}$ 和 $\tilde{v}e^{\sigma t}$ 的代数方程组。该方程组存在 $\tilde{r}e^{\sigma t}$ 和 $\tilde{v}e^{\sigma t}$ 有非零解的必要条件是系数行列式值为零,即

$$\begin{vmatrix} (m - Y_{\dot{v}})\sigma - Y_v & (mx_G - Y_{\dot{r}})\sigma + (mu_1 - Y_r) \\ (mx_G - N_{\dot{v}})\sigma - N_v & (I_z - N_{\dot{r}})\sigma + (mx_G u_1 - N_r) \end{vmatrix} = 0 \tag{3.16}$$

展开行列式,式(3.16)可写成

$$A\sigma^2 + B\sigma + C = 0 \tag{3.17}$$

式中

$A = (m - Y_{\dot{v}})(I_z - N_{\dot{r}}) - (mx_G - N_{\dot{v}})(mx_G - Y_{\dot{r}})$

$B = -Y_v(I_z - N_{\dot{r}}) + N_v(mx_G - Y_{\dot{r}}) + (m - Y_{\dot{v}})(mx_G u_1 - N_r) - (mx_G - N_{\dot{v}})(mu_1 - Y_r)$

$C = -Y_v(mx_G u_1 - N_r) + N_v(mu_1 - Y_r)$

式(3.17)称为微分方程组(3.12)的特征方程,其根为

$$\sigma = \begin{Bmatrix} \sigma_1 \\ \sigma_2 \end{Bmatrix} = \frac{-B \pm \sqrt{B^2 - 4AC}}{2A} \tag{3.18}$$

于是,r 和 v 的解可以写成

$$\begin{cases} r = \tilde{r}_1 e^{\sigma_1 t} + \tilde{r}_2 e^{\sigma_2 t} \\ v = \tilde{v}_1 e^{\sigma_1 t} + \tilde{v}_2 e^{\sigma_2 t} \end{cases} \tag{3.19}$$

由式(3.18)和式(3.19)可见,如果特征方程的根 σ_1 和 σ_2 全是负实数,或实部为负数的复数,则随时间的增加,r 和 v 最后将趋近于零,即运动是稳定的。这种稳定性正是直线运动的自动稳定性。

最终航线与初始航线间的夹角,即航向变化为 $\bar{\psi}$,则有

$$\lim_{t \to \infty} \int_0^t (\tilde{r}_1 e^{\sigma_1 t} + \tilde{r}_2 e^{\sigma_2 t}) \mathrm{d}t = \bar{\psi} \tag{3.20}$$

在一般情况下 $\bar{\psi} \neq 0$,这也说明,在水平面内运动的船舶不具有方向的自动稳定性。由式(3.20)还可以看出,当 σ_1 和 σ_2 为负实数或实部为负值的复数时,其实部绝对值的大小还决定了最终航线与初始航线的偏离程度。

总之 σ_1 和 σ_2 是表征船舶在水平面内直线运动自动稳定性的重要特征参数。因为其是以指数形式出现的,所以也称为稳定性指数。

一般来说,稳定性指数可能为负实数、实部为负的复数、正实数和实部为正的复数等四种情况。当 σ_1 和 σ_2 有一个为正实数或实部为正值的复数时,自由运动就不会衰减,则运动被称为不稳定的。当 σ_1 和 σ_2 为实数时运动呈渐近的衰减或发散;当两者为复数时,运动呈振荡或发散。图 3.2 给出了自由运动轨迹随 σ_1 和 σ_2 值的不同而实际可能出现的几种情况。其中前两种是稳定的,第三种是不稳定的。

3.3.3 稳定性衡准数与船舶直线稳定性的判别

为了判断船的稳定性,只要判断特征方程式(3.7)$\sigma^2 + 2p\sigma + q = 0$ 根的符号即可,而并不需要解出方程式的根。由式(3.7)明显看出,两根都具有负实部的充分必要条件是方程

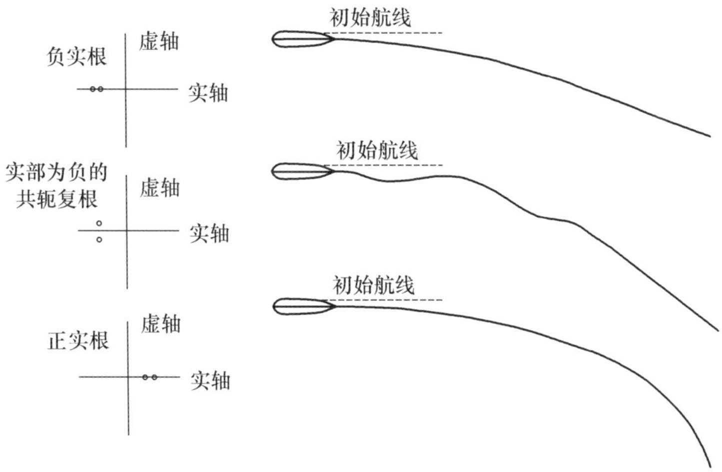

图 3.2　自由运动轨迹的几种可能情况

式的系数满足

$$2p = \frac{-[(m+\lambda_{22})N_r + (I_z+\lambda_{66})Y_r]}{(m+\lambda_{22})(I_z+\lambda_{66})} > 0 \tag{3.21}$$

$$q = \frac{Y_v N_r + N_v[(m+\lambda_{11})u_0 - Y_r]}{(m+\lambda_{22})(I_z+\lambda_{66})} > 0 \tag{3.22}$$

令

$$C = Y_v N_r + N_v[(m+\lambda_{11})u_0 - Y_r]$$

对上面的两个条件作进一步分析可知,m、I_z、λ_{11}、λ_{22}、λ_{66}都为正。由之前分析可知,Y_v 和 N_r 都为负,所以条件 $2p>0$ 始终满足。

q 的分母总是正值,所以直线稳定性的充分必要条件为

$$C = Y_v N_r + N_v[(m+\lambda_{11})u_0 - Y_r] > 0 \tag{3.23}$$

若 $C>0$,则船具有直线自动稳定性;若 $C<0$,则船不具有直线自动稳定性。因此 C 称为稳定性衡准数。

$Y_v N_r>0$;Y_r 符号不定,取决于船型,但绝对值较小;$(m+\lambda_{11})u_0$ 是很大的正数,所以$[(m+\lambda_{11})u_0-Y_r]$总是正值;$N_v$ 一般是负值。所以并不是所有的船都满足$C>0$。

若 $C>0$,则有

$$-N_v[(m+\lambda_{11})u_0 - Y_r] < Y_v N_r \tag{3.24}$$

由于

$$-[(m+\lambda_{11})u_0 - Y_r]Y_v > 0 \tag{3.25}$$

式(3.24)左右两侧同时除以式(3.25)左半部分,有

$$\frac{N_v}{Y_v} < \frac{-N_r}{(m+\lambda_{11})u_0 - Y_r} \tag{3.26}$$

式(3.26)也可写成

$$l_v < l_r \tag{3.27}$$

式中,$l_v=\dfrac{N_v}{Y_v}$;$l_r=\dfrac{-N_r}{(m+\lambda_{11})u_0-Y_r}$。

l_v 为 v 引起横向水动力作用点至船重心的距离,称为稳定力臂。l_r 为角速度 r 引起的横向力的作用点至船重心的距离,称为阻尼力臂。因此,直线稳定性的条件也可以说是位置力臂小于阻尼力臂。

3.3.4 稳定性衡准数的分析

由式(3.16)、式(3.17)可见,稳定性指数是 A、B、C 三个系数的函数,因而也就是船舶质量 m、绕 Oz 轴的惯矩、重心位置 x_G 及一系列水动力导数的函数。为了进一步判别直线运动的稳定性,可以对各系数之间的关系进行分析。

实际上,如果 σ_1 和 σ_2 为方程式(3.17)的两个根,则式(3.17)可以改写成

$$A\sigma^2 + B\sigma + C = A\left(\sigma^2 + \frac{B}{A}\sigma + \frac{C}{A}\right) = A(\sigma - \sigma_1)(\sigma - \sigma_2)$$

$$= A[\sigma^2 - (\sigma_1 + \sigma_2)\sigma + \sigma_2\sigma_2] = 0 \tag{3.28}$$

比较式(3.28)第一个等号以后的表达式和第三个等号以后表达式,可见

$$\begin{cases} \sigma_1 + \sigma_2 = -B/A \\ \sigma_1\sigma_2 = C/A \end{cases} \tag{3.29}$$

式(3.29)是通常的二次方程式的根与系数的关系式。

由式(3.29)可以明显地看出,欲使 σ_1 和 σ_2 全为负实数或者实部为负的复数,必须使

$$\begin{cases} \sigma_1 + \sigma_2 = -B/A < 0 \\ \sigma_1\sigma_2 = C/A > 0 \end{cases} \tag{3.30}$$

反之,如果 $B/A>0$、$C/A>0$,则 σ_1 和 σ_2 必为负实数或实部为负的复数。故船舶具有直线运动自动稳定性的充分和必要条件可归结于式(3.17)定义的 A、B、C 三个系数具有下列关系:

$$B/A > 0, C/A > 0 \tag{3.31}$$

下面对系数 A、B、C 作进一步讨论。

1. 系数 A

按式(3.17)的定义

$$A = (m - Y_{\dot{v}})(I_x - N_{\dot{r}}) - (mx_G - N_{\dot{v}})(mx_G - Y_{\dot{r}}) \tag{3.17a}$$

对于一般形状的船舶,其重心总是接近于中横剖面处,坐标原点也经常在接近中横剖面处。为了讨论方便,暂时假定坐标原点选择在重心上,即式(3.17)中的 x_G 都取零。

式(3.17a)中,质量 m 和质量转动惯矩 I_x 始终是较大的正值。

图 3.3 表示在匀速直线运动中的船舶,带有侧向扰动加速度(假定其他扰动均不存在)时的运动情况。这时沿船长度上的每一点都受到同样的扰动速度 $\dot{v}$。从直观上可以知道,因为水有一定的惯性,当船向某一方向加速运动时,水对其作用力总是与加速度方向相反,因此其合力 $\boldsymbol{F}$ 对 $\dot{v}$ 的导数总是一个较大的负值,即 $Y_{\dot{v}}$ 总为较大的负值。

图 3.4 表示了船舶具有扰动角加速度时的运动状况。

船舶受 $\dot{r}$ 扰动,相当于沿船舶长度上各点受一线性分布的侧向加速度扰动 $\dot{v}$,有

$$\dot{v} = x\dot{r}$$

式中,x 为所考虑点的纵坐标。可见艏艉两半船受到相反方向的加速度扰动。各半船的水

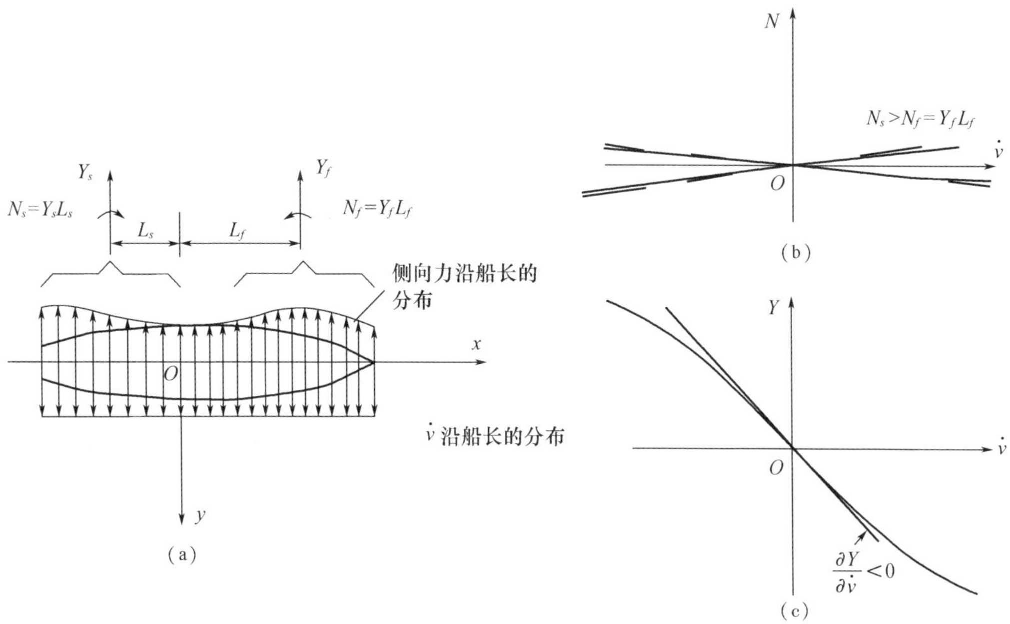

图 3.3　具有侧向扰动加速度 $\dot{v}$ 时的运动情况及 $N - \dot{v}$、$Y - \dot{v}$ 的关系

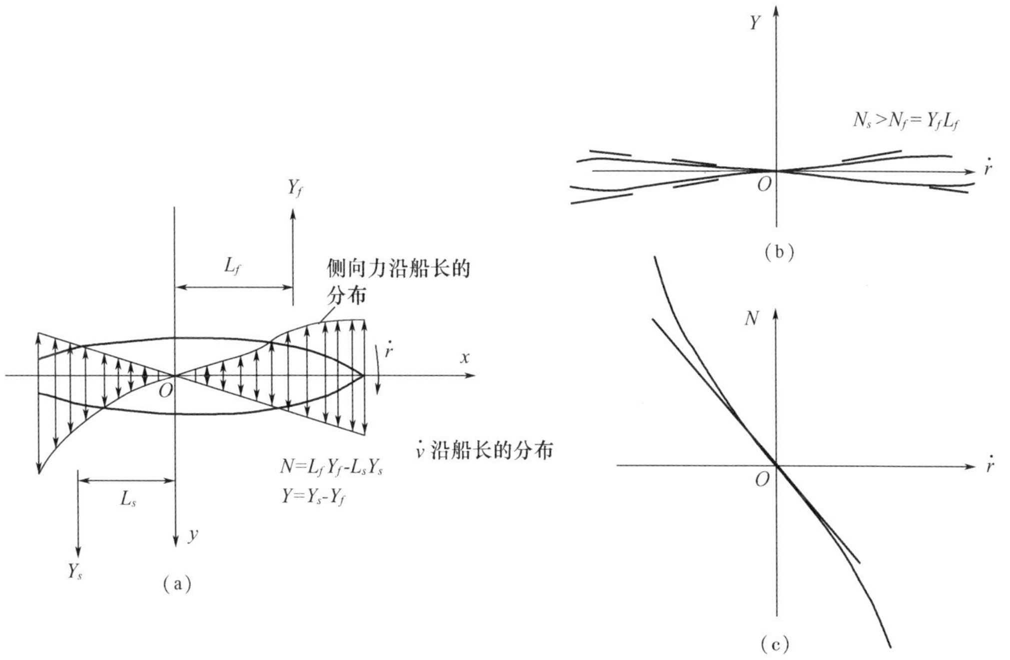

图 3.4　具有扰动加速度 $\dot{r}$ 时的运动情况及 $N - \dot{r}$、$Y - \dot{r}$ 的关系

动力 $\boldsymbol{Y}$ 都与当地的 $\dot{v}$ 相反。两者合成一个与 $\dot{r}$ 方向相反的力矩。也就是说，当船舶受 $\dot{r}$ 扰动时，所产生的水动力矩与 $\dot{r}$ 方向相反，而且艏半船与艉半船作用相叠加，故 $N_{\dot{r}}$ 总是一个较大的负值。

同理,因为由侧向扰动加速度在艏艉两半船上产生的侧向力对 O 点的力矩相抵消,合力矩可能为正,也可能为负。如果艏的作用占优势,则为负值;如果艉的作用占优势,则为正值。但无论如何,其绝对值总较小。图 3.3 也表示了这种状况。由图 3.3 可见,$N_{\dot{v}}$ 是符号不定,绝对值较小的值。

由扰动角加速度 $\dot{r}$ 产生的水动力 $\boldsymbol{Y}$ 在艏艉两半船上方向相反,其合力可能为正,也可能为负,但绝对值较小。所以 $Y_{\dot{r}}$ 是符号不定但总是绝对值较小的值。图 3.4 也表示了这种状况。

总结对上述四个水动力导数的分析,可见当坐标原点选择在重心处时,式(3.17a)中的第一项是两个大的正数的乘积;第二项是两个符号不定但绝对值较小的量的乘积。两项之差,总是一个较大的正值。也就是说,对一般形状的船舶,系数 A 总是一个较大的正值。

2. 系数 B

按式(3.17)和式(3.18)的定义,有

$$B = -Y_v(I_z - N_{\dot{r}}) + N_v(mx_G - Y_{\dot{r}}) + (m - Y_{\dot{v}})(mx_G u_1 - N_r) - (mx_G - N_{\dot{v}})(mu_1 - Y_r) \tag{3.17b}$$

仍假定坐标原点取在重心处,即 $x_G = 0$。由正的侧向扰动 v 引起的水动力与前面已分析的由 $\dot{v}$ 引起的水动力的方向完全类似。在以 u_1 速度前进并受侧向扰动速度 v 作用时,速度 V 与 Ox 轴形成漂角 β。船舶这时受到一个升力作用。艏与艉产生的升力一致都指向 v 的负方向。故合力 $\boldsymbol{Y}$ 是较大的负值,即 Y_v 总是较大的负值。同时艏与艉产生的升力对 O 点力矩相反,合力矩可能为正,也可能为负,但由于作用抵消,力矩的绝对值总不会很大。一般流线型物体水动力中心在形心之前,艏作用占优势。故通常 N_v 是一个不是很大的负值。图 3.5 表示了这种运动情况,以及 $N-v$ 及 $Y-v$ 的关系。

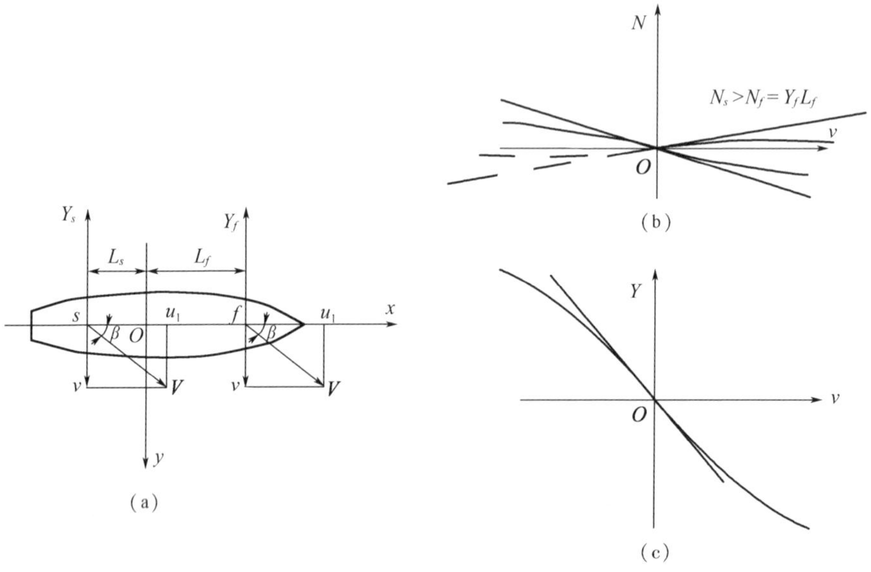

图 3.5 具有侧向扰动速度 v 时的运动情况及 $N-v$、$Y-v$ 的关系

受扰动角速度 r 作用引起的力与力矩,与 $\dot{r}$ 引起的力与力矩方向相类似。受扰原点 O

的角速度扰动，相当于受到沿纵向扰性分布的侧向扰动速度作用。在艏艉两半船上 v 的方向相反，故产生的侧向力抵消，合力 $\boldsymbol{Y}$ 可能为正，也可能为负，但绝对值较小。艏艉的侧向力对原点力矩相叠加，并总是指向 r 的负方向。因此 Y_r 是符号不定、绝对值较小的值，N_r 总是较大的负值（图3.6）。

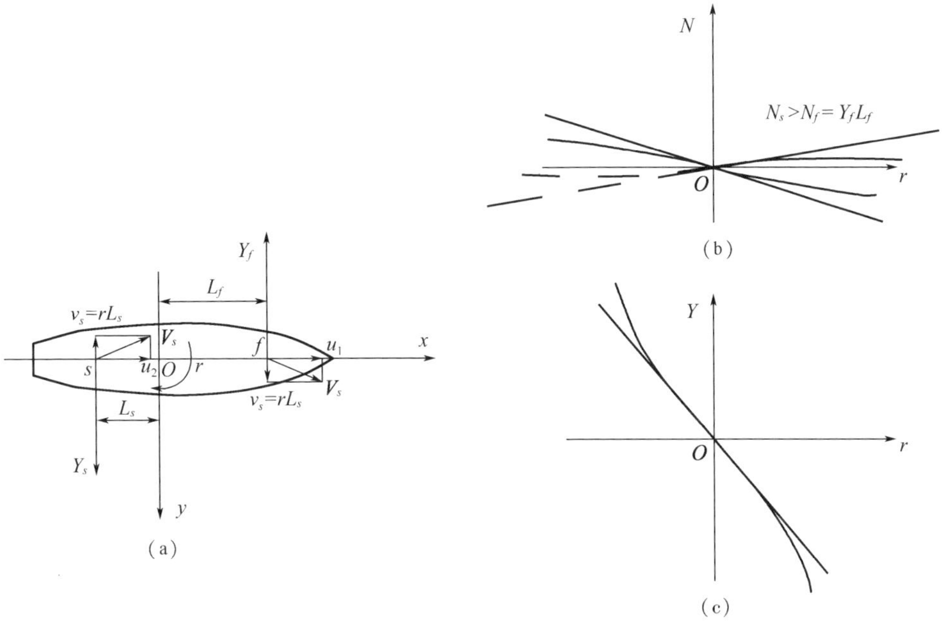

图3.6　具有侧向扰动速度 r 时的运动情况及 $N-r$、$Y-r$ 的关系

总结上述分析，在式（3.17b）中，连同负号在内的第一项总是较大的正值；第二项符号不定，但绝对值较小；第三项也是一个较大的负值；第四项中虽然 mu_1 可能是较大的正值，但因 $N_{\dot{v}}$ 绝对值较小，故其仍是一个符号不定但绝对值不大的值。总之，对于一般船型，系数 B 也总是一个正值。经过上述分析可见，稳定性衡准的条件可归结为

$$C = -Y_v(mx_G u_1 - N_r) + N_v(mu_1 - Y_r) > 0 \tag{3.32}$$

$C>0$ 表示船舶在水平面内的运动具有直线稳定性；$C<0$ 表示其不具有直线稳定性。在只需要判别船舶是否具有直线运动的自动稳定性时，不用求解特征方程式（3.17）求 σ_1、σ_2，只要按式（3.32）判断 C 是否大于零即可。稳定性衡准数是表示船舶运动稳定性的另一个重要参数。

由式（3.32）可见，在坐标原点取在重心处时，船舶是否具有直线运动稳定性只取决于 Y_v、N_v、Y_r、N_r 四个水动力导数，以及船舶质量 m、初始航速 u_1。式（3.32）中连同负号的第一项总为正值；第二项括号中的值也总是正值。前面已讨论过，N_v 原则上可能为正值，也可能为负值；通常其是一个绝对值不是很大的负值。如果 N_v 为正值，船舶总是直线稳定的，但这种情况不易出现。只要 N_v 不是很大的负值，船舶即具有直线稳定性。

船舶是否具有直线运动的稳定性只取决于船舶特征的客观物理性质，不会随人为的坐标原点的选择而改变。保留式（3.32）中 $x_G \neq 0$，所讨论的一切结论皆适用。坐标原点不同，除影响 x_G 值不同外，水动力导数也相应发生变化，其总的结果不变。

3.3.5 稳定力臂

在式(3.32)中 $-Y_v$ 和 $(mu_1 - Y_r)$ 都是正值,故该式可以改写为

$$\frac{mx_G u_1 - N_r}{mu_1 - Y_r} - \frac{N_v}{Y_v} > 0 \tag{3.33}$$

或写成

$$b = b_r - b_\sigma > 0 \tag{3.33a}$$

式中

$$\begin{cases} b_r = (mx_G u_1 - N_r)/(mu_1 - Y_r) \\ b_\sigma = N_v/Y_v \end{cases} \tag{3.34}$$

式(3.34)中 b_σ 的分母表示由单位侧向扰动速度 v 引起的侧向水动力,其分子为相应的水动力矩。所以 b_σ 可看成该侧向力作用点距坐标原点的距离。因为由 v 引起的力矩常促使船舶偏离原航线方向,所以称这一力臂 b_σ 为静不稳定力臂或干扰力臂。

式(3.34)中的 b_r 的分母为单位扰动角速度 r 引起的水动力和船舶质量的离心力的代数和;其分子是这一合力对原点的力矩。这一力矩总是阻止船舶继续回转,故称力臂 b_r 为阻尼力臂。而 b 是两个力臂 b_r 与 b_σ 之差,是表征船舶直线稳定性的参数,称为船舶的稳定力臂。稳定力臂更形象地表示了船舶是否具有直线稳定性。$b>0$ 表示稳定,$b<0$表示不稳定。b 绝对值的大小也在一定意义上表示了稳定与不稳定的程度。

3.3.6 船型对稳定性的影响

从公式 $-N_v[(m+\lambda_{11})u_0 - Y_r] < Y_v N_r$(即 $l_v < l_r$)可以看出,影响稳定性的主要因素是水动力 N_r、N_v、Y_v 和船的质量 m,各量都取决于船型因素。考虑到 λ_{11} 大约占 m 的 10%,Y_r 又较小,因此影响也较小。

(1)N_r 是艏摇力矩的旋转导数,反映了阻尼的影响。由于在艏艉两部分的作用力对转动中心的力矩相叠加,所以 N_r 总是较大的负值。其绝对值越大,船舶越趋于稳定。所以,N_r 是影响稳定性的首要因素。

(2)Y_v 是侧向力的速度导数(或称位置导数),也反映了阻尼的影响。由于在艏艉两部分作用力相叠加,所以 Y_v 也总是较大的负值。其绝对值越大,船舶越趋于稳定。Y_v 也是影响稳定性的一个重要因素。

(3)N_v 是转艏力矩的速度导数(或称位置导数)。由于在艏艉两部分作用力相互抵消一部分,所以 N_v 可能为正,也可能为负,但其绝对值不是很大,通常为一不是很大的负数。若 $N_v>0$,其绝对值越大,船越稳定;若 $N_v<0$,其绝对值越大,船越不稳定。N_v 对稳定性的影响较大。

(4)船的质量 m 的无因次化值为

$$m' = \frac{m}{1/2\rho L^3} = \frac{\rho C_B LBT}{1/2\rho L^3} = 2C_B \frac{B}{L}\frac{T}{L} \tag{3.35}$$

又因为 m 处于阻尼力臂分母的位置,所以就船型来说,C_B、B/L、T/L 小,即船型瘦长,稳定性好;反之,稳定性差。为了减小航行阻力,高速船一般船型瘦长,稳定性好;低速船船型丰

满,稳定性差。

3.3.7 改善稳定性的方案

(1) $|N_r|$、$|Y_v|$越大,$|N_v|$越小,则稳定性越好。在船舶设计中,船体主尺度和船型主要由快速性和布置上的要求来决定。操纵性主要由设计性能良好的舵来保证,必要时在艉部适当考虑。艉部在中纵剖面上的投影面积对稳定性有重要影响,减少艉空缺面积或安装分水踵、稳定鳍等来增加艉部在中纵剖面上的投影面积,将使阻尼力矩$|N_r|$增大,同时使横向阻尼力$|Y_v|$增大,并且横向作用力在艏艉的分布更加均匀,从而使$|N_v|$减小,故使船的稳定性增加。

减少艏部在中纵剖面的投影面积对稳定性的影响,原则上与增加艉部中纵剖面上的投影面积有相同的趋势。但由于船舶回转时枢心在艏部,艉部水流的漂角大,艏部水流的漂角小,所以艏部形状对稳定性的影响是很小的。

(2)船向艉部纵倾的影响与增大艉部中纵剖面上的投影面积相同,能够使稳定性变好。所以适当增加艉部的纵倾,即相当于增加了艉部在中纵剖面上的投影面积,从而使稳定性增加(图3.7)。

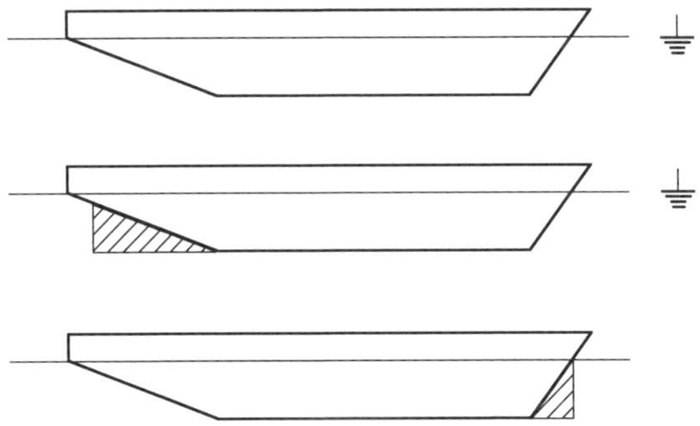

图3.7 艏艉中纵剖面投影空缺面积

(3)舵在不转动的时候相当于艉部的稳定鳍,而且舵的水动力性能好,其效果比相同面积的稳定鳍好很多。所以提高舵效(增大舵的面积,提高舵的升力系数),将使船的自动稳定性得以改善,同时能够提高船舶控制稳定性和控制机动性。

以上只是单纯地从稳定性的角度分析船型的影响。应当指出,回转性与稳定性对船型的要求是相矛盾的,稳定性太好则回转半径较大,所以船的稳定性应当适当,而不是过强,应根据船舶的任务全面考虑而有所侧重。例如,远洋货船应当适当强调稳定性,而港内拖船则应适当强调回转性。高速军舰船型瘦长,航行时产生向艉部纵倾,稳定性好,设计时应注意回转性。

舵不转动的时候起到稳定鳍的作用,而舵转动后提供一个使船转动的力矩,所以提高舵效对于提高稳定性和回转性都是有利的。当然增大舵面积将引起舵装置体积、质量、舵机功率和航行阻力的增大,对此也需要全面的考虑。

3.4 船舶控制稳定性

船舶一般不具有方向自动稳定性，要保持航向，需要不断操舵，通过人工或自动舵来使船舶具有方向稳定性，称为船舶的控制稳定性。

将 $r=\frac{\mathrm{d}\psi}{\mathrm{d}t}$ 代入艏摇响应方程式(3.1)，得

$$\frac{\mathrm{d}^3\psi}{\mathrm{d}t^3}+2p\frac{\mathrm{d}^2\psi}{\mathrm{d}t^2}+q\frac{\mathrm{d}\psi}{\mathrm{d}t}=S\delta+ST_3\frac{\mathrm{d}\delta}{\mathrm{d}t} \tag{3.36}$$

设船受到扰动后艏向角 ψ 有增量 $\Delta\psi$，面舵角也转动了 $\Delta\delta$。式(3.36)写为

$$\frac{\mathrm{d}^3(\psi+\Delta\psi)}{\mathrm{d}t^3}+2p\frac{\mathrm{d}^2(\psi+\Delta\psi)}{\mathrm{d}t^2}+q\frac{\mathrm{d}(\psi+\Delta\psi)}{\mathrm{d}t}=S(\delta+\Delta\delta)+ST_3\frac{\mathrm{d}(\delta+\Delta\delta)}{\mathrm{d}t} \tag{3.37}$$

式(3.36)和式(3.37)相减，即得扰动运动微分方程式，即

$$\frac{\mathrm{d}^3(\Delta\psi)}{\mathrm{d}t^3}+2p\frac{\mathrm{d}^2(\Delta\psi)}{\mathrm{d}t^2}+q\frac{\mathrm{d}(\Delta\psi)}{\mathrm{d}t}=S(\Delta\delta)+ST_3\frac{\mathrm{d}(\Delta\delta)}{\mathrm{d}t} \tag{3.38}$$

当由于某种瞬时扰动使船的艏向发生偏离 $\Delta\psi$ 后，舵手或自动舵根据此艏向偏离信息（如罗经读数）操作一个适当的舵角 $\Delta\delta$，使船逐渐停止偏离并返回原艏向。根据艏向角 $\Delta\psi$ 偏离的减少，按一定比例减少操舵角，$\Delta\delta=K_\mathrm{p}(\Delta\psi)$；当艏向偏离角为零（$\Delta\psi=0$）时，操舵角也为零（$\Delta\delta=0$）。但此时船的角速度$\frac{\mathrm{d}(\Delta\psi)}{\mathrm{d}t}$最大，船在惯性作用下，将继续向反方向转动，因此需向反方向操舵。所以在 $\Delta\delta=K_\mathrm{p}(\Delta\psi)$ 的规律控制下，船围绕原航向反复摆动，此摆动在水的阻尼作用下逐渐衰减。为改善操舵品质，应根据$\frac{\mathrm{d}(\Delta\psi)}{\mathrm{d}t}$的大小，适当提前将舵角归零，并继续向反方向操一个舵角以克服船的转动，即增加一个与角速度成比例的控制 $\Delta\delta=K_\mathrm{d}\frac{\mathrm{d}(\Delta\psi)}{\mathrm{d}t}$，以增大艏摇运动的阻尼。所以最基本的操舵规律为（称为比例、微分控制）

$$\Delta\delta=K_\mathrm{p}(\Delta\psi)+K_\mathrm{d}\frac{\mathrm{d}(\Delta\psi)}{\mathrm{d}t} \tag{3.39}$$

式中，K_p、K_d 为系数。

将式(3.39)代入式(3.38)，可简写为

$$\dddot{\psi}+2\bar{p}\ddot{\psi}+\bar{q}\dot{\psi}-SK_\mathrm{p}\psi=0 \tag{3.40}$$

式中

$$2\bar{p}=2p-ST_3K_\mathrm{d}$$

$$\bar{q}=q-(ST_3K_\mathrm{p}+SK_\mathrm{d})$$

式(3.40)的特征方程式为

$$\sigma^3+2\bar{p}\sigma^2+\bar{q}\sigma-SK_\mathrm{p}=0 \tag{3.41}$$

要使船具有方向控制稳定性，必须使特征方程式(3.41)的根全都具有负实部。根据代数中对方程式根的讨论，三次方程式的三个根都具有负实部的充要条件是，其系数满足

$$\begin{cases} 2\bar{p} > 0 \\ 2\bar{p}\bar{q} + SK_p > 0 \\ -SK_p > 0 \end{cases} \tag{3.42}$$

由式(3.20)和式(3.1)可知,$S<0$,$ST_3<0$,又有系数 $K_p>0$,$K_d>0$,所以式(3.42)中,条件 $2\bar{p}>0$ 和 $-SK_p>0$ 总是满足的。于是船具有方向控制稳定性的条件归结为

$$2\bar{p}\bar{q} + SK_p > 0 \tag{3.43}$$

将式(3.40)与式(3.6)比较可以看出:由于加入了比例控制项 $\delta_1=K_p\psi$,使式(3.40)中含有 $-SK_p\psi$ 项,扰动方程式的阶数提高到三阶,这样船可能具有方向稳定性;而式(3.6)中只有 $q(\Delta r)$ 项,扰动方程式为二阶,所以船舶只可能有直线稳定性。此外,由于在对船舶控制稳定性的分析中引进了微分控制项 $\Delta\delta=K_d(\mathrm{d}\psi/\mathrm{d}t)$,相当于改变了水动力旋转导数值,也改变了船舶稳定性。

对于不具有直线稳定性的船,通过适当选择系数 K_p、K_d 之值,使其满足式(3.43),也能具有方向控制稳定性。实际上,大型船舶和散装货船船型肥满,是不具有直线自动稳定性的,通过操舵(人工或自动驾驶仪)仍能保持航向。但自动稳定性差的船需要较大的 K_p、K_d 值,这将使操舵频率、舵角和偏航角增大,这是不利的。自动稳定性太差的船甚至不能具有方向控制稳定性。所以在船舶设计中,应争取具有直线自动稳定性或使不稳定的程度较小。

最基本的操舵规律是采用比例、微分控制,以及使操舵角与艏向角变化和角速度成比例。这样在一定条件下,船舶会具有方向稳定性。有时为了消除船在持续干扰力作用下而产生的航向误差,在操舵规律中会增加一个积分项,即舵角

$$\delta = K_p(\Delta\psi) + K_i\int\Delta\psi\mathrm{d}t + K_d\frac{\mathrm{d}(\Delta\psi)}{\mathrm{d}t} \tag{3.44}$$

由此构成的比例、微分、积分控制就是自动舵常采用的所谓 PID 控制系统。

船在航行中可能受到一些持续干扰力矩的作用,如船有横倾,两个螺旋桨转速不等,以及定向的风、流的作用等。船在定常干扰力矩 N_f 作用下,将出现偏航角 $\Delta\psi$,如向左偏航,自动舵会转一个右舵 δ,产生一个回转力矩 N。当 $N=-N_t$ 时,船就不再偏航。对于比例-微分控制系统,此时舵角 $\delta_f=K_p(\Delta\psi_f)$(因为 $\mathrm{d}(\Delta\psi_f)/\mathrm{d}t=0$)。于是船以恒定舵角 δ_f 和偏航向角 $\Delta\psi_f$ 沿新的航向航行,如图3.8所示。

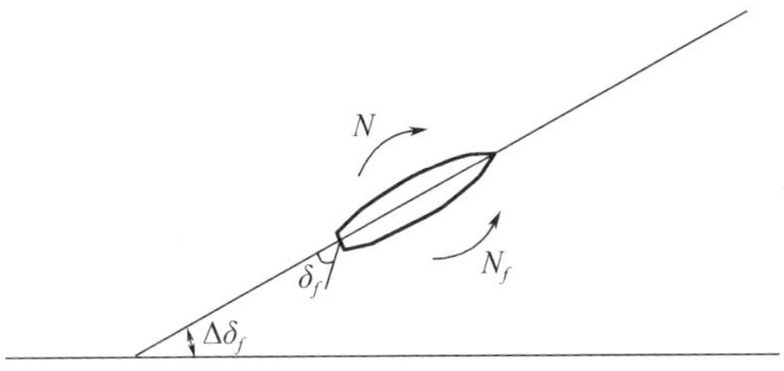

图3.8 船在持续干扰力矩作用下偏航

加入积分环节 $\delta_i=K_i\int\Delta\psi\mathrm{d}t$ 后,船便不能在 $\delta=\delta_f$、$\Delta\psi=\Delta\psi_f$ 下稳定航行。因为只要

$\Delta\psi \neq 0$，此积分值就要随时间不断增大，从而使舵角 δ 增大，即 $\delta > \delta_f$，使 $N > N_f$，从而使 $\Delta\psi$ 减小。只有当 $\Delta\psi = 0$ 时，$\delta_i = K_i\int\Delta\psi dt$ 才不会增大。所以船最后只能在 $\delta = \delta_f$、$N + N_f = 0$、$\Delta\psi = 0$的状态下稳定航行，即船沿原航向航行，但有一个压舵角 δ_f 以平衡干扰力矩。

图 3.9 为自动舵原理示意图。一方面，由航向信号检测元件（如罗经）测量出船的实际航向角 ψ_0（艏向角），与给定航向信号 ψ，在比较元件Ⅰ中进行比较（求差），得到航差角信号 ψ。再经航差角信号变换元件（内有比例、积分、微分电路）将航差信号 ψ 变换成表示 $K_p\psi + K_i\int\psi\,dt + K_d\dfrac{d(\psi)}{dt}$ 的综合电压信号 u_ψ。另一方面，舵机放大器Ⅰ、Ⅱ及舵角信号检测变换器组成舵机伺服机构，使舵角跟随控制信号 u_ψ 而动作。舵机伺服机构跟随控制信号电压 u_ψ 的原理如下：当输入一控制电压 u_ψ，经过放大器Ⅰ、Ⅱ放大，驱动舵机工作，而舵角 δ 又经舵角信号检测变换元件（如电位器）检测变换后，得到电压信号 u_δ。其在比较元件Ⅱ中与 u_ψ 信号进行比较（相减），当反馈信号 u_δ 和控制信号 u_ψ 相等时，比较元件输出的信号 u 为零，舵机停止转动，舵角即停留在与控制信号 u_ψ 相应的舵角 δ，即舵角 δ 跟随控制信号 u_ψ 而变化，从而实现了 PID 控制。

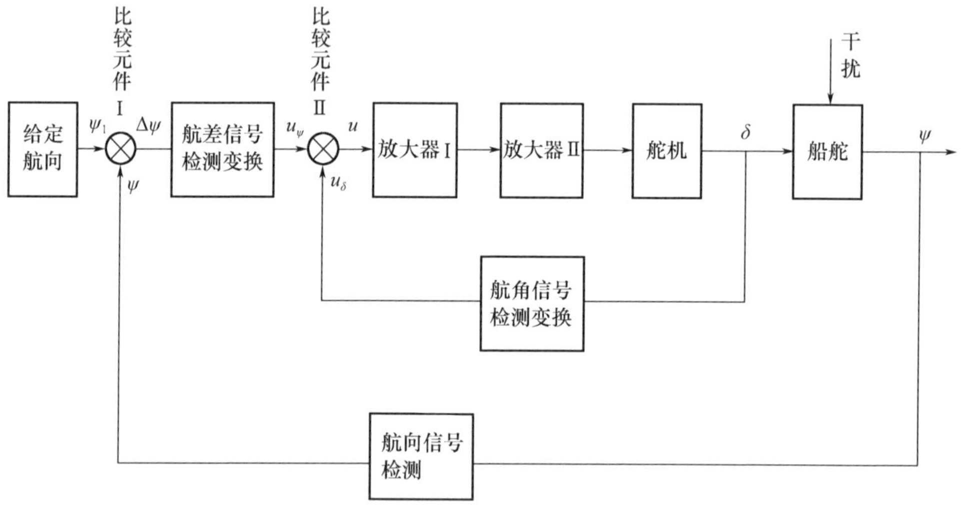

图 3.9 自动舵原理

为了使自动舵能在不同的装载、航速、海况下工作，K_p、K_i、K_d 等系数是可以调节的，使得自动舵在不同的情况下都有较好的品质。

船舶航行中，航行状态（吃水、纵倾、航速等）和环境条件（航道、水深、风、浪、流等）是变化的，因而船舶操纵性数学模型也是变化的。PID 自动舵是根据经验和估算来调整自动控制系统的参数，以在不同情况下，使系统有较好的品质。然而常规的自动舵也有其不足：一是要频繁地操舵，经济上不划算；二是在环境变化较快的情况下，难以保持航向稳定。因此随着现代控制理论、自适应控制的发展，出现了自适应舵。

自适应控制是用系统辨识的方法，随时根据系统在运行中测量得到的输入和输出数据，推算出操纵性的等价数学模型，按目标函数求最小值，来选择舵角。

目前，关于模糊控制、人工神经网络控制等应用于船舶操纵控制的研究，也正在开展当中。

第 4 章　船舶机动性

4.1　船舶的回转运动

机动性一般是指船舶在舵和主机－推进器作用下的运动性能，有时还包括航速的快慢、回转、加速、螺旋桨逆转速制动等船舶的最基本的运动。

对于水平面船舶来说，改变航向的性能即航向机动性是其重要性能之一。因为回转是船舶经常遇到的一种机动，船舶回转的最后阶段是一种定常运动，这样便于研究者从理论上进行分析，并且船舶回转性能参数也易于通过回转试验进行测量。因此，船舶回转性能参数常常作为衡量船舶机动性能的重要指标。

4.1.1　回转圈

船在作直线航行时，将舵转动到一定舵角并保持不变，这时船将偏离原航线而作曲线运动，称为回转运动。船是否易于回转的性能称为回转性。

回转运动是船最基本、最重要的机动运动之一，不仅是航向大角度急剧改变，就是操舵经常使用的航向小角度改变运动，也可说是回转运动的初始阶段。

本节将结合船的受力情况来分析回转运动的如下内容：

(1) 回转曲线的形状和特征参量；

(2) 回转过程中各运动参数（包括速降和横倾角）的变化情况；

(3) 回转运动参数的影响因素；

(4) 回转中的降速和横倾角的近似估算方法。

一艘匀速直线运动的船舶（$u=u_0$，$v=r=\dot{u}=\dot{v}=\dot{r}=0$，通常也规定这时舵角 $\delta=0$），若以某种方式将舵转至一定舵角 δ_c，并保持这一舵角，则船舶将偏离原来航向而进入回转运动。

图 4.1 表示回转过程中船舶重心经过的轨迹，我们称之为回转圈。

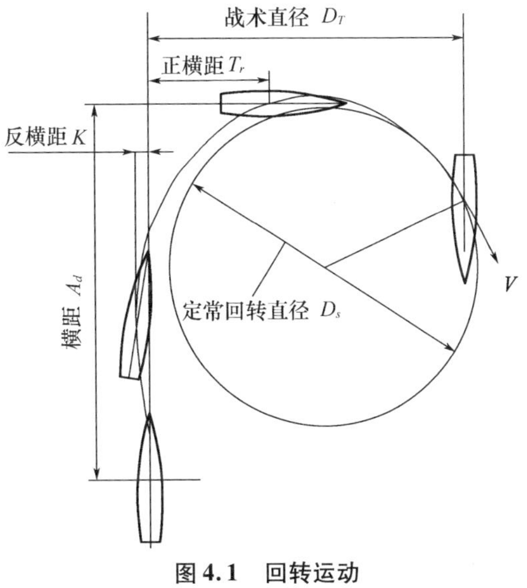

图 4.1　回转运动

4.1.2　回转的三个阶段

为了分析方便，一般根据船舶运动特征的不同，把回转过程分为三个阶段。

1. 转舵阶段

从船舶转舵开始到舵转到规定舵角 δ_c 为止，时间很短，一般为 8 ~ 15 s。

设船在直线航行时转一右舵。如图 4.2 所示，随着舵的转动，有水动力 $\boldsymbol{F}_R$ 作用在舵上，力沿船的航速方向和垂直于航速方向的分量分别为 F_{Rt} 和 F_{Rn}，同时又产生了绕重心的力矩 $\boldsymbol{N}_\delta$，从而使船产生了加速度 $-\dot{u}$、$\dot{v}$ 和 $\dot{r}$。但由于 $\boldsymbol{F}_R$ 较小，而船舶本身质量又很大，所以产生的加速度很小。同时转舵的时间又很短，故在转舵阶段，船的横向位移和角位移很小，船舶重心 G 基本上沿原航线运动，并有向操舵相反一舷的较小横移，同时船尾出现横移较大，这一阶段也可称为横移内倾阶段。

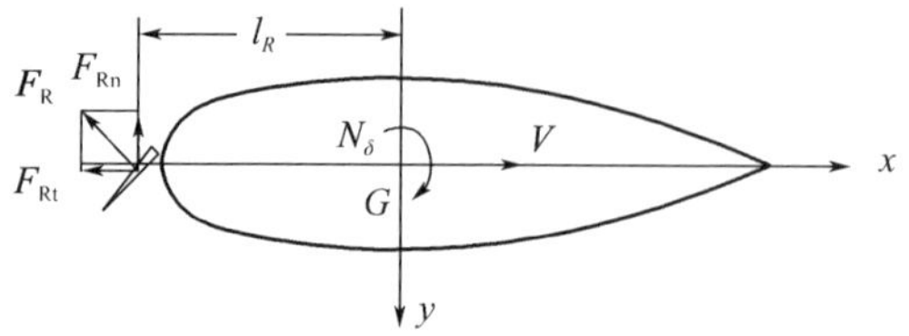

图 4.2　转舵阶段的舵力

在线性简化下，可以用下列方程近似描述转舵阶段的船舶运动

$$\begin{cases}(m-Y_{\dot{v}})\dot{v}+(mx_G-Y_{\dot{r}})\dot{r}=Y_\delta\delta \\ (mx_G-N_{\dot{v}})\dot{v}+(I_z-N_{\dot{r}})\dot{r}=N_\delta\delta\end{cases}\quad(\delta\leqslant\delta_c)\tag{4.1}$$

定义舵顺时针方向转动舵角为正时，则 $Y_\delta<0$、$N_\delta<0$，船舶将产生向左舷方向移动的加速度和向右舷转艏的角加速度。其运动特点如下：

(1)船舶产生一定的漂角斜航；

(2)船尾出现明显外移；

(3)枢心 P 在船首附近，也可能在艏艉延长线上；

(4)降速不明显；

(5)船舶因舵力位置较船舶重心位置低而出现少量的向操舵一舷的横倾(内倾)，其内倾的大小与初稳性 GM 的值有关。

2. 过渡阶段

该阶段从转舵结束到船舶进入定常回转运动为止。

如图 4.3 所示，在转舵同时产生了 $\dot{v}$ 和 $\dot{r}$，随着时间的推移，很快就出现了侧向速度 v 和回转角速度 r。因此在回转的过渡阶段中 v、r、$\dot{v}$、$\dot{r}$ 都存在，并且都在不断地变化，这时只有舵角为常数($\delta=\delta_0$)。

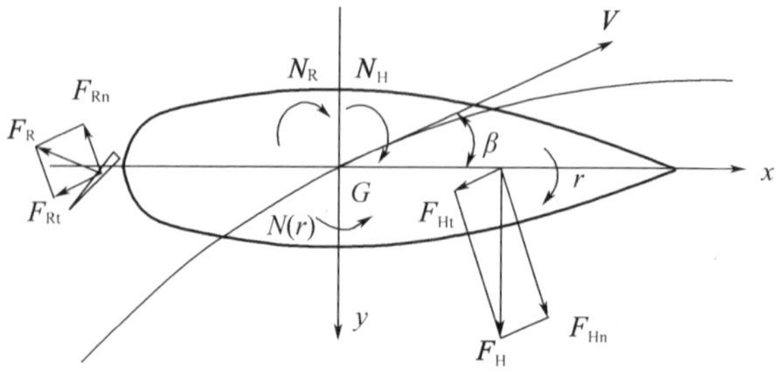

图 4.3　发展阶段的船体、舵受力

随着时间的推移，法向舵力 F_{Rn} 使船产生“反向横移”；舵力矩 $\boldsymbol{N}_R$ 使船顺时针方向转动，从而使船中纵剖面与航速之间形成漂角。一旦形成漂角，船体就产生了横向力，横向水动力 $\boldsymbol{F}_H$ 对重心 G 的力矩 $\boldsymbol{N}_H$ 将加速船的转动。进一步使漂角增大，又使 $\boldsymbol{N}_H$ 增大，即

$$F_{Rn} \to \beta\uparrow \to N_H\uparrow \to \beta\uparrow \to N_H\uparrow \to r\uparrow$$

整体表现为回转迅速发展。

(1)船重心的运动分析

一方面，舵力和船体水动力沿船前进方向上的分量使船的速度逐渐减少；另一方面，随着 F_{Hn} 在 Gy 轴上分量的增大，逐渐达到并超过 F_{Rn} 在 Gy 轴上的分量，所以船反向横移的加速度减少到0，然后改变方向，使船产生正向加速度。经过一段时间后，重心的位置将出现正向横移，加上桨的推动和船的转动，重心的轨迹就形成了一条变速的曲线，重心的运动就是变速曲线运动。

(2)船绕重心的转动分析

首先，作用在船上的水动力矩分为三部分：

①舵力矩

$$N_R = N(\delta) = N_\delta \delta$$

$N_\delta < 0, \delta < 0$，因此 $N_\delta \delta > 0$，加速转动

②漂角引起的力矩

$$N_H = N(\beta) = N_v v$$

$N_v < 0, v < 0$，因此 $N_v v > 0$，加速转动

③回转角速度引起的力矩

$$N(r) = N_r r$$

$N_r < 0, r < 0$，因此 $N_r r > 0$，减速转动

由于 $N(\delta)$ 和 $N(\beta)$ 都是加速船转动的，而 $N(r)$ 是阻止船转动的，但在发展阶段的初期，r 很小，故 N_r 较小，此时 $|N(\delta)| + |N(\beta)| > |N(r)|$。

由于 $r>0$，并且 r 逐渐增加，又使得 $\beta\uparrow \to N(\beta)\uparrow \to r\uparrow$，随着 r 的增加，$N(r)$ 迅速增大，达到一定程度时，就有

$$|N(\delta)| + |N(\beta)| = |N(r)| \tag{4.2}$$

此时，各力矩相互平衡，$\dot{r}=0$，r 为常数，β 为常数，v 为常数。此后，回转进入定常阶段。

在线性简化下，可以用下列方程描述过渡阶段的运动，即

$$\begin{cases}(m - Y_{\dot{v}})\dot{v} - Y_v v + (mx_G - Y_{\dot{r}})\dot{r} + (mu_0 - Y_r)r = Y_\delta \delta_c \\ (mx_G - N_{\dot{v}})\dot{v} - N_v v + (I_x - N_{\dot{r}})\dot{r} + (mx_G u_0 - Y_r)r = N_\delta \delta_c\end{cases} \tag{4.3}$$

其运动特点如下：

a. 随漂角的增大，船舶旋转速度不断加快；

b. 转心由船首方向逐渐后移；

c. 角加速度渐次降低，并逐渐向定常阶段过渡；

d. 斜航中的船舶降速加剧(斜航阻力是降速的主要原因)。

由于作用在船体的横向水动力超过舵力，内倾消失，并且因存在横向摇摆惯性，将产生

最大的外倾角 θ_{max}，操舵时间越短，θ_{max} 越大。

3. 定常阶段

各水动力矩相互平衡，r 为常数，船绕重心作均匀角速度转动，螺旋桨推力和水动力在轨迹切线方向上的分量平衡

$$F_{Ht} + F_{Rt} = F_{Pt}$$

航速 $\boldsymbol{V}$ 达到最小值，并保持不变。水动力在法线方向上的分量为常值，即

$$F_{Hn} + F_{Rn} = F_{Pn} = C \neq 0$$

这一法向力的合力提供了向心力，所以船的重心进入匀速圆周运动。在定常阶段 $\dot{v}$ 和 $\dot{r}$ 重新趋于零，在线性简化下，定常运动可以用下式描述

$$\begin{cases} -Y_v v + (mu_1 - Y_r) r = Y_\delta \delta_c \\ -N_v v + (mx_G u_1 - N_r) r = N_\delta \delta_c \end{cases} \tag{4.4}$$

(1) 定常运动的特点

①作用在船上的水动力矩平衡，而水动力沿轨迹法线方向保持常值，不随时间改变；船的航速 $\boldsymbol{V}$、漂角 β、角速度 r 皆不随时间而改变。

②船作定常运动。船的重心 G 作匀速圆周运动，同时船又绕重心 G 作匀角速度转动。

③枢心 P 逐渐稳定。旋回性能越好，旋回中漂角 β 越大，其旋回时的枢心 P 越靠近艏部。

(2) 回转运动的主要特征参数

①定常回转直径 D_s　船舶进入定常阶段后的回转直径，通常以相对回转直径 D_s/L 表示。回转性能好的船，最小相对回转直径为 3 左右；回转性能差的船，最小相对回转直径为 10 左右。大多数船的最小相对回转直径为 5 ~ 7。

②战术直径 D_T　又称旋回初径，指艏向改变 180°时，其重心距初始直线航线的距离。一般地，$D_T = (0.9 \sim 1.2) D_s$。

③纵距 D_d　自转舵开始的船舶重心沿初始直线航向至艏向改变 90°时，重心间的纵向距离。纵距越小，表示船舶的定常回转直径越小，即回转性能越好，以及船舶在操舵进入新的稳定运动状态快。一般地，$D_d = (0.6 \sim 1.2) D_s$。

④正横距 T_r　艏向改变 90°时，其重心至初始直线航线的横向距离。

⑤反横距 K　船舶离开初始直线航线向回转中心的反侧横移的最大距离。$K = (0 \sim 0.1) D_s$。

⑥定常回转航速 V_s、漂角 β_s、横倾角 ϕ_s。

⑦回转周期 T　自转舵起回转 360°所用的时间。

图 4.4 表示在回转过程中舵角 δ、侧向速度 v、加速度 $\dot{v}$、回转角速度 r 和角加速度 $\dot{r}$ 随时间的变化过程。

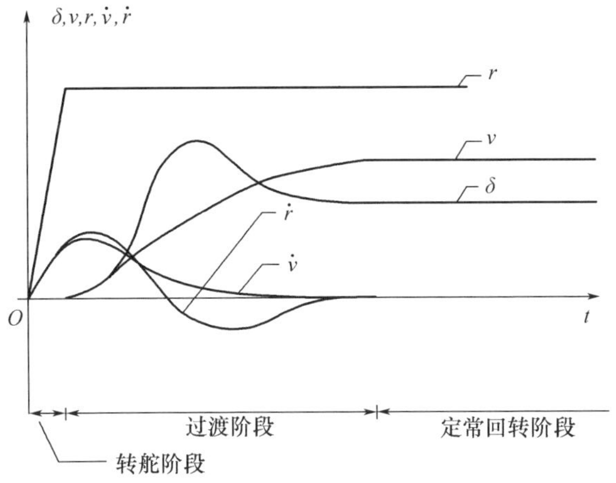

图 4.4 回转过程中运动参数随时间的变化过程

表 4.1 给出了常见船舶最大舵角时的回转直径与船长比。

表 4.1 常见船舶最大舵角时的回转直径与船长比（D_s/L）

船舶类型		比值
军舰	战列舰	3 ~ 4
	巡洋舰	3 ~ 5
	驱逐舰	5 ~ 10
	潜艇	3 ~ 5
海船	油船	3.5 ~ 7
	货船	4 ~ 5
	客货船	3 ~ 5
	拖轮	1.5 ~ 3
内河船	客货船	1.5 ~ 3.5
	油船	2.5 ~ 4
	拖、推轮	1 ~ 2
	推 - 驳船队	4 ~ 5
	30 m 以下的小型船舶	1.5 ~ 3.5

4.1.3 影响定常回转直径的因素

1. 船型的影响

由二阶线性响应 $K-T$ 方程有

$$T_1T_2\ddot{r}+(T_1+T_2)\dot{r}+r=K\delta+KT_3\dot{\delta}$$

对于定常回转运动 $\ddot{r}=\dot{r}=\dot{\delta}=0$，上式化简为

$$r=K\delta$$

可知，K 为单位舵角引起的定常回转角速度。K 越大，则回转角 r 越大，回转性就越好，称 K

为回转性指数。

由二阶线性响应 $K-T$ 方程可知,对于定常回转运动有

$$K = \frac{N_v Y_\delta - Y_v N_\delta}{C}$$

$$C = Y_v N_r + N_v[(m + \lambda_{11})u_0 - Y_r]$$

则

$$r = \frac{(N_v Y_\delta - Y_v N_\delta)\delta}{C}$$

定常回转时,$r = \frac{V_t}{R_t}$(V_t 为定常回转航速,R_t 为定常回转半径)。其无量纲形式为

$$r' = r\frac{L}{V_t} = \frac{L}{R_t}$$

因此有如下结论:C 越大,则 r 越小,定常回转直径 D_s 越大,回转性越差,稳定性越好;反之,C 越小,则 r 越大,定常回转直径 D_s 越小,回转性越好,稳定性越差。所以回转性和稳定性对船型的要求是互相矛盾的。增大 C_B 和 B/L,可使船型丰满;减小艉部的投影面积,使 $|N_r|$减小,$|N_v|$增加,$|Y_v|$减小,都可以使回转性好,稳定性差。

2. 纵倾的影响(图 4.5)

(1)艏纵倾相当于减小了艉部的投影面积,故可使 D_s 减小,机动性变好,稳定性变差;

(2)艉纵倾相当于增大了艉部的投影面积,故可使 D_s 增大,机动性变差,稳定性变好。

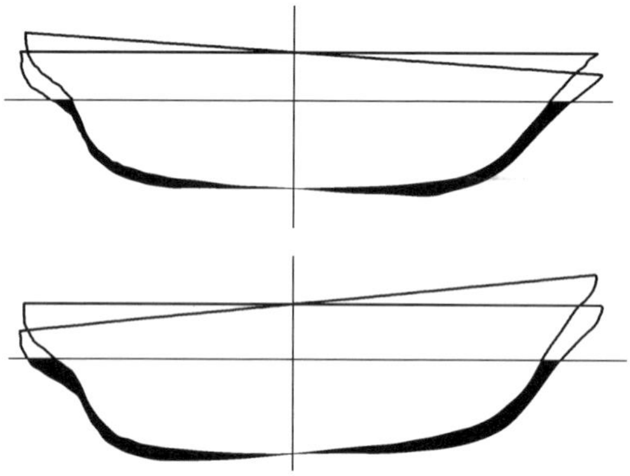

图 4.5　艏艉纵倾

3. 舵的影响(图 4.6)

舵的作用是产生水动力 F_{Rn},提供使船回转的力矩 $N_R = F_{Rn}L_R$。此力矩大,则回转性好,同时稳定性也好。

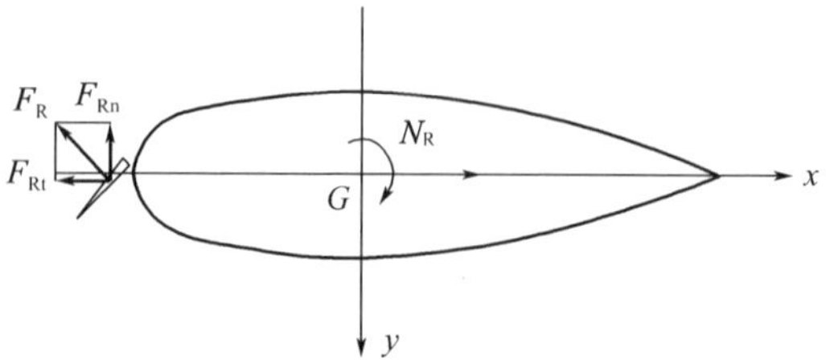

图 4.6　舵的影响

为使舵产生足够的力矩，一般可采用以下方法：

(1)增加舵的面积；

(2)合理选择舵的形状；

(3)提高升力系数；

(4)将舵置于桨的尾流中；

(5)使舵远离转动中心。

为保证舵的有效舵角 α_R 不超过失速角 α_K，一般将舵的最大舵角限制在35°左右，失速角 α_K 不仅和舵的形状有关(增大舵的展弦比使 C_L 曲线的斜率增大，但使失速角 α_K 减小)，而且与雷诺数有关。实船舵的失速角 α_K 要比船模大，舵位置处水流的漂角 β_R 使舵的有效舵角 α_K 较名义舵角小，所以有些驳船由于船长大，舵处漂角 β_R 大，最大舵角达60°。

4. 航速的影响

航速的影响以 Fr 数来表示

$$Fr = \frac{V}{\sqrt{gL}}$$

经验表明，当 $Fr \leqslant 0.25$ 时，Fr 对 D_s 无影响；当 $Fr > 0.25$ 时，由于航行中船体下沉、纵倾和兴波的影响，船的水动力发生变化，D_s 随着 Fr 的增加而迅速增大。

我国海军船体规范规定，对于军舰

$$\frac{D_s}{D_{s0}} = 1 + 0.712Fr - 5.23Fr^2 + 11.36Fr^3 \quad (Fr \leqslant 0.6)$$

式中，D_{s0} 为 $Fr \leqslant 0.25$ 时的回转直径。

5. 横倾的影响

集装箱船、滚装船、高速军舰回转时会产生较大的横倾角，使水线以下的船型改变，引起水动力系数(主要是船体水动力力矩)变化，即横倾导致水动力系数改变，经验与计算表明横倾使 D_s 减小。

4.1.4 回转过程中航速的变化

船在稳定直航时，其阻力与推力平衡。操舵后船进入变速曲线运动。由于漂角和舵角的存在，船体的阻力发生变化，流向螺旋桨的水流发生变化，导致主机的工况发生变化，因而桨的推力也变化，导致船的航速发生变化。满舵回转时，航速要下降20% ~50%。

由纵向操纵运动方程有

$$(m + \lambda_{11})\dot{u} - (m + \lambda_{22})vr = X(u) + X_p + X_R$$

船回转时，由于航速 u 下降，船体阻力 $X(u)$ 减小。舵阻力 X_R 随着舵角增大而迅速增大，满舵时具有与船体阻力相同的量级。船后螺旋桨的推力 X_p 主要取决于轴向流速和主机外特性，情况较为复杂。

定常回转时

$$-(m + \lambda_{22})vr = X(u) + X_p + X_R \tag{4.5}$$

令定常回转时的航速为 V_s，回转半径为 R_s，则将 $r = \frac{V_s}{R_s}$，$v = -V_s \sin\beta$ 代入式(4.5)，有

$$(m+\lambda_{22})\frac{V_s^2}{R_s}\sin\beta = X(u)+X_{\mathrm{p}}+X_{\mathrm{R}} \tag{4.6}$$

虽然β较小,但离心力$(m+\lambda_{22})V_s^2/R_s$很大,与船体阻力等有相同的量级。从船体形状来看,影响离心力的主要是方形系数C_B。在回转过程,随着航速V下降,船体阻力$X(u)$、舵阻力X_{R}和离心力在x轴上的投影都减小,而螺旋桨阻力X_{p}增大,当航速V降至某一值时,上述诸力平衡,即达到了定常回转航速。

由式(4.5)可确定定常回转时的航速V_s,并且当船型和主机类型都已知时,V_s的减少主要取决于R_s。

进行无量纲化后,可得

$$2C_B\frac{B}{L}\frac{T}{L}(1+k_{22})\frac{L}{R_s}\sin\beta = X'_{\mathrm{p}}+X'(u)+X'_{\mathrm{R}} \tag{4.7}$$

式中,$k_{22}=\lambda_{22}/m$。

可以看出,影响定常回转降速系数$V'_s=V_s/V_0$的主要因素是主机类型(影响推力X_{p}随航速的变化关系)、相对回转半径$R'_s=R_s/L$和船的肥瘦度。对于某一艘船来说,船型和主机类型都已一定,则主要取决于R'_s(β与R'_s间有对应关系)。戴维逊根据大量实船和船模试验结果,整理成V_s/V_0、D_s/L的关系曲线(V_s为定常回转航速;V_0为直线航行航速;D_s为定常回转直径;L为船长)。日本的希伯根据民船船模试验资料,作出V_s/V_0与C_B、D_s/L的关系曲线(图4.7)。苏联的费尔索夫提出

$$\frac{V_s}{V_0} = \mathrm{th}\left(\frac{R_s}{2.45L}\right) \tag{4.8}$$

这些曲线和公式都可用来近似估算V_s。

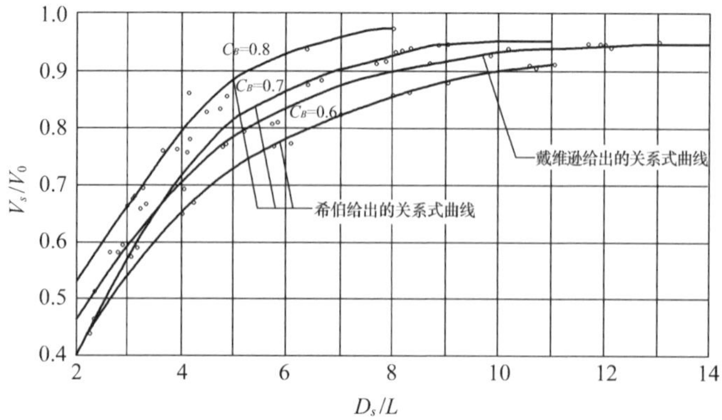

图4.7 回转降速与回转半径的关系

4.1.5 船舶回转过程中的横倾现象

回转时,作用在船体和舵上的水动力与重心不在同一高度,产生一横倾力矩而导致船舶横倾。对于高速航行的舰船,横倾有时很大,有倾覆的危险。

转舵阶段过程(图4.8(a)),设转右舵,当船在水平面内转舵时,舵上水动力在船横剖面上的分量为Y_{R},作用于舵面上的水动力中心z_{R}(坐标原点取在船基线处)。力Y_{R}使船有

向左的加速度 $-\dot{v}$，使船受到向右的流体惯性力 $\lambda_{22}\dot{v}$，作用点的垂向高度为 z_H。由于在转舵阶段船的漂角 β 和角速度 r 皆很小，作用于船体上的黏性类水动力可以忽略。按照达兰贝尔原理，在重心处再加上船体惯性力 $m\dot{v}$，方向向右。流体惯性力 $\lambda_{22}\dot{v}$ 的作用点一般在高度中心线附近（或可以认为在浮心 B 附近），故该力与 Y_R 对重心的力矩相反。但由于初始阶段 $|\dot{v}|$ 较小，Y_R 对重心的力矩是主要的，所以船产生了向内的倾斜。因为 Y_R 本身也不大，又有恢复力矩的作用，所以总的内倾较小。

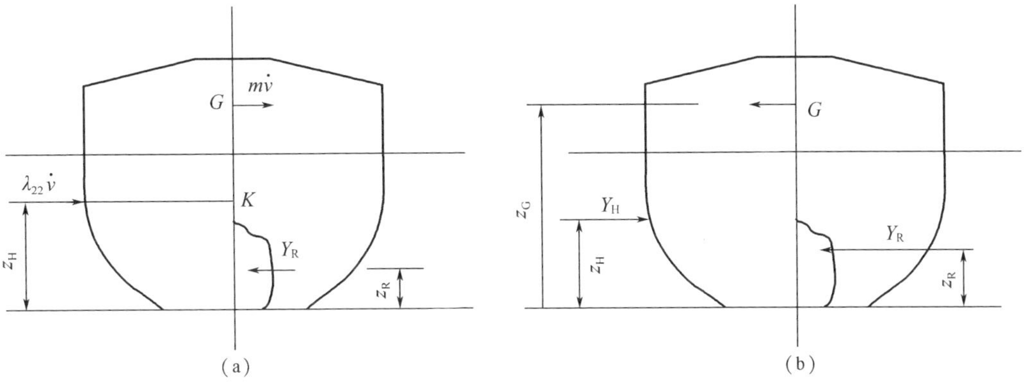

图 4.8 不同阶段的横倾力矩

(a)转舵阶段的横倾力矩；(b)过渡和定常阶段的横倾力矩

当船进入过渡阶段后（图 4.8(b)），随着漂角 β 和角速度 r 的增大，作用在船体上的水动力（包括黏性类和惯性类水动力）逐渐增大，

$$Y_H = -\lambda_{22}\dot{v} + Y_v v + Y_{v|v|}v|v| + Y_r r = -\lambda_{22}\dot{v} + Y(v,r) \tag{4.9}$$

Y_H 对 G 的力矩逐渐达到并超过 Y_R 对 G 的力矩，船逐渐由向回转圈内侧横倾变为向回转圈外侧横倾。随着 β 和 r 的进一步增大，船向外侧横倾的力矩也进一步增大。

当达到定常回转阶段，船的航速 $\boldsymbol{V}$、漂角 β 和角速度 r 皆保持常值。船的横倾力矩保持常值，船向回转圈外侧的横倾角也保持常值，称为静横倾角 φ_s。

实际上，船在回转过程中，横倾力矩增长的时间并不慢，且船先向回转的内侧横倾，再转为向外侧横倾，导致横倾力矩将有动力效应，即船由内倾变为外倾时（在越过平衡点时），船在横剖面内会有相当的横倾角速度 $\dot{\varphi}(p)$ 和角加速度 $\ddot{\varphi}(\dot{p})$，所以惯性的作用会使外倾的横倾角超过 φ_s，达到某一角度——动横倾角 φ_d，再通过衰减摇摆，最后保持在 φ_s。整个回转过程中，船横倾角的变化情况如图 4.9 所示。动横倾角的大小与转舵时间有关，转舵时间越快，则 φ_d 越大。根据试验结果，一般地

$$\varphi_d = (1.3 \sim 2.2)\varphi_s \tag{4.10}$$

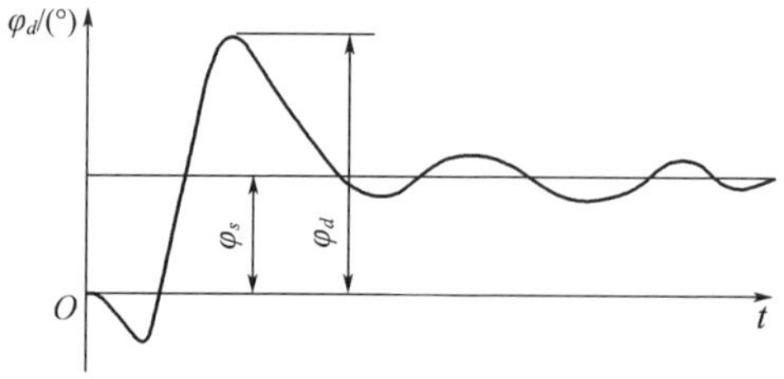

图 4.9　回转过程中横倾角的变化

静横倾角 φ_s 的估算方法如下。

由于船已进入定常状态,所以根据横倾方程

$$(I_x+\lambda_{44})\dot{p}=-N(p)-Dl(\varphi_s)+z_G mV_s r_s\cos\beta_s-Y_H z_H+(1+\alpha_H)F_N z_R\cos\delta \tag{4.11}$$

可知

$$(I_x+\lambda_{44})\dot{p}=0$$
$$N(p)=N(\dot{\varphi})=K_{\dot{\varphi}}\dot{\varphi}+K_{\dot{\varphi}|\dot{\varphi}|}\dot{\varphi}|\dot{\varphi}|=0$$
$$Y_G=mV_s r_s \tag{4.12}$$

由于 $(1+\alpha_H)F_N z_R\cos\delta$ 较小,可略去,故得到

$$-mgh\sin\varphi_s+z_G mV_s\frac{V_s}{R_s}\cos\beta_s-Y_H z_H=0 \tag{4.13}$$

另外,根据横向力的平衡关系,有

$$Y_H=m\frac{V_s^2}{R_s}\cos\beta_s \tag{4.14}$$

则

$$mgh\sin\varphi_s=m\frac{V_s^2}{R_s}\cos\beta_s(z_G-z_H) \tag{4.15}$$

式中,h 为船的横稳定中心高,即

$$\sin\varphi_s=\frac{V_s^2}{ghR_s}(z_G-z_H)\cos\beta_s \tag{4.16}$$

当 φ_s 和 β_s 均较小时,由

$$\sin\varphi_s=\frac{V_s^2}{ghR_s}(z_G-z_H)\cos\beta_s$$

得到近似公式

$$\varphi_s=\frac{V_s^2}{ghR_s}(z_G-z_H) \tag{4.17}$$

将费尔索夫公式代入,得到

$$\varphi_s=\frac{V_0^2}{ghR_s}(z_G-z_H)\,\mathrm{th}^2\left(\frac{R_s}{2.45L}\right) \tag{4.18}$$

一般地,z_G 是已知的,z_H 目前很难用理论方法计算,需由试验确定。

费尔索夫根据系列船模试验给出了确定 z_H 的图谱,如图4.10所示。

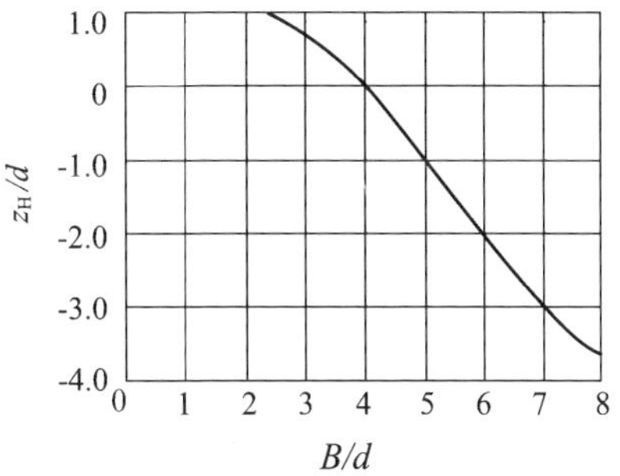

图4.10 确定系数的 z_H/d 曲线

根据式(4.18)可以看出,静横倾角 φ_s 不随相对回转半径 $R'_s = R_s/L$ 单调增大或减小,而是在某一 R'_s 时有极值。用一般求极值的方法可以求得,当 $R'_s = 2.6$ 时,φ_s 有极大值。即当航速 V_0 一定时,在不同舵角的定常回转中,当 $R'_s = 2.6$ 时,静横倾角 φ_s 为最大;增大或减小舵角,$R'_s \neq 2.6$,则 φ_s 都将减小用 $R'_s = 2.6$ 代入式(4.18),可求得最大静横倾角为

$$\varphi_{s\max} = 1.4V_0^2 \frac{z_G - z_H}{hL} \tag{4.19}$$

用式(4.19)来计算 $\varphi_{s\max}$ 相当方便,使用此式时不需要计算定常回转要素。但对于高速军舰,在最大舵角时 R'_s 可能还超过2.6,一般民船的 R'_s 大多小于2.6,所以使用式(4.19)计算出的结果可能偏大,参见图4.11。

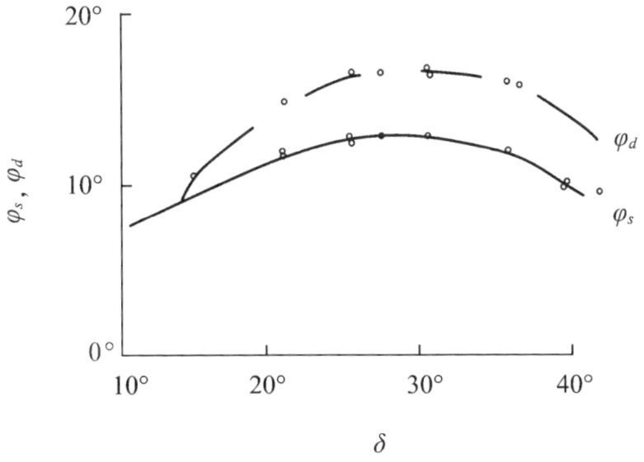

图4.11 护卫舰船模 φ_s、φ_d 与 δ 的关系

特别需要注意的是,在定常回转时,舵上的水动力 Y_R 的作用是减少横倾。若回转中发现横倾角很大而突然将舵回中或转到相反方向,这时舵力 Y_R 将突然改变方向,其作用将增大横倾角,从而引起翻船。正确的操舵方法是降低船速或将舵角分几次逐渐减小。

4.2 定常回转运动

4.2.1 回转直径与回转周期

在线性简化下,定常回转运动方程式的解可以写成

$$\begin{cases} r = r_s = \dfrac{(-Y_v N_\delta + N_v Y_\delta)\delta_0}{-Y_v(mx_G u_1 - N_r) + N_v(mu_1 - Y_r)} \\ v = v_s = \dfrac{[(mx_G u_1 - N_r)Y_\delta - (mu_1 - Y_r)N_\delta]\delta_0}{-Y_v(mx_G u_1 - N_r) + N_v(mu_1 - Y_r)} \end{cases} \tag{4.20}$$

由于此时船舶是在作匀速圆周运动，其质心点的线速度与角速度之间存在关系

$$V_s = \frac{1}{2}D_s r_s \tag{4.21}$$

式中 V_s——在定常回转中船舶重心 G 点的线速度；

D_s——船舶的回转直径。

将 r_s 代入式(4.21)，则得

$$D_s = \frac{-Y_v(mx_G u_1 - N_r) + N_v(mu_1 - Y_r)}{-Y_v N_\delta + N_v Y_\delta}\frac{2V_s}{\delta_0} \tag{4.22}$$

在线性简化下，近似取

$$V_s = u_1 = V$$

进行无因次化，可得

$$D_s' = \frac{D_s}{L} = \frac{-Y_v'(m'x_G' - N_r') + N_v'(m' - Y_r')}{-Y_v'N_\delta' + N_v'Y_\delta'}\frac{2}{\delta_0} \tag{4.23}$$

式中，D'表示回转直径与船长之比，也称为相对回转直径，而

$$m' = \frac{m}{\frac{1}{2}\rho L^3}, x_G' = \frac{x_G}{L} \tag{4.24}$$

分别表示无因次的质量和无因次的重心坐标。

首先，对于一艘具体的船，式(4.23)中的无因次水动力导数和无因次的重心坐标都是常数，所以在线性简化下，船舶的相对回转直径与转舵角成反比。

其次，式(4.23)等号右端的第一个分式的分子实际上就是无因次的稳定性衡准数。对于具有直线稳定性的船舶，稳定性衡准数越大，单位舵角所能产生的相对回转直径就越大。这表明船舶的直线运动稳定性与回转性能是互相矛盾的，稳定性越好，回转性越差。前面已讨论过，对于一艘装有艉舵的船舶，Y_v 和 N_δ 总是负值，N_v 一般为负值，Y_δ 是正值。故式(4.23)右端第一个分式的分母总是负值。因此，增加舵的面积（增加 N_δ 和 Y_δ 的绝对值）或者将艉舵远离船舶重心（增加 N_δ 的绝对值），总能减小回转直径，而且不损害稳定性。

最后，式(4.23)还表明，对于具有直线稳定性的船，操左舵($\delta>0$)将产生一个负的回转直径；操右舵将产生一个正的回转直径。回转直径的正负实际上表示角速度 r_c 的正负：$r_c>0$ 表示船首向右舷方向回转；$r_c<0$ 表示船首向左舷方向回转。因此，$C>0$ 的船具有右舵右旋($\delta<0$，则 $r>0$)、左舵左旋($\delta>0$，则 $r<0$)的特征；$C<0$ 的船具有右舵左旋($\delta<0$，则 $r<0$)、左舵右旋($\delta>0$，则 $r>0$)的特征。后一种现象又称作反操现象。反操现象是船舶不具有直线运动稳定性的一种表现。人们常常根据是否发生反操现象来判断船舶是否具有直线运动稳定性。

船舶回转一周所用的时间为

$$T_C = \frac{2\pi}{r_s} \tag{4.25}$$

代入 r_v 可得

$$T_C = \frac{2\pi[-Y_v(mx_G u_1 - N_r) + N_v(mu_1 - Y_r)]}{(-Y_v N_\delta + N_v Y_\delta)\delta_C} \tag{4.26}$$

这里同样可以看到，回转周期与转舵角度成反比，而对于航向稳定的船，其与稳定性衡准数成正比。

4.2.2 回转漂角与回转枢心

船舶作回转运动时，在某一瞬时，船舶中纵剖面上各点的速度和方向是不同的，中纵剖面上漂角为零的点，即在该点上速度方向与中纵剖面相一致，横向速度为零，称为回转枢心。如图4.12中的点 P 记为回转枢心。通常回转漂角是比较小的，因此可以得出

$$\bar{G}\bar{P} = R\sin\beta \approx R\beta \tag{4.27}$$

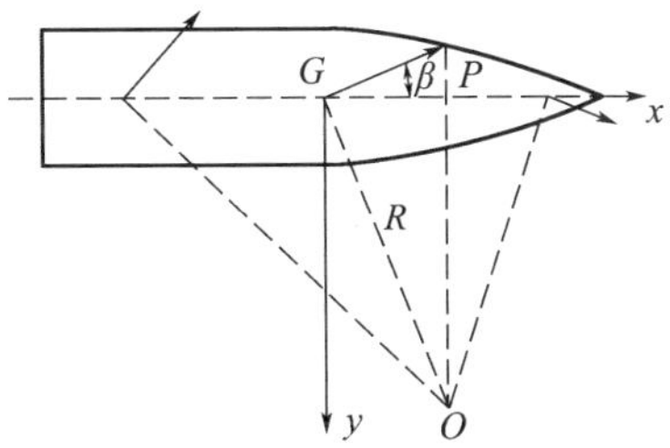

图4.12 船舶回转枢心

运动坐标轴原点处的漂角为

$$\beta_G = \sin^{-1}\left(-\frac{v}{V}\right) \tag{4.28}$$

在线性简化下，对于定常回转运动阶段，将式(4.20)代入式(4.28)，得

$$\beta_G = \sin^{-1}\left(-\frac{v}{V}\right) \approx -\frac{v}{V} = \frac{N_\delta(mu_1 - Y_r) - Y_\delta(mx_G u_1 - N_r)}{-Y_v(mx_G u_1 - N_r) + N_v(mu_1 - Y_r)}\frac{\delta_C}{V} \tag{4.29}$$

式中，β_G 称为稳定回转的漂角或回转漂角，也可写成无因次形式

$$\beta_G = \frac{N'_\delta(m' - Y'_r) - Y'_\delta(m' x'_G - N'_r)}{-Y'_v(m' x'_G - N'_r) + N'_v(m' - Y'_r)}\delta_C \tag{4.30}$$

该式表明回转漂角与舵角成正比，而与稳定性衡准数成反比。

注意到上式表示的是动坐标原点处的漂角。定常回转时，船舶绕空间一个固定点（称为回转轨迹中心）作圆周运动。船上每一点的合速度矢量都垂直于轨迹中心至该点的矢径，因而各点的局部漂角都不同。

由轨迹中心作一垂直于船舶中纵剖面的直线，与该平面相交于 P 点时，则 P 点的合速度矢量与中纵剖面重合。由船上角度看来，在 P 点以前，水流由回转轨迹内侧流向船体；而在 P 点以后，水流由回转轨迹外侧流向船体——好像船在绕 P 点旋转。

在线性简化下，坐标原点处漂角为 β，则枢心点的横向坐标 x_P 可表示为

$$x_P = \frac{D_C}{2}\sin\beta \approx \frac{D_C}{2}\beta \tag{4.31}$$

代入式(4.22)、式(4.29)，并令 $V = u_1 = V_G$ 可得

$$x_P = \frac{N_\delta(mu_1 - Y_r) - Y_\delta(mx_G u_1 - N_r)}{-Y_v N_\delta + N_v Y_\delta} \tag{4.32}$$

由此可见,回转枢心的位置与转舵角无关。这一结果虽然是在线性简化下得到的,但实际上当船以小舵角回转时,总有较大的回转直径和较小的漂角;而以大舵角回转时,总有较小的回转直径和较大的漂角。因而其枢心位置变化不大,进一步的研究还表明,不在稳定回转阶段,船上漂角为零的点的位置(或称瞬时回转枢心位置)也变化不大。甚至各种船型对枢心位置的影响也不大。通常装有艉舵的船舶,在向前航行时,枢心点距船首 1/6 ~ 1/4倍船长。

至此,在线性简化下给出了回转直径、回转周期、漂角等表达式。各式表示了这些运动参数与各水动力导数及舵角的关系。利用这些关系来分析各种水动力对回转运动的影响是很有用的。但应该注意到,线性化适用的范围是有限的。经验表明,当 $D_C/L \geqslant 8$ 时,用线性化公式,才能给出准确的定量结果。这只相当于较瘦长的船舶,在操中等以下舵角的回转。而大多数运输船舶,在最大舵角下回转时,其回转直径通常只有 4 ~ 6 倍船长,有些则只有 2 ~ 4 倍船长。这时线性化给出的结果往往与实际有一定差别。

此外,线性化的公式对于不具有直线稳定性的船舶是不适用的。按照线性化扰动运动方程的解,当船舶不具有直线运动稳定性时,在任何舵角下,r 和 v 都将随时间的增加而趋于无限大,不可能达到定常回转。这与实际情况是不一致的。因为随着 r 和 v 的增加,必然会引起非线性的水动力和力矩。在这些力矩作用大到一定程度时,船舶最终仍将进入定常回转运动。

在使用任何线性化的公式时,都应注意到各公式的局限性,以免导致错误的结论。进一步的讨论则需要引用非线性的数字模型和非线性的水动力导数。

4.3 回转运动计算

4.3.1 二阶线性响应方程的解

本部分内容将根据给定的操舵规律,积分求解二阶线性响应方程式

$$T_1T_2\ddot{r} + (T_1 + T_2)\dot{r} + r = K\delta + KT_3\dot{\delta}$$

1. 阶跃操舵

如图 4.13 所示,操舵规律为

$$\delta(t) = \delta_0 \quad t \geqslant 0 \tag{4.33}$$

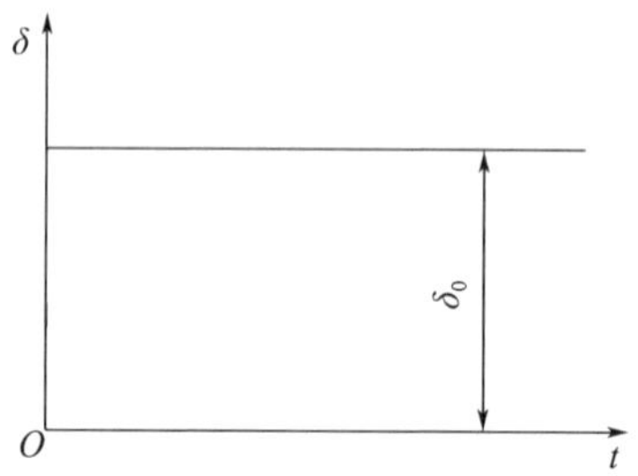

图 4.13 阶跃操舵

根据阶跃操舵规律可将待求解的二阶线性响应方程化为如下方程

$$\ddot{r} + \left(\frac{1}{T_1} + \frac{1}{T_2}\right)\dot{r} + \frac{1}{T_1 T_2}r = \frac{K}{T_1 T_2}\delta_0 \tag{4.34}$$

该式为常系数二阶非齐次方程，可以解出该响应方程的特征方程的根为

$$\sigma_1 = -\frac{1}{T_1} \tag{4.35}$$

$$\sigma_2 = -\frac{1}{T_2} \tag{4.36}$$

所以，齐次方程的通解为

$$r(t) = c_1\exp\left(-\frac{t}{T_1}\right) + c_2\exp\left(-\frac{t}{T_2}\right) \tag{4.37}$$

由于方程式(4.34)中，右端的常数为 $\frac{K}{T_{12}}\delta_0$，故可设特解为常数 A，代入原方程得

$$\begin{aligned}&\frac{c_1}{T_1^2}\exp\left(-\frac{t}{T_1}\right) + \frac{c_2}{T_2^2}\exp\left(-\frac{t}{T_2}\right) + \left(\frac{1}{T_1} + \frac{1}{T_2}\right)\left[-\frac{c_1}{T_1}\exp\left(-\frac{t}{T_1}\right) - \frac{c_2}{T_2}\exp\left(-\frac{t}{T_2}\right)\right] + \\ &\frac{1}{T_1 T_2}\left[c_1\exp\left(-\frac{t}{T_1}\right) + c_2\exp\left(-\frac{t}{T_2}\right)\right] + \frac{A}{T_1 T_2} = \frac{K\delta_0}{T_1 T_2}\end{aligned} \tag{4.38}$$

显然有

$$A = K\delta_0$$

故在阶跃操舵时，二阶线性响应方程的解为

$$r(t) = c_1\exp\left(-\frac{t}{T_1}\right) + c_2\exp\left(-\frac{t}{T_2}\right) + K\delta_0 \tag{4.39}$$

式中，两个系数 c_1 和 c_2 要由两个初始条件来确定。

(1)第一个初始条件为 $t=0$ 时，$r=0$。

(2)第二个初始条件需要从运动方程中给出，由转艏运动方程

$$(I_Z + \lambda_{66})\dot{r} - N_v v - N_r r = N_\delta \delta$$

可知在转舵的初始时刻有 $t=0, r=0, v=0, \delta=\delta_0$。所以在 $t=0$ 时，有

$$\dot{r} = \frac{N_\delta}{I_z + \lambda_{66}}\delta_0 \tag{4.40}$$

另外，由二阶线性方程中

$$T_1 T_2 = \frac{(m + \lambda_{22})(I_Z + \lambda_{66})}{C}$$

$$K = \frac{(N_v Y_\delta - Y_v N_\delta)}{C}$$

$$T_3 = \frac{(m + \lambda_{22})N_\delta}{(N_v Y_\delta - Y_v N_\delta)}$$

可得到

$$KT_3 = \frac{(m + \lambda_{22})N_\delta}{C} = \frac{(m + \lambda_{22})N_\delta}{\dfrac{(m + \lambda_{22})(I_z + \lambda_{66})}{T_1 T_2}} = \frac{T_1 T_2 N_\delta}{I_z + \lambda_{66}}$$

即

$$\frac{N_\delta}{I_z + \lambda_{66}} = \frac{KT_3}{T_1 T_2}$$

故第二初始条件为 $t=0$ 时

$$\dot{r} = \frac{K\delta_0 T_3}{T_1 T_2}$$

所求解的问题变为

$$\begin{cases} r(t) = c_1 \exp\left(-\frac{t}{T_1}\right) + c_2 \exp\left(-\frac{t}{T_2}\right) + K\delta_0 \\ t = 0, r = 0 \\ t = 0, \dot{r} = \frac{K\delta_0 T_3}{T_1 T_2} \end{cases} \tag{4.41}$$

由初始条件得到

$$\begin{cases} c_1 + c_2 + K\delta_0 = 0 \\ -\frac{c_1}{T_1} - \frac{c_2}{T_2} = \frac{K\delta_0 T_3}{T_1 T_2} \end{cases} \tag{4.42}$$

联立解得

$$\begin{cases} c_1 = K\delta_0 \frac{T_3 - T_1}{T_1 - T_2} \\ c_2 = K\delta_0 \frac{T_2 - T_3}{T_1 - T_2} \end{cases}$$

故所求的解为

$$r(t) = K\delta_0 \left[1 + \frac{T_3 - T_1}{T_1 - T_2} \exp\left(-\frac{t}{T_1}\right) + \frac{T_2 - T_3}{T_1 - T_2} \exp\left(-\frac{t}{T_2}\right)\right] \tag{4.43}$$

对式(4.43)求导和积分,得角加速度为

$$\dot{r}(t) = \frac{\mathrm{d}r}{\mathrm{d}t} = \frac{K\delta_0}{T_1 - T_2}\left[\frac{T_1 - T_3}{T_1} \exp\left(-\frac{t}{T_1}\right) + \frac{T_3 - T_2}{T_2} \exp\left(-\frac{t}{T_2}\right)\right] \tag{4.44}$$

对角速度积分,可解出艏向角的变化,即

$$\begin{aligned} \psi(t) &= \int_0^t r(t)\,\mathrm{d}t \\ &= K\delta_0 \left\{t + \frac{T_1 - T_3}{T_1 - T_2} T_1 \left[\exp\left(-\frac{t}{T_1}\right) - 1\right] + \frac{T_3 - T_2}{T_1 - T_2} T_2 \left[\exp\left(-\frac{t}{T_2}\right) - 1\right]\right\} \end{aligned} \tag{4.45}$$

由于

$$\begin{aligned} -\frac{T_1 - T_3}{T_1 - T_2} T_1 - \frac{T_3 - T_2}{T_1 - T_2} T_2 &= -\frac{T_1^2 - T_1 T_3 + T_3 T_2 - T_2^2}{T_1 - T_2} \\ &= -\frac{(T_1 + T_2)(T_1 - T_2) - (T_1 - T_2) T_3}{T_1 - T_2} \\ &= -(T_1 + T_2 - T_3) \end{aligned}$$

$$\psi(t) = K\delta_0\left[t - (T_1 + T_2 - T_3) + \frac{T_1 - T_3}{T_1 - T_2}T_1\exp\left(-\frac{t}{T_1}\right)\frac{T_3 - T_2}{T_1 - T_2}T_2\exp\left(-\frac{t}{T_2}\right)\right] \tag{4.46}$$

由

$$r(t) = K\delta_0\left[1 + \frac{T_3 - T_1}{T_1 - T_2}\exp\left(-\frac{t}{T_1}\right) + \frac{T_2 - T_3}{T_1 - T_2}\exp\left(-\frac{t}{T_2}\right)\right]$$

可知 $\lim\limits_{t\to\infty} r(t) = K\delta_0$，所以 $r = K\delta_0$ 是 $r(t)$ 的渐近线。

由于 $r(t)$ 是 $\psi(t)$ 的时间导数，故 $r(t)$ 上任一点的值对应着 $\psi(t)$ 上在该时刻的切线和斜率，$r(t)$ 的渐近线即为 $\psi(t)$ 在无穷远点处的切线斜率值，如图 4.14 所示。

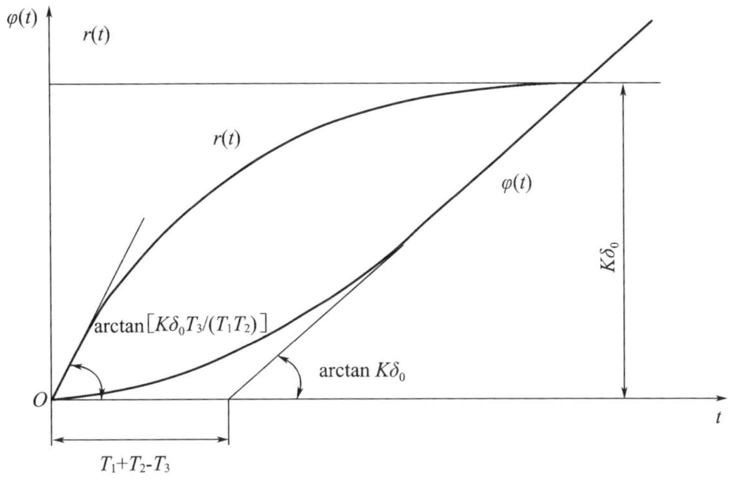

图 4.14　阶跃操舵后的 r,ψ 变化

根据艏向角的变化公式

$$\psi(t) = K\delta_0\left[t - (T_1 + T_2 - T_3) + \frac{T_1 - T_3}{T_1 - T_2}T_1\exp\left(-\frac{t}{T_1}\right) + \frac{T_3 - T_2}{T_1 - T_2}T_2\exp\left(-\frac{t}{T_2}\right)\right] \tag{4.47}$$

当 t 很大时，可以将两个指数项忽略，得到一个关于艏向角的直线方程，即

$$\psi(t) = K\delta_0[t - (T_1 + T_2 - T_3)] \tag{4.48}$$

该方程就是 $\psi(t)$ 在无穷远点的切线。该切线与时间轴的交点即为 $T_1 + T_2 - T_3$。

又由

$$\dot{r}(t) = \frac{\mathrm{d}r}{\mathrm{d}t} = \frac{K\delta_0}{T_1 - T_2}\left[\frac{T_1 - T_3}{T_1}\exp\left(-\frac{t}{T_1}\right) + \frac{T_3 - T_2}{T_2}\exp\left(-\frac{t}{T_2}\right)\right]$$

有

$$\dot{r}(t)\Big|_{t=0} = \frac{K\delta_0}{T_1 - T_2}\left(\frac{T_1 - T_3}{T_1} + \frac{T_3 - T_2}{T_2}\right) = \frac{KT_3\delta_0}{T_1T_2} \tag{4.49}$$

该值即为 $r(t)$ 曲线在原点的斜率。

2. 线性操舵

令操舵规律为

$$\delta(t) = \begin{cases} \dfrac{\delta_0}{t_1}t & (0 \leqslant t \leqslant t_1) \\ \delta_0 & (t > t_1) \end{cases} \tag{4.50}$$

舵以角速度 $\dfrac{\delta_0}{t_1}$ 匀速转动到 δ_0，然后保持不变，如图 4.15 所示。

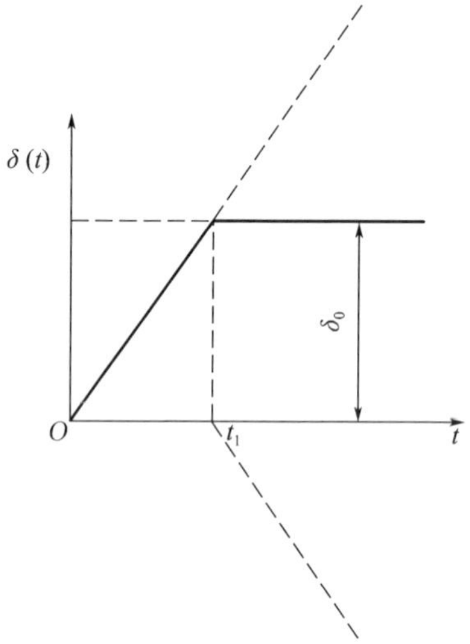

图 4.15　线性操舵

上述操舵过程可以化为 $\delta(t)=\dfrac{\delta_0}{t_1}t \quad (t \geqslant 0)$，以及 $\delta(t)=\begin{cases} O & (0 \leqslant t \leqslant t_1) \\ -\dfrac{\delta_0}{t_1}(t-t_1) & (t>0) \end{cases}$ 两个操舵过程的叠加。

(1) $\delta(t)=\dfrac{\delta_0}{t_1}t \quad (t \geqslant 0)$

这种操舵情况下的求解，根据

$$T_1T_2\ddot{r} + (T_1 + T_2)\dot{r} + r = K\delta + KT_3\delta$$

$$\delta(t) = \frac{\delta_0}{t_1}t \quad (t \geqslant 0)$$

原方程可写为

$$\ddot{r} + \left(\frac{1}{T_1} + \frac{1}{T_2}\right)\dot{r} + \frac{1}{T_1T_2}r = \frac{K\delta_0}{T_1T_2t_1}t + \frac{KT_3}{T_1T_2t_1}\delta_0 \tag{4.51}$$

上式的齐次方程的通解与前述一致，为

$$r(t) = c_1\exp\left(-\frac{t}{T_1}\right) + c_2\exp\left(-\frac{t}{T_2}\right)$$

设特解为 $r^*(t)=at+b$，代入式(4.51)，有

$$a\left(\frac{1}{T_1}+\frac{1}{T_2}\right)+\frac{1}{T_1T_2}(at+b)=\frac{K\delta_0}{T_1T_2t_1}t+\frac{KT_3}{T_1T_2t_1}\delta_0 \tag{4.52}$$

整理得到

$$\frac{1}{T_1T_2}\left(a-\frac{K\delta_0}{t_1}\right)t+\left(\frac{1}{T_1}+\frac{1}{T_2}\right)a+\frac{b}{T_1T_2}-\frac{KT_3}{T_1T_2t_1}\delta_0=0 \tag{4.53}$$

由系数关系得到

$$a=\frac{K\delta_0}{t_1}$$

$$b=-\frac{K\delta_0}{t_1}(T_1+T_2-T_3)$$

所求特解为

$$r^*(t)=\frac{K\delta_0}{t_1}[t-(T_1+T_2-T_3)] \tag{4.54}$$

故在第一种操舵下,方程的通解为

$$r(t)=c_1\exp\left(-\frac{t}{T_1}\right)+c_2\exp\left(-\frac{t}{T_2}\right)+\frac{K\delta_0}{t_1}[t-(T_1+T_2-T_3)] \tag{4.55}$$

对于这种线性操舵,初始条件与阶跃操舵是不同的,应该为

$$t=0,\quad r=\dot{r}=0$$

则有

$$c_1+c_2-\frac{K\delta_0}{t_1}(T_1+T_2-T_3)=0$$

$$c_1T_2+c_2T_1=\frac{K\delta_0}{t_1}T_1T_2$$

联立求解以上两式,得到

$$\begin{cases} c_1=\dfrac{K\delta_0}{t_1}\dfrac{T_1-T_3}{T_1-T_2}T_1 \\ c_2=-\dfrac{K\delta_0}{t_1}\dfrac{T_2-T_3}{T_1-T_2}T_2 \end{cases} \tag{4.56}$$

又由于

$$r(t)=c_1\exp\left(-\frac{t}{T_1}\right)+c_2\exp\left(-\frac{t}{T_2}\right)+\frac{K\delta_0}{t_1}[t-(T_1+T_2-T_3)]$$

得到在第一种操舵下,方程的通解为

$$r_1(t)=\frac{K\delta_0}{t_1}\left[t-(T_1+T_2-T_3)+\frac{T_1-T_3}{T_1-T_2}T_1\exp\left(-\frac{t}{T_1}\right)-\frac{T_2-T_3}{T_1-T_2}T_2\exp\left(-\frac{t}{T_2}\right)\right]\quad(t\geqslant 0) \tag{4.57}$$

(2)对于第二种操舵过程

$$\delta(t)=\begin{cases} 0 & (0\leqslant t\leqslant t_1) \\ -\dfrac{\delta_0}{t_1}(t-t_1) & (t>t_1) \end{cases}$$

船的转艏运动与上式相反，并且有时间延迟 t_1。故可以利用第一种操舵的结果直接写出，即有

$$\begin{cases} r_2(t) = 0 & (0 \leqslant t \leqslant t_1) \\ r_2(t) = -\dfrac{K\delta_0}{t_1}\left[t - t_1 - (T_1 + T_2 - T_3) + \dfrac{T_1 - T_3}{T_1 - T_2}T_1\exp\left(-\dfrac{t - t_1}{T_1}\right) - \dfrac{T_2 - T_3}{T_1 - T_2}\right. \\ \qquad \left. T_2\exp\left(-\dfrac{t - t_1}{T_2}\right)\right] & (t > t_1) \end{cases}$$

将上述两个解叠加，就可以得到所求的解

$$\begin{cases} r(t) = \dfrac{K\delta_0}{t_1}\left[t - (T_1 + T_2 - T_3) + \dfrac{T_1 - T_3}{T_1 - T_2}T_1\exp\left(-\dfrac{t}{T_1}\right) - \right. \\ \qquad \left. \dfrac{T_2 - T_3}{T_1 - T_2}T_2\exp\left(-\dfrac{t}{T_2}\right)\right] \quad (0 \leqslant t \leqslant t_1) \\ r(t) = \dfrac{K\delta_0}{t_1}\left\{t_1 + \dfrac{T_1 - T_3}{T_1 - T_2}T_1\left[1 - \exp\left(\dfrac{t_1}{T_1}\right)\right]\exp\left(-\dfrac{t}{T_1}\right) - \right. \\ \qquad \left. \dfrac{T_2 - T_3}{T_1 - T_2}T_2\left[1 - \exp\left(\dfrac{t_1}{T_2}\right)\right]\exp\left(-\dfrac{t}{T_2}\right)\right\} \quad (t > t_1) \end{cases} \tag{4.58}$$

对角速度微分后，可得角加速度的变化

$$\begin{cases} \dot{r}(t) = \dfrac{K\delta_0}{t_1}\left[1 - \dfrac{T_1 - T_3}{T_1 - T_2}\exp\left(-\dfrac{t}{T_1}\right) + \dfrac{T_2 - T_3}{T_1 - T_2}\exp\left(-\dfrac{t}{T_2}\right)\right] \quad (0 \leqslant t \leqslant t_1) \\ \dot{r}(t) = \dfrac{K\delta_0}{t_1}\left\{-\dfrac{T_1 - T_3}{T_1 - T_2}\left[1 - \exp\left(\dfrac{t_1}{T_1}\right)\right]\exp\left(-\dfrac{t}{T_1}\right) + \right. \\ \qquad \left. \dfrac{T_2 - T_3}{T_1 - T_2}\left[1 - \exp\left(\dfrac{t_1}{T_2}\right)\right]\exp\left(-\dfrac{t}{T_2}\right)\right\} \quad (t > t_1) \end{cases} \tag{4.59}$$

对角速度积分后，可得艏向角的变化

$$\begin{cases} \psi(t) = \dfrac{K\delta_0}{t_1}\left\{\dfrac{t^2}{2} - (T_1 + T_2 - T_3)t - \dfrac{T_1 - T_3}{T_1 - T_2}T_1^2\left[\exp\left(-\dfrac{t}{T_1}\right) - 1\right] + \right. \\ \qquad \left. \dfrac{T_2 - T_3}{T_1 - T_2}T_2^2\left[\exp\left(-\dfrac{t}{T_2}\right) - 1\right]\right\} \quad (0 \leqslant t \leqslant t_1) \\ \psi(t) = K\delta_0\left\{t - \dfrac{T_1 - T_3}{T_1 - T_2}\dfrac{T_1^2}{t_1}\left[1 - \exp\left(\dfrac{t_1}{T_1}\right)\right]\left[\exp\left(-\dfrac{t}{T_1}\right) - \exp\left(-\dfrac{t_1}{T_1}\right)\right] + \right. \\ \qquad \left. \dfrac{T_2 - T_3}{T_1 - T_2}\dfrac{T_2^2}{t_1}\left[1 - \exp\left(\dfrac{t_1}{T_2}\right)\right]\left[\exp\left(-\dfrac{t}{T_2}\right) - \exp\left(-\dfrac{t_1}{T_2}\right)\right]\right\} \quad (t > t_1) \end{cases} \tag{4.60}$$

线性操舵的船舶响应曲线形状如图 4.16 所示。

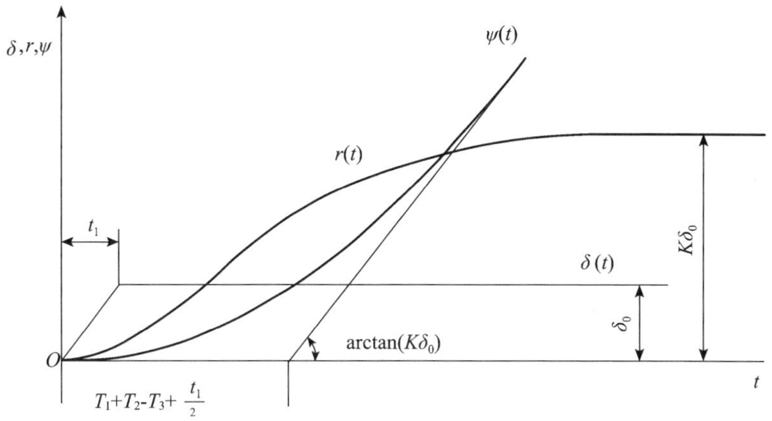

图 4.16　线性操舵的船舶响应曲线

4.3.2　一阶线性响应方程的解

一阶线性响应方程为

$$T\dot{r} + r = K\delta \tag{4.61}$$

式中，$T \approx T_1 + T_2 - T_3$。

对于稳定性较好的船，且操舵不频繁的情况下，可以应用该方程来研究船的运动响应特性。

一阶线性响应方程的通解为

$$r(t) = a\exp\left(-\frac{t}{T}\right) + b \tag{4.62}$$

对于阶跃操舵，有 $\delta(t) = \delta_0$，将通解代入原方程，有

$$-a\exp\left(-\frac{t}{T}\right) + a\exp\left(-\frac{t}{T}\right) + b = K\delta_0$$

故得到

$$b = K\delta_0$$

由初始条件 $t = 0, r = 0$，有 $a = -K\delta_0$。

一阶线性响应方程的通解为

$$r(t) = K\delta_0\left[1 - \exp\left(-\frac{t}{T}\right)\right] \tag{4.63}$$

角加速度为

$$\dot{r}(t) = \frac{K\delta_0}{T}\exp\left(-\frac{t}{T}\right) \tag{4.64}$$

艏向角为

$$\psi(t) = K\delta_0\left[t - T + T\exp\left(-\frac{t}{T}\right)\right] \tag{4.65}$$

阶跃操舵的转艏响应如图 4.17 所示。

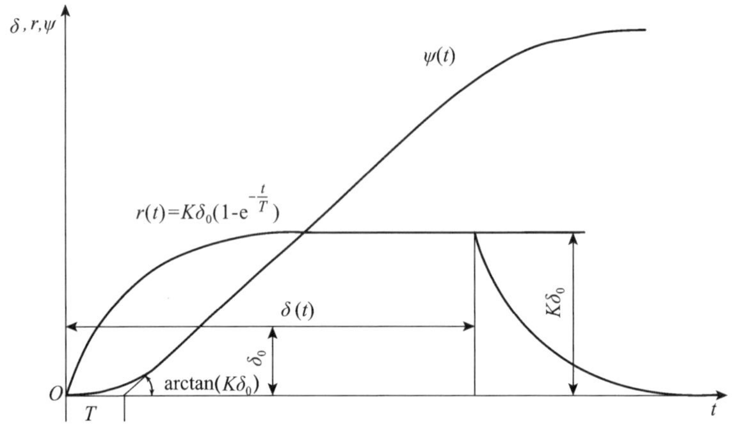

图 4.17 阶跃操舵的转艏响应

对一阶线性响应方程解的分析如下：

(1)在摇艏角速度公式中，当 $T>0$ 时，第二项将随时间 t 的增长而衰减。经过一段时间以后，船将以 $r=K\delta_0$ 作定常回转。K 称为回转性指数，为单位舵角下的回转角速度。T 值的大小决定了第二项衰减的快慢，T 越小，则衰减越快，操舵后船进入定常回转就越快。所以 T 表示了转艏对操舵响应的快慢，称为应舵指数。

(2) T 的符号又决定了船是否具有直线自动稳定性，当 $T>0$ 时，T 越小，稳定性越好，所以又称 T 为稳定性指数。K 越大，T 越小($T>0$)，则船的回转性越好，稳定性和应舵性也越好。

4.4 定常回转运动的稳定性

根据稳定性的定义，当船以角速度 r 作定常运动时，由于受到某种扰动而使角速度有增量 Δr，在不操舵的情况下，如果 $t\to\infty$，$\Delta r\to 0$，则称原来的定常回转运动具有自动稳定性；否则，就不具有自动稳定性。

首先来建立对角速度 r 的扰动运动方程式。由于回转运动时角速度值较大，因此需采用非线性响应方程式

$$T_1T_2\ddot{r}+(T_1+T_2)\dot{r}+r+\alpha r^3=K\delta+KT_3\delta$$

当角速度受到扰动时，有增量 Δr，则运动方程为

$$T_1T_2(\ddot{r}+\Delta\ddot{r})+(T_1+T_2)(\dot{r}+\Delta\dot{r})+(r+\Delta r)+\alpha(r+\Delta r)^3=K\delta+KT_3\dot{\delta} \tag{4.66}$$

由式(4.66)减去上述非线性响应方程，并略去 Δr 的高阶项，则得到角速度的扰动运动方程式

$$T_1T_2\Delta\ddot{r}+(T_1+T_2)\Delta\dot{r}+(1+3\alpha r^2)\Delta r=0 \tag{4.67}$$

或

$$\Delta\ddot{r}+2p\Delta\dot{r}+q'\Delta r=0 \tag{4.68}$$

系数

$$q' = \frac{1 + 3\alpha r^2}{T_1 T_2} = q(1 + 3\alpha r^2) = \frac{C(1 + 3\alpha r^2)}{(m + \lambda_{22})(I_z + \lambda_{66})} \tag{4.69}$$

式中，C、q 见式(3.22)、式(3.23)，C 为直线运动稳定性衡准数。

用分析直线运动稳定性同样的方法可得，使 $t \to \infty$，$\Delta r \to 0$，即船具有回转运动稳定性的条件为

$$C' = C(1 + 3\alpha r^2) > 0 \tag{4.70}$$

式中，C'为回转稳定性衡准数。

在直线运动时，$r = 0$，由式(4.70)可知，$C' = C$ 与直线稳定性衡准数一致。

当 $r \neq 0$，通常可能有下列两种情况：

(1)$C > 0, \alpha > 0$　船舶具有直线运动稳定性。而且在任何定常回转角速度 r 值(或任何定常回转半径 R_s 值)下，式(4.70)都成立，船都具有回转的稳定性。

(2)$C < 0, \alpha < 0$　船舶不具有直线运动稳定性。由式(4.70)可看出，当 $r \leqslant 1/\sqrt{3|\alpha|}$ 时，$C' < 0$，定常回转运动不是稳定的；而当 $r > 1/\sqrt{3|\alpha|}$ 时，$C' > 0$，定常回转运动是稳定的。

r_K 称为临界回转角速度，即

$$\mathrm{r}_K = 1/\sqrt{3|\alpha|} \tag{4.71}$$

虽然形式上还有 $C > 0, \alpha < 0$ 和 $C < 0, \alpha > 0$ 的情况，但对于实际船舶，这两种情况是不会出现的。

由上述可知，对于具有直线稳定性的船($C > 0$)，所有的定常回转运动都是稳定的；对于不具有直线稳定性的船($C < 0$)，存在一个临界回转角速度 r_K(或临界回转半径 $R_K = V/r_K$)，$r > r_K$ 的定常回转运动是稳定的，$r \leqslant r_K$ 的定常回转运动是不稳定的。

由前述非线性响应方程可求得对应于临界角速度 r_K 的舵角，称为临界舵角 δ_K。

对于定常回转运动，$\ddot{r} = \dot{r} = \delta = 0$，有

$$r + \alpha r^3 = K\delta \tag{4.72}$$

以 $r = r_K = 1/\sqrt{3|\alpha|}$ 代入式(4.72)，可得临界舵角

$$\delta_K = \frac{2\sqrt{3}}{9} \frac{1}{K\sqrt{\alpha}} = \frac{0.385}{K\sqrt{\alpha}} \tag{4.73}$$

由实船或船模试验，对于一系列舵角 δ 值测量出定常回转角速度 r，可作出 $r-\delta$ 曲线(称为“螺线试验”)，也可由计算作出 $r-\delta$ 曲线。图4.18是具有直线稳定性的船舶的 $r-\delta$ 曲线。对于任一舵角，都有一个对应的定常回转角速度(或定常回转半径)。当舵角 $\delta = 0$ 时，$r = 0$，船作直线运动。图4.19是不具有直线稳定性的船的 $r-\delta$ 曲线的形状。当以右舵角(规定右舵为负)回转逐渐减小时，r 将沿曲线 cde 逐渐减小；但当舵角减小为零时，r 并不减小至零而为 r_0，对应于图中的 e 点。若舵角由零再向反方向(左舵)逐渐增大，r 将沿曲线 ef 继续减小(注意，这时已是左舵但仍向右回转)。当舵角向左增大至临界舵角 δ_K(a 点)，对应的回转角速度 r 为临界角 r_K(f 点)，这时回转运动已不稳定，所以船就突然迅速向左回转，而最后稳定在 g 点($r > r_K$，回转运动是稳定的)。再向左增大舵角，r 沿曲线 gh 增大。同样，若将舵角从左舵逐渐变化到右舵，则 r 将沿曲线 $hgkldc$ 变化。所以对于不具有直线稳定

性的船，$r-\delta$ 曲线不是单值曲线，而在 $\pm\delta_K$ 之间构成一个“滞留环”，且当舵角 $\delta=0$ 时，$r=r_0\neq0$（对应的定常回转半径 $R_r=R_{r0}$）。

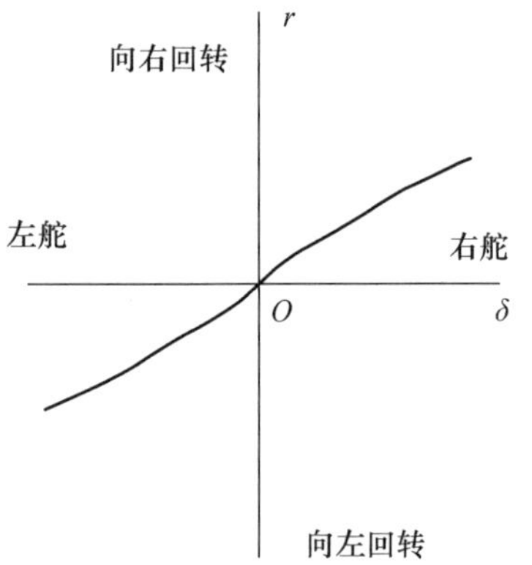

图 4.18　直线稳定的船的 $r-\delta$ 曲线

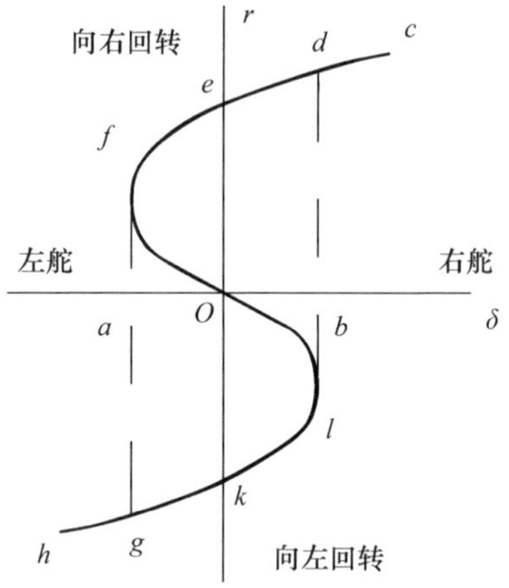

图 4.19　直线不稳定的船的 $r-\delta$ 曲线

对于 $\delta=0$，式(4.72)成为

$$r+\alpha r^3=0 \tag{4.74}$$

前已说明，对于 $C<0$ 的船，实际上有 $\alpha<0$，式(4.74)可写为

$$r-|\alpha|r^3=0 \tag{4.75}$$

可解得两根为

$$r_0=0,r_1=1/\sqrt{|\alpha|} \tag{4.76}$$

第一个根 $r_0=0$，小于临界角速度 $r_K=1/\sqrt{3|\alpha|}$，所以是不稳定的，船实际上不能自己保持这种运动（$r=0$ 为直线运动）。第二个根 $1/\sqrt{|\alpha|}<1/\sqrt{3|\alpha|}$，是稳定的。

所以对于不具有直线稳定性的船，舵角 $\delta=0$ 时，船将以角速度 $r_0=1/\sqrt{|\alpha|}$（相当于定常回转半径$R_{s0}=\sqrt{|\alpha|}V_s$）作稳定旋转。要使船脱离此回转，必须向回转的反方向转一个临界舵角 δ_K。所以 $r-\delta$ 曲线“滞后环”的环宽 $ab=2\delta_K$ 和环高 $ek=2r_0$，可作为不具有直线稳定性的船的不稳定程度的量度。δ_K、r_0 越小，则不稳定程度越小。对于具有稳定性的船，舵角 $\delta=0$，$r=0$，船作直线运动（有时 $r-\delta$ 曲线不经过原点是由于船体或螺旋桨有不对称力，需要一个初始舵角才能保持直航）。$r-\delta$ 曲线在原点处的斜率 $|\partial r/\partial\delta|$ 也可以用来间接评定船的稳定性，$|\partial r/\partial\delta|$ 越小，表示单位舵角产生的定常回转角速度越小，即 r 越不易受扰动，也就间接地表示船的直线稳定性较好。但$\partial r/\partial\delta$ 的数值还与舵的效率有关，所以只是相对比较而言的。

螺线试验的 $r-\delta$ 曲线也称为操纵性曲线。从中可以看出许多操纵性能：各舵角下船的定常回转角速度；船是否具有直线自动稳定性；具有直线稳定性的船的稳定性好坏；不具有直线稳定性的船 $\delta=0$ 时的定常回转角速度 r_0 和临界舵角 δ_K、临界角速度 r_K。

第5章　船舶水动力导数的理论计算

用流体力学模型来研究和预报船舶操纵性，需要知道船的诸水动力导数。理论流体力学对于加速度导数，目前还只能计算圆球、椭球等简单几何形体和二因次船体剖面附加质量（包括附加质量静距和附加转动惯量，下同）。对于速度导数，有细长体理论和短翼理论来近似估算线性导数。前者能够考虑船型要素，计算结果都还不能满足工程精度的要求。目前，随着计算机技术的进步，计算流体力学迅速发展，细长体理论和短翼理论也在发展。例如日本的不破健采用细长体理论，并在船体表面布置拘束涡和从某点脱离船体的自由涡来计算水动力。该方法比较合理，计算结果较好，可以直接在船体表面布置奇点（源汇、涡旋等）和泻出自由涡，在船体表面选择一些点使其满足边界条件，来确定源汇、涡旋等的强度，从而计算水动力。但困难在于不能确定自由涡是在什么地方和怎样脱离船体的。所以目前还不能完全用理论方法来估算船的水动力。要比较精确地确定水动力导数要靠拘束船模试验，但一艘船作拘束模型试验要花费相当大的人力、物力和时间，在工程上往往不可能或没有必要，因此很需要用一些近似方法来估算水动力导数。水动力导数的近似估算方法，有些是在简单集合形体理论计算公式的基础上作一些修正，有些则是在大量船模试验结果的基础上得来的半经验公式或图谱，目前这方面的资料还不充分。

5.1　简单几何形体的附加质量的理论计算

1. 椭球

兰伯用势流理论导出了三轴为 L、B、$2d$ 的椭球的附加质量 λ_{11}、λ_{22} 和附加转动惯量 λ_{66} 的理论解。为便于计算，已将其结果整理成曲线，见图 5.1 ~ 图 5.3。

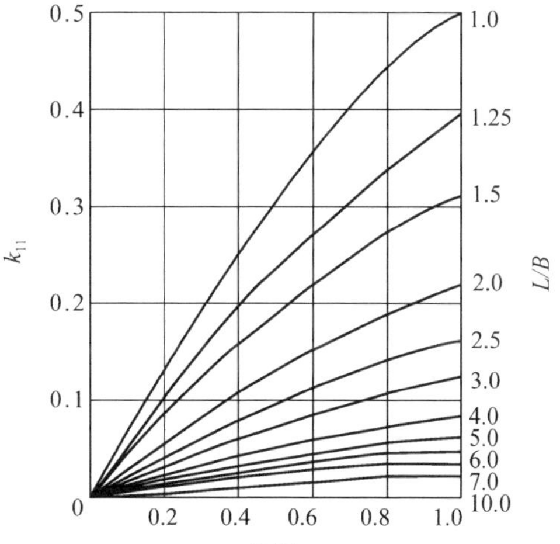

图 5.1　三轴为 L、B、$2d$ 的椭球的 k_{11}

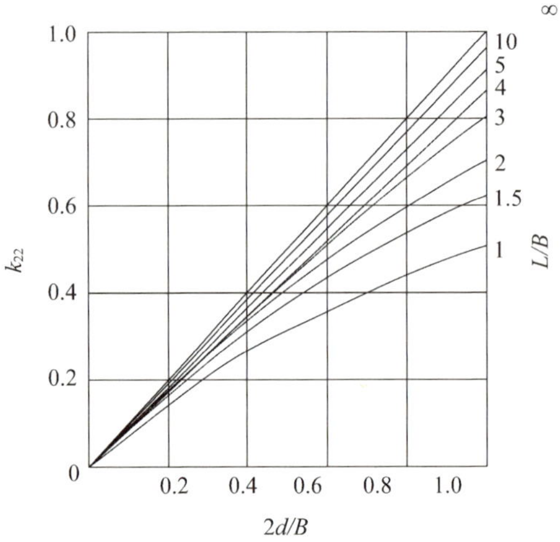

图 5.2　三轴为 L、B、$2d$ 的椭球的 k_{22}

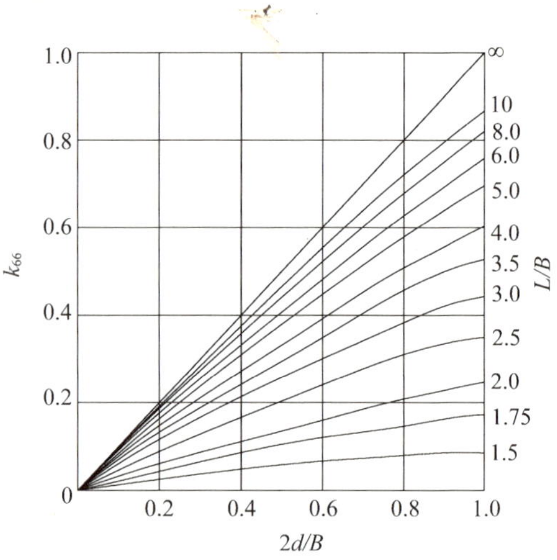

图 5.3　三轴为 L、B、$2d$ 的椭球的 k_{66}

在图 5.1 ~ 图 5.3 中，$k_{11}=\lambda_{11}/m$，$k_{22}=\lambda_{22}/m$，$k_{66}=\lambda_{66}/I_0$，而 m、I_0 分别为椭球所排开水体积的质量和对 z 轴的转动惯量。

在缺乏资料或为了简便时，也可将船体看成三轴为 L、B、$2d$ 的椭球，用图 5.1 ~ 图 5.3 来确定 k_{11}、k_{22} 和 k_{66}，然后计算船的附加质量。

$$\lambda_{11}=k_{11}\rho V,\lambda_{22}=k_{22}\rho V,\lambda_{66}=k_{66}\rho I_0 \tag{5.1}$$

式中　V——船的容积排水量；

I_0——船的水下容积对 z 轴的转动惯量，可用下式估算

$$I_0=1.05\int_{-L/2}^{L/2}\Omega(x)x^2\mathrm{d}x$$

式中，$\Omega(x)$ 为船水线面以下的横剖面面积。

或

$$I_0=0.05VL^2$$

2. 二因次椭圆柱体

对于图 5.4 所示的坐标，二因次椭圆柱体的附加质量为

$$\begin{cases}\lambda_{11}=\rho\pi b^2\\ \lambda_{22}=\rho\pi a^2\\ \lambda_{66}=\dfrac{1}{8}\rho(a^2-b^2)\end{cases} \tag{5.2}$$

3. 二因次平板

对于图 5.5 所示的坐标，二因次平板的附加质量为

$$\begin{cases}\lambda_{11}=0\\ \lambda_{22}=\rho\pi a^2\\ \lambda_{66}=\dfrac{1}{8}\rho\pi a^4\end{cases} \tag{5.3}$$

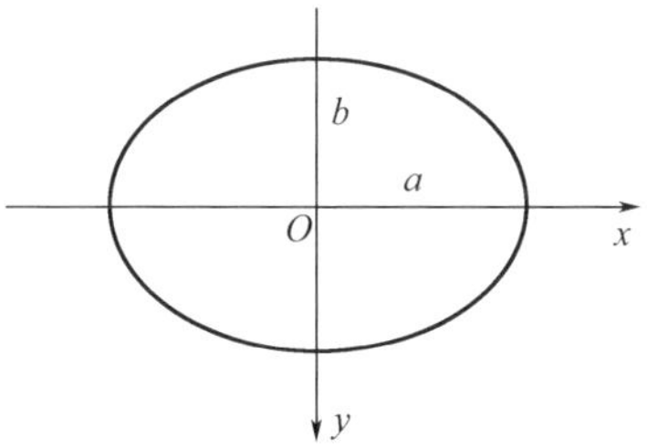

图 5.4 椭圆的坐标和尺度

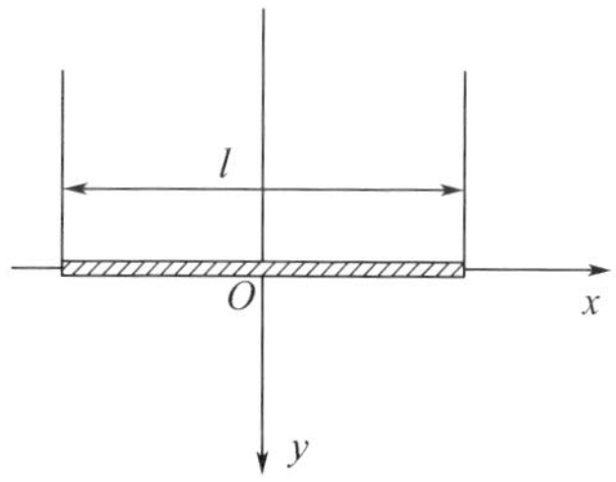

图 5.5 平板的坐标和尺度

有限展弦比平板的巴布斯特半经验公式为

$$\lambda_{22} = \frac{1}{4}\rho\pi b^2 l\mu$$

式中 l、b——平板的长度和宽度；

λ——平板的展弦比，$\lambda = l/b$；

$\mu = \dfrac{\lambda}{\sqrt{1+\lambda^2}}\left(1 - 0.425\dfrac{\lambda}{1+\lambda^2}\right)$，由图 5.6 确定。

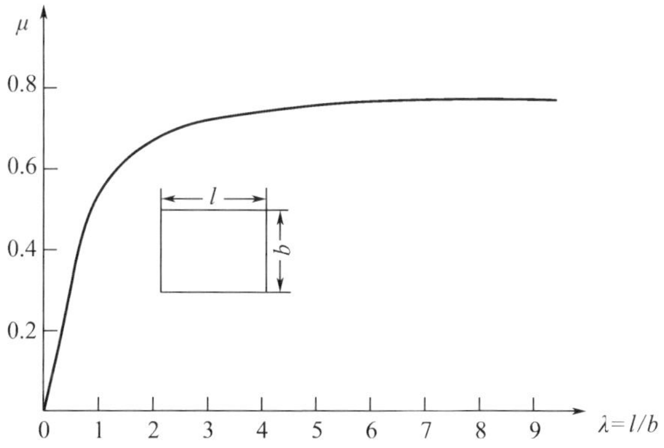

图 5.6 计算系数 μ 的曲线

椭圆、平板的附加质量公式可用来近似估算舵、托架和舭龙骨等附体的附加质量。但与船体的附加质量相比较，附体的附加质量很小，在操纵性计算中一般常略去。

5.2 计算水动力导数的流体力学方法

对于一定形状和尺度的船舶，确定其水动力导数的方法原则上有两类：一类是基于水动力学理论建立起来的理论计算方法；另一类是基于约束模型实验技术的试验测定方法。

在理论计算方法方面，虽然有许多学者提出了各种不同的理论，但由于船舶形状和运动的复杂性，以及流体黏性的作用，以理论计算水动力导数至今仍未得到良好的解决。目前的理论还只能给出相当粗糙的近似结果。

目前，计算船舶在静水中运动所受水动力的方法，通常都是在下列简化的基础上建立起来的：

(1)把流体的自由表面作为只有映像效应的固壁,略去其变形。即略去船舶机动中的兴波作用,从而也就忽略了流体重力的影响。

(2)把作用于整个船舶上的水动力分成由于流体的质量惯性产生的惯性力和由于流体黏性产生的黏性力两个互相独立的部分,分别用不同的方法进行计算。

(3)先把作用于整个船舶的水动力看成作用于裸船体上的水动力和作用于各附体上的水动力几个互相独立的部分,分别计算;然后进行叠加,再近似地考虑各部分之间的相互影响。

在这种简化下,针对各种水动力,许多学者提出了各种不同的理论计算方法。如计算惯性力的无升力势流理论及二因次切片法;计算黏性力的细长体理论、短翼理论及分离绕流理论等。

5.2.1 流体惯性力与广义附加质量

如前所述,在考虑水动力的惯性分量时,完全略去水的黏性影响,把水看成不可压缩的理想流体;再把自由表面看成固壁,则船舶在静水面上的运动相当于重叠船在无限流体中绕流的无升力势流问题(图5.7)。

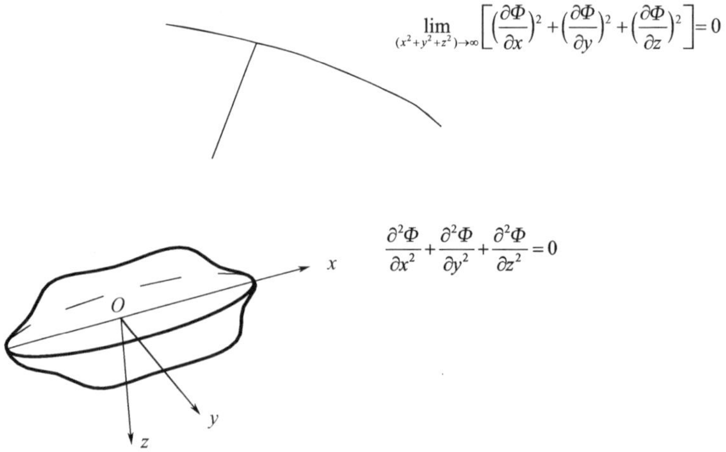

图5.7 重叠船的绕流问题

这时流场中的速度,由拉普拉斯方程和相应的边界条件决定,可以表示如下:

(1)拉普拉斯方程

$$\frac{\partial^2\Phi}{\partial x^2}+\frac{\partial^2\Phi}{\partial y^2}+\frac{\partial^2\Phi}{\partial z^2}=0 \tag{5.4}$$

(2)无限远的边界条件

$$\lim_{(x^2+y^2+z^2)\to\infty}\left[\left(\frac{\partial\Phi}{\partial x}\right)^2+\left(\frac{\partial\Phi}{\partial y}\right)^2+\left(\frac{\partial\Phi}{\partial z}\right)^2\right]=0 \tag{5.5}$$

(3)物面上的边界条件

$$\frac{\partial\Phi}{\partial n}=U_n \text{ 或 } \frac{\mathrm{D}F}{\mathrm{D}t}=0 \tag{5.6}$$

式中 F——物面方程，$F(x,y,z,t)=0$；

Φ——在动坐标系中的速度势函数；

n——物体表面的法向；

U_n——物体表面上的各点运动速度在法向上的分量。

由于式(5.4)～式(5.6)都是线性的，故函数 Φ 是线性函数，可以写成线性叠加的形式：

$$\Phi = \Phi_1 u + \Phi_2 v + \Phi_3 w + \Phi_4 p + \Phi_5 q + \Phi_6 r \tag{5.7}$$

式中 u、v、w——物体运动线速度在坐标轴上投影；

p、q、r——物体运动角速度在坐标轴上投影。

依据势流理论，作用于重叠船的流体惯性力可用广义附加质量表示，即

$$\lambda_{11} = \int \Phi_i \frac{\partial \Phi_i}{\partial n} \mathrm{d}s \tag{5.8}$$

对于在静水表面内运动的船舶，在上述简化下，考略到左右舷形状的对称性，可得水动力的惯性分量为

$$\begin{cases} X_{\mathrm{I}} = -\lambda_{11}\dot{u} + \lambda_{22}vr + \lambda_{26}r^2 \\ X_{\mathrm{I}} = -\lambda_{22}\dot{v} - \lambda_{11}ur - \lambda_{26}\dot{r} \\ N_{\mathrm{I}} = -\lambda_{66}\dot{r} - (\lambda_{22} - \lambda_{11})uu - \lambda_{26}(\dot{v} + ur) \end{cases} \tag{5.9}$$

式中 X_{I}、Y_{I}、N_{I}——船舶在水平面运动时所受流体惯性力的分量；

λ_{11}——船舶在各运动方向上的广义附加质量。

注意到其中，λ_{11}、λ_{22}具有质量惯矩的因次，也称为附加质量惯矩。

式(5.9)表明，在略去流体的黏性和自由表面变形的影响时，船舶在任意方向作匀速直线运动，其所受流体的惯性力合力均为零。这正是流体力学中著名的达伦贝尔谬误。在这种匀速平移运动中船舶将受到一个惯性力矩$(\lambda_{22}-\lambda_{11})uv$作用，这一力矩称为孟克力矩。

图 5.8 给出了广义附加质量系数与椭圆回转体轴长比的关系。

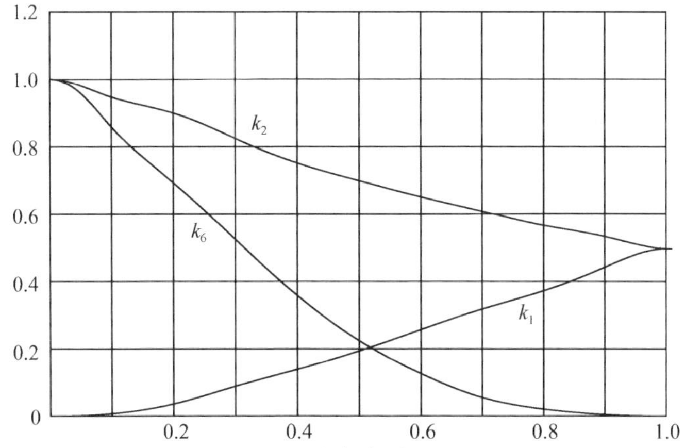

图 5.8 椭圆回转体的广义附加质量系数

k_1—纵向附加质量系数；k_2—横向附加质量系数；k_3—绕短轴附连惯矩系数

如果把重叠船看为椭圆回转体,则可以直接应用上述结果。实际上船舶与椭圆回转体形状不同。椭圆回转体的形状前后对称,而船舶的形状前后是不对称的;椭圆的横剖面均为圆形,而船舶横剖面不是圆形。因此,它们的广义附加质量系数也不尽相同。在船舶操纵性的实际计算中,通常只对 k_1 取相当椭圆回转体的值。因为纵向附加质量小,这样计算引起的误差影响不大。

由于船舶的纵向尺度比横向尺度大得多,可以近似地把船体沿纵向分割成若干段(或称为切片),每一段当作二因次柱体看待。根据二因次势流理论确定各切片的附加质量,再由它们叠加出船的广义附加质量。这就是所谓的切片法。根据切片方法,船舶的广义附加质量可以表示为

$$\begin{cases}\lambda_{22} = \int_L \lambda_s(x)\,\mathrm{d}x \\ \lambda_{26} = \int_L x\lambda_s(x)\,\mathrm{d}x \\ \lambda_{66} = \int_L x^2\lambda_s(x)\,\mathrm{d}x\end{cases} \tag{5.10}$$

式中　$\lambda_s(x)$——在 x 处的二因次切片的横向附加质量;

L——积分范围,这里表示沿船长积分。

根据二因次势流理论,可以通过把任意形状的船体剖面保角变换为圆形剖面的方法;也可以通过在船体剖面边界上分布奇点的方法来求解速度势函数,从而得到二因次剖面的附加质量。

利用双参数保角变换的刘易斯(Lewis)剖面得到的二因次切片横向附加质量系数 $C_s(x)$ 如图 5.9 所示。这时,切片的附加质量可表示为

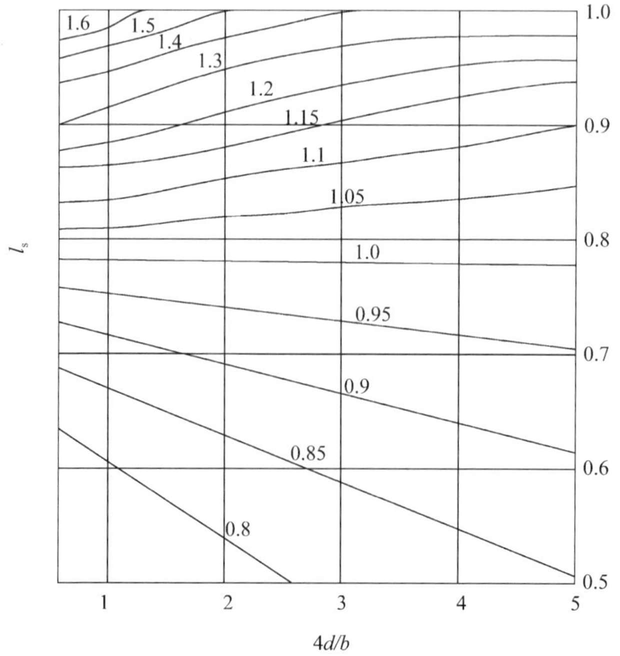

图 5.9　二因次切片的附加质量系数

$$\lambda_s(x) = C_s(x)\frac{1}{2}\pi\rho d_s^2(x) \tag{5.11}$$

式中 $C_s(x)$——二因次剖面的附加质量系数；

d_s——在 x 处的船舶局部吃水。

因为切片法没有考虑到船舶形状三因次的影响，雅可比（Jacobs）进一步建议应用椭圆回转体的附加质量系数对切片法所得的结果进行修正。在式（5.11）的基础上，其给出下列修正公式

$$\begin{cases} \lambda_{22} = k_2\int_L \frac{1}{2}\rho\pi C_s(x)d_s^2(x)\mathrm{d}x \\ \lambda_{26} = k_6\int_L \frac{1}{2}\rho\pi C_s(x)d_s^2(x)x\mathrm{d}x \\ \lambda_{66} = k_2\int_L \frac{1}{2}\rho\pi C_s(x)d_s^2(x)x^2\mathrm{d}x \end{cases} \tag{5.12}$$

类似的理论也可以得到二因次平板迎流运动时的附加质量。单位长度二因次平板的附加质量可表示为

$$\lambda_{22} = \frac{1}{4}\pi\rho b^2$$

式中，b 为平板的宽度。

随着电子计算机的应用，目前已经可以用数值计算方法得到任意形状三因次物体在六自由度运动中所有的广义附加质量。其中，汉森－史密斯发展的表面汇源分布方法就是一个有效的方法。

5.2.2 细长体理论

流体的黏性力原本是由流体的黏性引起的。但为了避免处理复杂的黏性流体动力学问题，目前在考虑水动力的黏性分量时，通常是首先建立一个能反映实际情况的流动模型，在该模型的制约条件下，仍引用理想流体力学的方法来处理。

在这方面主要有细长体理论和各种机翼理论等。下面简要介绍一下一些基本原理。

如前所述，在略去流体的黏性和自由表面变形的影响时，一般来说，船舶绕流的速度可由式（5.4）~式（5.6）表示的拉普拉斯方程和相应的边界条件来决定。而流场中的压强 p 则由拉格朗日积分式决定，即

$$p = -\rho\left\{\frac{\mathrm{d}\Phi}{\mathrm{d}t} + \frac{1}{2}\left[\left(\frac{\partial\Phi}{\partial x}\right)^2 + \left(\frac{\partial\Phi}{\partial y}\right)^2 + \left(\frac{\partial\Phi}{\partial z}\right)^2\right]\right\} \tag{5.13}$$

当船舶在水平面内以线速度 u、v 和角速度 r 作定常运动时，物面条件式（5.6）可具体写成

$$\frac{\mathrm{D}F}{\mathrm{D}t} = \left(\frac{\partial\Phi}{\partial x} - u + yr\right)\frac{\partial F}{\partial x} + \left(\frac{\partial\Phi}{\partial y} - v + xr\right)\frac{\partial F}{\partial y} + \left(\frac{\partial\Phi}{\partial z}\right)\frac{\partial F}{\partial z} = 0 \tag{5.14}$$

而拉格朗日积分式可写成

$$p = -\rho\left\{(u - yr)\frac{\mathrm{d}\Phi}{\mathrm{d}x} + (v - xr)\frac{\mathrm{d}\Phi}{\mathrm{d}y} - \frac{1}{2}\left[\left(\frac{\partial\Phi}{\partial x}\right)^2 + \left(\frac{\partial\Phi}{\partial y}\right)^2 + \left(\frac{\partial\Phi}{\partial z}\right)^2\right]\right\} \tag{5.15}$$

细长体理论假定船舶为纵向尺度（L）比横向尺度（d）大得多的细长形物体，且其横向运

动比纵向运动小得多。这时

$$\begin{cases}\dfrac{\partial F}{\partial x}\ll\dfrac{\partial F}{\partial y}\text{或}\dfrac{\partial F}{\partial z}\\ \dfrac{\partial \Phi}{\partial x}\ll\dfrac{\partial \Phi}{\partial y}\text{或}\dfrac{\partial \Phi}{\partial z}\\ \dfrac{\partial^2 \Phi}{\partial x^2}\ll\dfrac{\partial^2 \Phi}{\partial y^2}\text{或}\dfrac{\partial^2 \Phi}{\partial z^2}\\ \dfrac{\partial \Phi}{\partial x}\ll u\end{cases}\tag{5.16}$$

引起奇异摄动理论,在保留其一阶小量的条件下,式(5.4)、式(5.13)、式(5.14)和式(5.17)表示的拉普拉斯方程、物面条件和拉格朗日积分式简化为

$$\frac{\partial^2 \Phi}{\partial y^2}+\frac{\partial^2 \Phi}{\partial z^2}=0\tag{5.17}$$

$$-u\frac{\partial F}{\partial x}+\left(\frac{\partial \Phi}{\partial y}-v-xr\right)\frac{\partial F}{\partial y}+\frac{\partial \Phi}{\partial z}\frac{\partial F}{\partial z}=0\tag{5.18}$$

$$p=-\rho\left\{u\frac{\mathrm{d}\Phi}{\mathrm{d}x}+(v+xr)\frac{\mathrm{d}\Phi}{\mathrm{d}y}-\frac{1}{2}\left[\left(\frac{\partial \Phi}{\partial y}\right)^2+\left(\frac{\partial \Phi}{\partial z}\right)^2\right]\right\}\tag{5.19}$$

由式(5.17)和式(5.18)可见,在细长简化下,对于一定 x 处剖面附近速度势的解退化为两元问题。于是可用切片法中使用的保角变换方法求解,只是在与运场解的匹配中确定速度势随 x 的变化将这样求得的速度势函数代入式(5.19),则得到的流场的压强,而压强沿船体表面积分则得到作用于船舶的水动力

$$Y_s=-\frac{1}{2}\int_L\int_c p\cos(ny)\,\mathrm{d}s\mathrm{d}x\tag{5.20}$$

$$N_s=-\frac{1}{2}\int_L\int_c xp\cos(ny)\,\mathrm{d}s\mathrm{d}x\tag{5.21}$$

式中 Y_s、N_s——在平面定常运动,作用于船舶的水动力的黏性分量;

C——沿重叠船横剖面边界进行线积分的积分限;

L——沿船长积分的积分限。

纽曼根据上述方法给出的水动力黏性分量的下列表达式

$$\begin{cases}Y_s=\dfrac{1}{2}\rho\pi d^2\displaystyle\int_L\dfrac{\partial C(x)}{\partial x}\mathrm{d}x uv+\dfrac{1}{2}\rho\pi d^2\left[\int_L C(x)\,\mathrm{d}x+\int_L\dfrac{\partial C(x)}{\partial x}\mathrm{d}x\right]ur\\ N_s=\dfrac{1}{2}\rho\pi d^2\left\{\displaystyle\int_L\dfrac{\partial[xC(x)]}{\partial x}\mathrm{d}x-\int_L C(x)\,\mathrm{d}x\right\}uv+\dfrac{1}{2}\rho\pi d^2\left\{\displaystyle\int_L\dfrac{\partial[x^2C(x)]}{\partial x}\mathrm{d}x-\int_L xC(x)\,\mathrm{d}x\right\}ur\end{cases}\tag{5.22}$$

式中 $C(x)$——在 x 处的二因次切片的附加质量系数;

D——船舶的吃水。

亦即,二因次切片的附加质量 $\lambda_s(x)$ 为

$$\lambda_s(x)=\frac{1}{2}\rho\pi d^2C(x)\tag{5.23}$$

注意到,至此为止细长体理论只对物体形状和运动的量级作了简化,并没有超出无升力势流的范畴,因此仍然不能避免达朗贝尔谬误。这一点表现为对于艏艉端均为一点的船

舶,式(5.22)中

$$\int_L \frac{\partial C(x)}{\partial x}\mathrm{d}x = 0$$

这与实际情况是很不一致的。试验观察表明,在实际流体中,船体最大横剖面以前的部分流体压强分布与势流理论的结果是一致的,而在最大横剖面之后,船体表面的压强分布受流体黏性的影响,与势流计算结果有相当大的差别。为使计算结果接近实际情况,史密斯引进一个经验系数 ε 来表示式(5.22)中的积分,即

$$\begin{cases}\int_L \frac{\partial C(x)}{\partial x}\mathrm{d}x = -C^*(1-\varepsilon)\\ \int_L C(x)\mathrm{d}x + \int_L x\frac{\partial C(x)}{\partial x}\mathrm{d}x = \frac{L}{2}C^*(1-\varepsilon)\\ -\int_L C(x)\mathrm{d}x + \int_L x\frac{\partial[xC(x)]}{\partial x}\mathrm{d}x = -\frac{L}{2}C^*(1-\varepsilon)\\ \int_L \frac{\partial[x^2C(x)]}{\partial x}\mathrm{d}x - \int_L xC(x)\mathrm{d}x = -\left(\frac{L}{2}\right)^2(1-\varepsilon)\end{cases} \tag{5.24}$$

式中 C^*——$C(x)$的最大值;

L——船长。

将式(5.24)代入式(5.22)得

$$Y_s = -\frac{1}{2}\rho Ld\frac{1}{2}\pi aC^*(1-\varepsilon)uv + \frac{1}{2}\rho L^2d\frac{1}{4}\pi aC^*(1-\varepsilon)ur \tag{5.25}$$

$$N_s = -\frac{1}{2}\rho L^2d\frac{1}{4}\pi aC^*(1-\varepsilon)uv - \frac{1}{2}\rho L^3d\frac{1}{8}\pi aC^*(1-\varepsilon)ur \tag{5.26}$$

式中

$$c = \frac{2d}{L} \tag{5.27}$$

为船体的展弦比。

对于平板,可取 $C^*=1,\varepsilon=0$;对于一般船体剖面,$C^*>0,0<\varepsilon<1$。

经过这样修正后,细长体理论能给出接近于实际的结果。但修正系数 ε 的选取也仍存在许多问题。

5.2.3 机翼理论

在考虑船体及其附体的黏性流体运动时,也可以把它们分别看成一个机翼,应用流体力学中的机翼理论来求解。对于水面船舶,把自由表面作为固壁时,则重叠船相当于展翼 $2d$、翼弦为 L 的机翼。由于展弦比

$$a = \frac{2d}{L} \ll 1 \tag{5.28}$$

此船也称为短翼。

鲍莱对薄短翼建立了如图5.10所示的短翼流动模型。

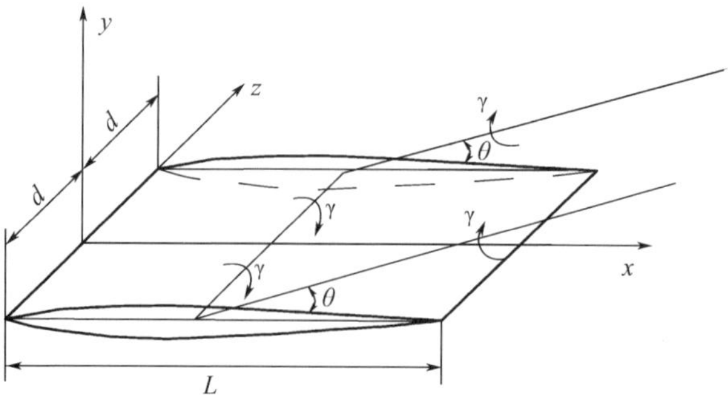

图 5.10　短翼的流动模型

假定在翼的中线面上各舷向位置有延展向分布的强度为 $\gamma(x)$ 的附着涡，其强度沿展向不变；在展翼端部有强度 $\gamma(x)$ 的自由涡，与翼面成 θ 角的方向上泻出，并延伸至无限远。附着涡的分布，在翼的随缘处($x=L$)满足库塔的下到条件：

$$\gamma(L)=0$$

而在翼中线面的中心线(Ox 轴)上，附着涡与自由涡的诱导速度在垂直中线面上的分量与翼运动速度在该方向上的分量大小相等，方向相反(即满足物面不可穿透条件)。

鲍莱以这样的一组涡系的运动来代替薄短翼的运动，从而得到翼的水动力。

当船舶在静水表面以线速度 u、v 和角速度 r 作定常运动时，上述模型化的物面条件可以用下列鲍莱的积分方程来表示，即

$$-v-\left(\frac{L}{2}-x\right)r=\frac{1}{2\pi}\int_0^L\frac{\gamma(\varepsilon)}{x-\varepsilon}K(x,\varepsilon)\mathrm{d}\varepsilon \tag{5.29}$$

其积分的核函数为

$$K(x,\varepsilon)=-\frac{d}{\sqrt{d^2+(x-\varepsilon)^2}-(x-\varepsilon)\cos\theta} \tag{5.30}$$

式中　D——吃水(翼展的1/2)；

L——船长(翼弦)；

ε——x 方向的积分变量；

θ——自由涡泄出的方向角；

$\gamma(\varepsilon)$——未知的附涡强度。

原则上可以通过解积分方程式(5.29)求得 $\gamma(\varepsilon)$，从而利用著名的库塔－儒柯夫斯基定理来得到作用于短翼上的水动力：

$$\begin{cases}Y_s=\rho Vd\int_L\gamma(\varepsilon)\mathrm{d}\varepsilon\\N_s=\rho Vd\int_L\varepsilon\gamma(\varepsilon)\mathrm{d}\varepsilon\end{cases} \tag{5.31}$$

式中

$$-V=(n^2+V^2)^{1/2}$$

一般来说，实际无法得到 $\gamma(\varepsilon)$ 的解析解，只能进行数值计算。鲍莱和井上正祐等人曾给出数值计算的具体变化。

纯理论计算的结果还存在若干问题，也有许多人在机翼理论的基础上，结合试验结果，给出一些半经验的实用计算公式。

对于一般有限展弦比机翼在流体中匀速直线运动的情况，如图5.11所示，常把机翼所受到的水动力分解成与来流速度垂直的升力 L 和与来流速度平行的阻力 D 两个分量。这时，侧向力可表示为

$$Y_s = L\cos\alpha + D\sin\alpha \tag{5.32}$$

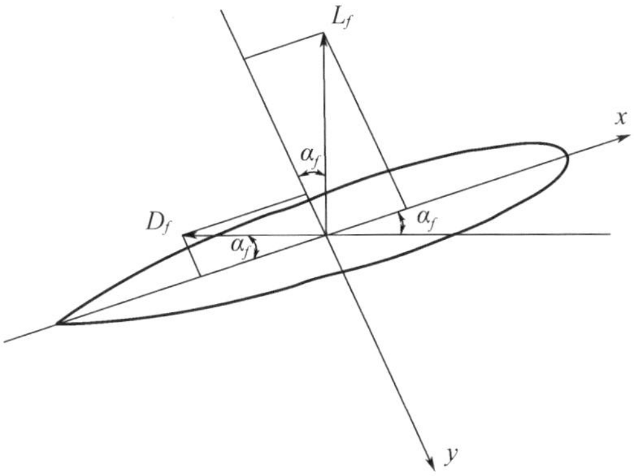

图5.11　机翼的水动力分量

式中

$$\alpha = \sin^{-1}\left(-\frac{v}{V}\right) \tag{5.33}$$

为机翼的攻角。

维克尔和费尔宁根据大量翼型的试验结果给出水动力的半经验公式。他们把升力和阻力表示为

$$\begin{cases} L = \dfrac{3}{2}\rho V^2 A C_L \\ D = \dfrac{1}{2}\rho V^2 A C_D \end{cases} \tag{5.34}$$

式中　C_L——升力系数；

C_D——阻力系数。

此外，琼斯用稍微不同的方法建立的极短翼理论，得到下列简单关系

$$\frac{\partial C_L}{\partial \alpha} = \frac{\pi}{2}a \tag{5.35}$$

式中，a 为翼的展弦比。琼斯公式只适用于 $a<0.5$ 的极短翼。

雅可比进一步把其推广到有限展弦比的情况，得到

$$\frac{\partial C_L}{\partial \alpha} = \frac{2\pi}{1+\dfrac{2}{a}} \tag{5.36}$$

亚柯比公式适用于较大展弦比的情况，但与试验结果相比，其给出的值偏高一些。

应该注意到，所有的机翼理论虽然建立了漩涡运动模型，从而能反映黏性效应；但都未

能反映扰流物体的具体形状的影响。各理论模型只通过展弦比来表示物体形状,因此是极粗糙的。

5.2.4 分离扰流理论

为了估计黏性力的非线性影响,费加耶夫斯基等人建立了一个分离扰流模型。即认为像船舶这样展弦比极小的物体,在水平面内作定常运动时,除了像机翼一样产生升力和阻力外,还产生绕过翼展端部的横向扰流。这种横向扰流经过船体发生分离,从而产生作用于船舶的横向阻力。横向阻力与横向扰流速度的平方成比例,其方向指向物体运动速度的负方向。

船以速度 u、v、r 运动时,船体上坐标为 x 处的剖面,横向运动速度为 $v+xr$,以 $C_D(x)$ 表示 x 处剖面的横向阻力系数时,则由于横向扰流产生的水动力及其力矩可表示为

$$Y_{NL} = -\frac{1}{2}\rho\int_L (v+xr)\,|v+xr|\,T(x)\,C_D(x)\,\mathrm{d}x \tag{5.37}$$

$$N_{NL} = -\frac{1}{2}\rho\int_L (v+xr)\,|v+xr|\,T(x)\,C_D(x)\,x\mathrm{d}x \tag{5.38}$$

式中 $C_D(x)$——船体 x 处剖面的横流阻力系数;

$T(x)$——x 处船体的局部吃水。

如第 4 章所述,船舶在正常航行状态并只用艉舵操纵时,其回转枢心点的坐标可写成

$$x_P = -\frac{v}{r} \tag{5.39}$$

该点横向速度为零,于是横向速度沿船长的分布如图 5.12 所示。若假设沿船长的 $C_P(x)$、$d(x)$ 为常数,则将式(5.39)代入式(5.38)可进行积分计算,并得到下列结果:

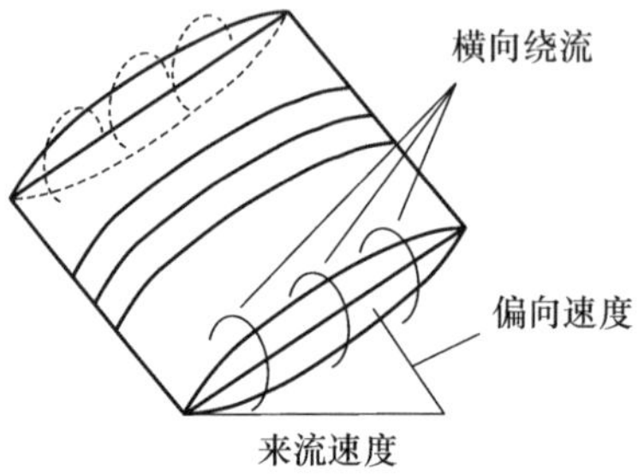

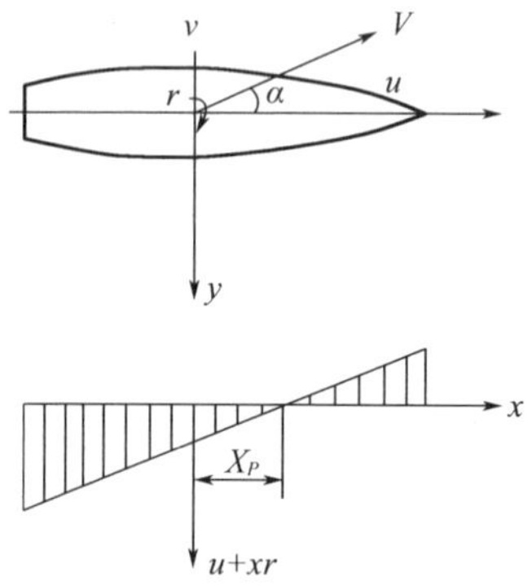

图 5.12 横向绕流及其速度分布

(a)分离绕流模型;(b)横流速度的分布

$$Y_{NL}=-\frac{1}{2}\rho dLC_D\left\{2\left(\frac{x_P}{L}\right)v|v|-\left[\left(\frac{x_P}{L}\right)^2-\left(\frac{1}{2}\right)^2\right]Lv|r|-\frac{2}{3}\left(\frac{x_P}{L}\right)^2L^2r|r|\right\} \quad (5.40)$$

$$N_{NL}=-\frac{1}{2}\rho dL^2C_D\left\{\left[\left(\frac{x_P}{L}\right)^2-\left(\frac{1}{2}\right)^2\right]v|v|+\frac{4}{3}\left(\frac{x_P}{L}\right)^2Lv|r|+\frac{1}{2}\left[\left(\frac{x_P}{L}\right)^4-\left(\frac{1}{2}\right)^4\right]L^2r|r|\right\} \quad (5.41)$$

其中各剖面的横流阻力系数可取自试验结果。故分离扰流试验目前只是一种半经验的理论。

式(5.40)和式(5.41)给出了一种非线性水动力的组成分量。井上正祐和贵岛腾部等人参考这种表达式的结构形式整理约束模型实验结果,给出了水动力表达式。

第 6 章　船舶操纵性设计

6.1　概　　述

前述已阐明,影响操纵性的主要因素有船型、重量分布和舵。但在传统的船舶设计中,确定船舶的主尺度和船型时,却很少考虑操纵性的要求。操纵性主要按经验设计合适的舵和艉鳍(呆木)来保证。因为对一般的船舶来说,操纵性对船型并无特殊的要求,通过设计舵和艉鳍即能获得良好的操纵性;另一方面,也是由于操纵性学科的发展水平所限制,还缺乏精确的预报操作性的方法和评定操纵性好坏的标准。传统的船舶初步设计程序如图 6.1 所示。

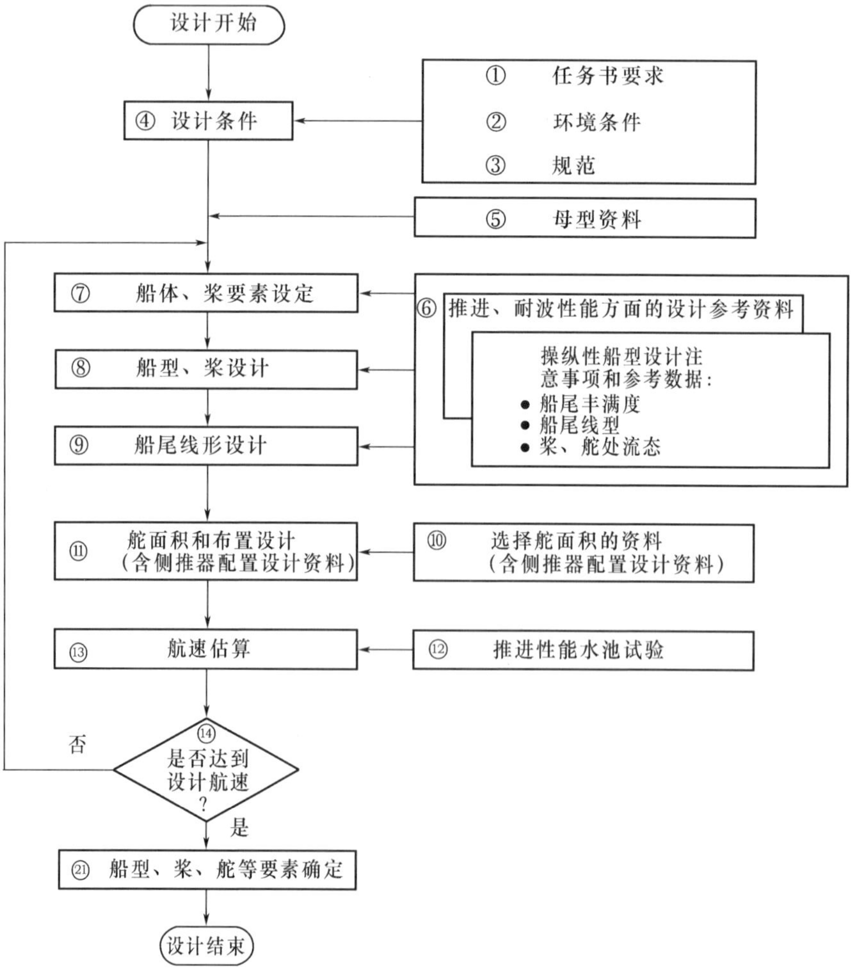

图 6.1　传统的船舶初步设计流程图

近年来,为了满足各种贸易需求和提高经济效益,出现了大型船和专用船,这些船的操纵性问题十分突出。如集装箱船、液化天然气船和汽车运输船等专用船有很大的上层建筑,受风面积大,在强风下低速航行时的操纵性成了一个必须考虑的重要问题。为了提高经济效益,大型油轮和散装货船的船型比较肥满,但这会使操纵性严重恶化,这些都要求在进行船舶设计时,要考虑船舶操纵性的要求和对操纵性进行预报。再者由于海上事故常会带来环境污染和经济损失,为了减少此类事情的发生,近年来对船舶操纵性的要求更加严格。许多国家和(国际海事组织 IMO)都要求一定吨位以上的船在驾驶室中必须有操纵性资料,并纷纷制定了"船舶操纵性标准"。这同时也促进了船舶操纵性学科的迅速发展,提出了可靠的操纵性预报方法。这样就使船舶设计人员在船舶设计阶段即可进行操纵性预报,并按"船舶操纵性标准"对操纵性进行评价,如不满足要求,即对舵和艉型进行修改。因而逐步有将船舶操纵性纳入船舶设计流程中统一考虑的趋势,使船舶设计流程(图 6.1)增加了⑮~⑳的环节,如图 6.2 所示。

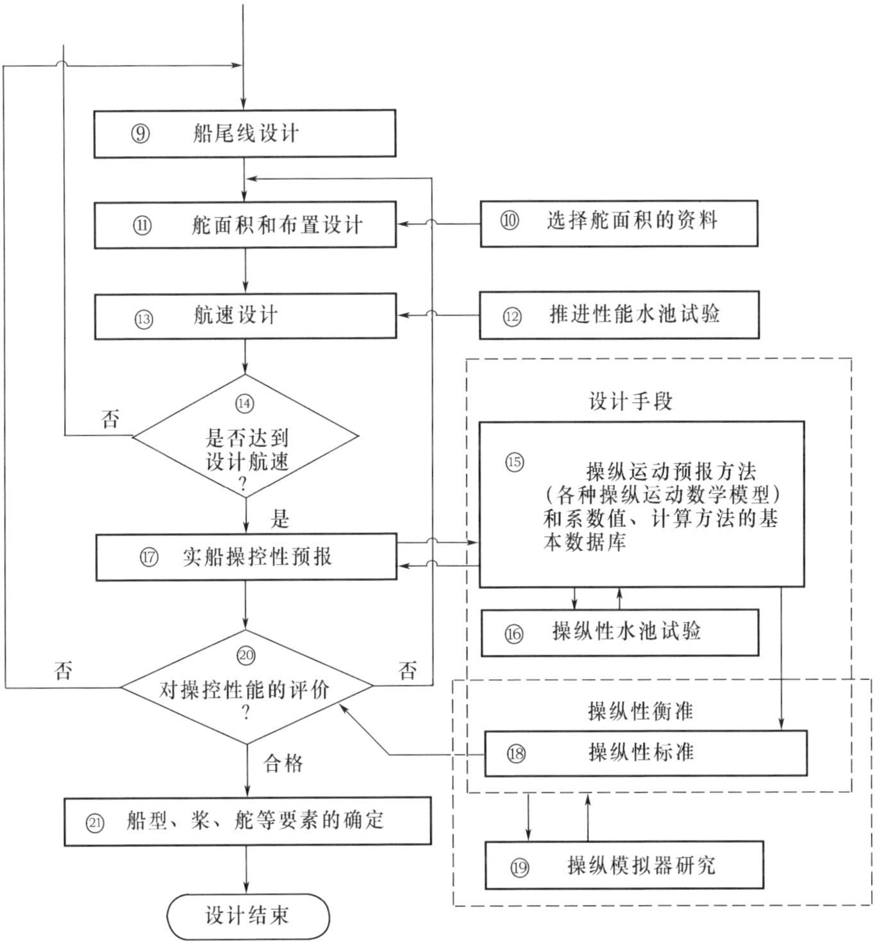

图 6.2 船舶操纵性设计流程图

在船舶操纵性设计中,除了需知道船型和舵与操纵性的关系外,还必须掌握船舶操纵性标准、舵设计方法和操纵性预报方法。

6.2 船舶操纵性设计标准

在6.1节中,已对“船舶操纵性标准”的必要性进行了论述。其制定是建立在理论研究、模型试验研究和大量的实船操纵性试验的基础上的,包括操纵性应具有哪几个方面的性能,每种性能用什么参数来衡量,各类参数应满足的数值范围,以及决定这些参数的试验方法。

标准的制定,使船舶设计人员在船舶设计阶段就能够对操纵性进行预报和改进;也有了对船舶的操纵性能好坏进行评价的标准;为驾驶人员提供详细可靠的船舶操纵性资料,有助于提高船舶操纵性能和航行安全。

关于操纵性应包含哪几个方面的性能,目前各国有关船舶设计中估算操纵性能的暂行指导性文件中,将其分为六个方面,见表6.1。

表6.1 IMO提出的操纵性指数和试验方法

性　能	指　　数	试　验　方　法
回转性	定常回转直径、战术直径、纵距、横距、定常回转航速	35°舵角或试航速度下允许的最大设计舵角下的回转试验
纠向性	初转期,第一个超越角和超越时间,操纵性指数 K、T	10°/10°和20°/20°并可考虑20°/10° Z形试验
初始回转性	单位舵角下航行一倍船长距离的艏向角变化	10°和20°舵角回转试验
航向保持性	Z形试验的超越角,螺线试验的不稳定环宽,回舵试验的剩余回转率	回舵试验或螺线试验
低速航行性	主机最小可能转速下的航速	
停船性	停船冲程	紧急倒车

通常表示操纵性某一种性能指数有多个,互相间还有交叉重复,选择操纵性指数时一般考虑:

(1)应是操纵性中最重要、最有代表性的指数;

(2)应便于实船和船模试验测定,也要便于计算预报;

(3)形象直观,物理意义鲜明,易为船员接受;

(4)数目要少,简单明了。

从实际使用的角度来看,对操纵性的要求应包含环境条件(风、浪、流、航道)和人-机等因素的影响,即从操纵系统的闭环特性来考虑,但问题比较复杂,目前还难于提出一个适合的标准。因此目前普遍倾向于先从深广静水域中的操纵性、即船-舵的固有性能来提出操纵性要求。因为一般说来船舶的固有操纵性愈好,在实际航行条件下的操纵性能愈好。

在确定操纵性指数的数值要求时,既要考虑到航行驾驶方面的要求,也要考虑到造船技术方面实现的能力,这主要是根据大量实船试验资料统计分析和航行经验总结来确定。

在确定操纵性指数及其数值要求的同时,还必须规定检验这些指数的标准试验方法,以便于检验。对于各种“标准机动”的试验方法,在试验规程中已有详细规定。表 6.1 中 IMO 提出的操纵性指数和试验方法没有规定各指数的数量要求,而是用与已知操纵性的现有船相比较的方法,来评定等级为“较好”“一般”和“较差”。

我国船舶标准化委员会操纵性分组通过《海洋船舶操纵性标准》(以下简称《标准》)对三种海洋船舶的操纵性提出了相应规定,见表 6.2。表中,$r'_0 = r_0 \dfrac{L}{V}$、$D'_0 = \dfrac{D_0}{L}$、$t'_a = t_a \dfrac{V}{L}$、$T'_L = T_L \dfrac{V}{L}$、$R'_H = R_H/L$ 分别为剩余回转加速度 r_0、零舵角下的回转直径 D_0、初转期 t_a、转首滞后 T_L、停船冲程 R_H 的无量纲值。

表 6.2 我国海洋船舶操纵性标准

性能	直线稳定性		航向改变性		回转性	倒车制动特性
试验方法	回舵试验(15°舵角)		Z 形试验(10°/10°)		回转试验(35°舵角)	倒车制动试验(初始航速 8 kn)
船舶种类指数	r'_0 或 D'_0		t'_a	T'_L	D'	R_H
客船、客货船	0		≤2.0	≤1.0	≤4.5	$\leq 0.7\sqrt{L}$
货船($C_B<0.8$)	≤0.10	>20	≤2.3	≤2.2	≤4.0	$\leq 0.8\sqrt{L}$
游轮及货船($C_B \geq 0.8$)	≤0.20	>10	≤2.5	≤4.0	≤3.5	$\leq 0.85\sqrt{L}$

各国都制定了海洋船舶操纵性标准。另外《标准》只是针对操纵性提出了一些要求,对于操纵性的具体特殊要求,则在船舶设计任务书中另行规定。

6.3 舵 设 计

目前船舶的操纵器种类很多,其作用都是产生一个使船转向的力。按其产生力的方式大致可分为两类:一类是升力操纵器(例如舵),其主要由航行中升力面上产生的升力对船进行操纵;另一类是推力操纵器,其主要由推力器产生的推力来操纵船舶。

舵的结构简单,操作方便,是目前应用最广泛的操纵器。本章主要介绍舵的特性及设计。

舵的设计包括舵叶要素确定、结构设计和舵机选择等。既要保证船舶具有良好的操纵性,还需考虑使舵装置质量小、体积小、耗能少、抗损好和便于使用维修等,所以舵设计是一个专门问题。根据本课程的性质,下面主要对与操纵性关系密切的问题(影响船 - 舵水动力特性的问题),即确定舵面积、形状和布置等有关知识作简要介绍。

6.3.1 舵的几何要素

舵叶的主要特性如图 6.3 所示。

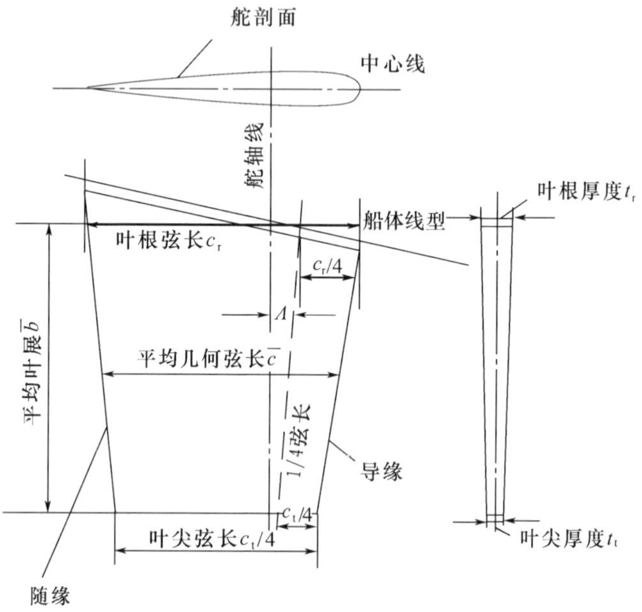

图 6.3　舵的主要特性

以下为舵的几何要素：

展长 b——在舵叶平面内与来流垂直方向上的长度，对于非矩形舵可采用平均展长 $\bar{b}$；

弦长 c——在舵叶平面内与舵展垂直方向上的长度，对于非矩形舵，可采用平均弦长 $\bar{c}$；

剖面厚度 t——舵弦剖面的最大厚度，对于非矩形舵，可采用平均弦长剖面的最大厚度 $\bar{t}$；

后掠角 Λ——距导缘 1/4 弦长点的连线与舵展方向的夹角；

舵面积 A_R——舵叶的侧投影面积；

平衡面积 A_C——舵轴至导缘间的舵侧投影面积；

展弦比 λ——舵展长 b 与弦长 c 之比值，对于非矩形舵可用 $\bar{b}/\bar{c}$；

平衡比 A_C/A_R——舵的平衡面积与舵面积之比；

倾斜比 c_t/c_r——舵的叶尖弦长 c_t 与根弦长 c_r 之比。

舵的剖面形状一般为对称机翼型。为了提高舵的水动力性能，各国研究发表了许多舵剖面形状和水动力的系列试验资料，比较著名的有美国国家航空咨询委员会（NACA）、儒柯夫斯基（НЕЖ）、苏联中央空气动力研究所（цАги）、汉堡大学（Jfs）、哥廷根大学（Getingen）和泰勒水池（TMB）等。表 6.3 列出一些剖面的型值，其余的可参考有关手册。

表 6.3 NACA、НЕЖ 和 цАги 剖面的型值

距导缘的距离(以弦长百分比计)/%	舵厚度(以最大厚度百分比计)/%		
	NACA	НЕЖ	цАги
0	0	0	0
2.5	43.6	47.5	62.0
5	59.3	64.5	81.9
10	82.1	87.0	96.5
20	95.6	100.0	99.6
30	100.0	100.0	92.2
40	96.7	93.5	77.4
50	88.2	82.0	58.8
60	76.1	65.5	43.6
70	61.1	46.0	30.2
80	43.1	28.0	18.4
90	24.1	12.0	8.9
100	2.1	3.0	2.0

NACA 剖面升力大、阻力小,应用比较广泛,尤其是高速船,其标号为“NACA00 × ×”。在英文缩写 NACA 后有四个数字,前面两个表示拱度比,舵为对称剖面,故为“00”,后面两个数字表示厚度百分比,例如 NACA0015 表示厚度比为 15% 的对称型 NACA 剖面。

6.3.2 舵的水动力特性

单独舵在无限流场中以某一攻角 α 和速度 $\boldsymbol{V}$ 运动时,受到流体动力 $\boldsymbol{R}$ 的作用(图 6.4)。力 $\boldsymbol{R}$ 可分解为垂直水流方向的升力 L 和沿水流方向的阻力 D,力 $\boldsymbol{R}$ 也可分解为垂直于舵平面的法向力 N 和沿舵平面的切向力 T,其相互关系为

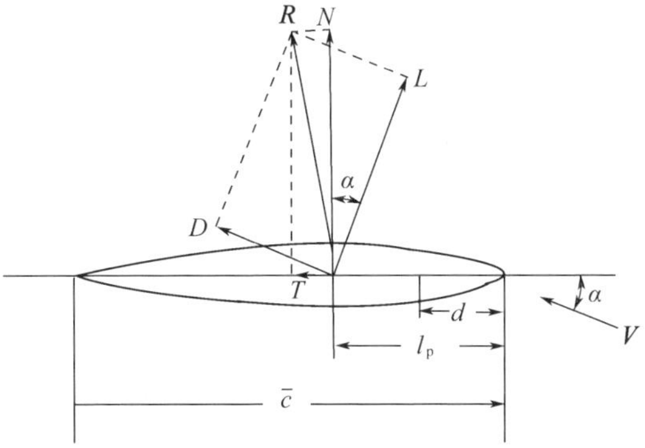

图 6.4 舵的水动力

$$\begin{cases} R = \sqrt{L^2 + D^2} = \sqrt{N^2 + T^2} \\ N = L\cos\alpha + D\sin\alpha \\ T = D\cos\alpha - L\sin\alpha \end{cases} \tag{6.1}$$

作用于舵上的水动力对导缘的力矩为

$$M = N \cdot l_{\mathrm{p}} \tag{6.2}$$

对舵轴的扭矩 M_{a} 为

$$M_{\mathrm{a}} = N(l_{\mathrm{p}} - d) \tag{6.3}$$

式中　l_{p}——舵上水动力合力作用点至导缘的距离；

d——舵轴至导缘的距离。

对舵叶根剖面的力矩 M_{r} 为

$$M_{\mathrm{r}} = Rh_{\mathrm{p}} \tag{6.4}$$

式中，h_{p} 为舵上水动力合力作用点至舵叶根剖面的距离。

一般将力和力矩表示成无因次形式：

$$\left.\begin{array}{ll} \text{升力系数} & C_L = \dfrac{L}{\frac{1}{2}\rho A_{\mathrm{R}} V^2} \\ \text{阻力系数} & C_D = \dfrac{D}{\frac{1}{2}\rho A_{\mathrm{R}} V^2} \\ \text{法向力系数} & C_N = \dfrac{N}{\frac{1}{2}\rho A_{\mathrm{R}} V^2} \\ \text{切向力系数} & C_t = \dfrac{T}{\frac{1}{2}\rho A_{\mathrm{R}} V^2} \\ \text{压力中心系数} & C_p = \dfrac{l_p}{\bar{c}} \\ \text{力矩系数} & C_m = \dfrac{M}{\frac{1}{2}\rho A_{\mathrm{R}} V^2 \bar{c}} \\ \text{舵轴扭转矩系数} & C_{ma} = \dfrac{M_{\mathrm{a}}}{\frac{1}{2}\rho A_{\mathrm{R}} V^2 \bar{c}} \end{array}\right\} \tag{6.5}$$

对各种剖面的舵已发表了很多水动力试验资料，可从手册中查阅选用。作为例子，图6.5是HEЖ剖面的试验结果，图6.6和图6.7是舵有空泡时的水动力试验结果，空泡愈发展，空泡数 σ 愈小，舵的升力系数 C_L 愈小，空泡还使舵的压力中心位置发生变化。

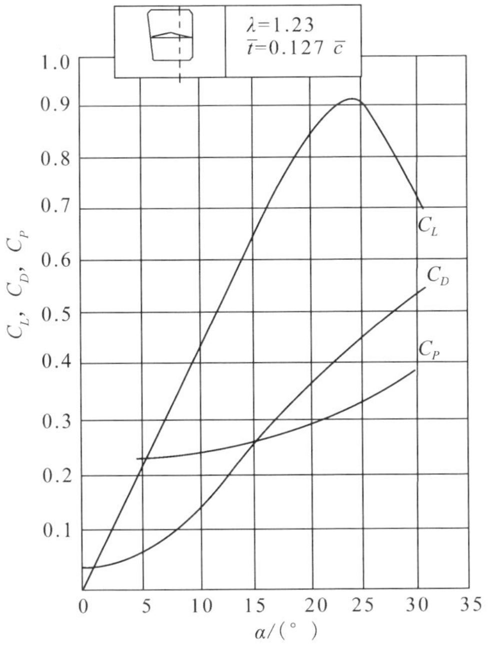

图 6.5 HEЖ 剖面的试验结果

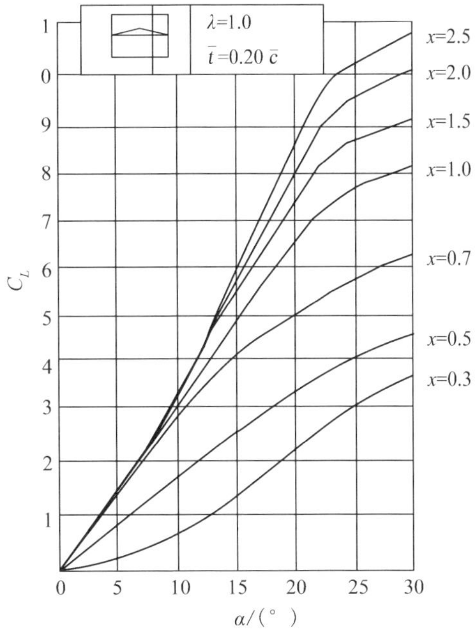

图 6.6 空泡对 C_L 的影响

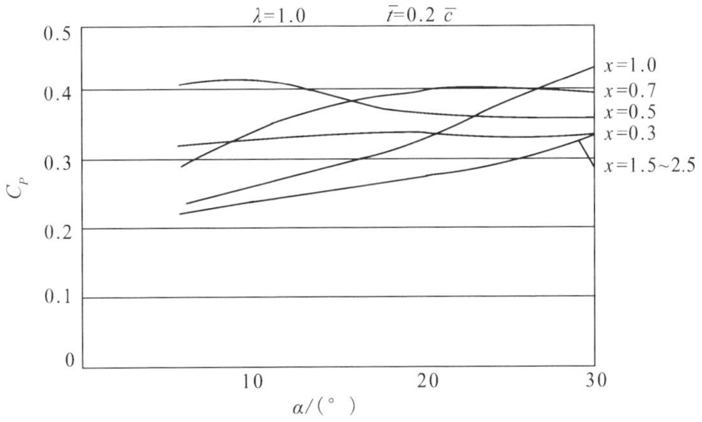

图 6.7 空泡对 C_p 的影响

国内通过试验发表了一些特种舵的水动力资料，如襟翼舵、加制流板的舵、组合舵和倒车舵，这些舵应用在内河船上取得了较好的效果。

设计计算舵时，舵的水动力系数最好用舵模型试验测定，或采用发表的形状相同的试验资料。当所设计的舵的展弦比 λ 与发表的试验资料不一致时，可选用展弦比相近的试验资料，然后用普兰特公式(6.6)进行换算：

$$\begin{cases} \alpha' = \alpha + \dfrac{C_L}{\pi}\left(\dfrac{1}{\lambda'} - \dfrac{1}{\lambda}\right) \\ C'_D = C_D + \dfrac{C_L^2}{\pi}\left(\dfrac{1}{\lambda'} - \dfrac{1}{\lambda}\right) \end{cases} \tag{6.6}$$

式中　C_L、C_D、α——展弦比为 λ 的翼的升力系数、阻力系数和攻角；

C'_D、α'——展弦比为 λ' 的翼的阻力系数和攻角。

在没有合适的试验资料可供使用时，也可用近似公式计算。

1. 藤井公式

藤井、津田根据模型试验资料，对小展弦比机翼公式作了修正，提出计算舵法向力系数 C_N 和力矩系数 C_m 的公式(6.7)。该公式适用于 $\lambda = 0.3 \sim 0.5$ 的范围，与试验结果吻合很好，在日本广为采用。其公式为

$$\begin{cases} C_N = \dfrac{6.13\lambda}{2.25 + \lambda}\sin\alpha \\ C_m = 0.165 + 0.210\sin\alpha + \dfrac{7}{\alpha}\sin\alpha \end{cases} \tag{6.7}$$

2. 维克尔(Whicher)公式

维克尔根据大量小展弦比机翼试验资料，提出计算公式(6.8)，其与 NACA 系列的试验结果符合良好。

$$\begin{cases} C_L = \left(\dfrac{\partial C_L}{\partial\alpha}\right)\alpha + \dfrac{C_{DC}}{\lambda}\left(\dfrac{\alpha}{57.3}\right) \\ \dfrac{\partial C_L}{\partial\alpha} = \dfrac{0.9(2\pi)\lambda}{57.3\left(\cos\Lambda\sqrt{\dfrac{\lambda^2}{\cos^4\Lambda} + 4} + 1.8\right)} \\ C_D = C_{d0} + \dfrac{C_L^2}{0.9\pi\lambda} \\ C_{m\frac{c}{4}} = \left(0.25 - \dfrac{\partial C_m}{\partial C_L}\right)\dfrac{\partial C_L}{\partial\alpha}\alpha - \dfrac{1}{2}\dfrac{C_{DC}}{\lambda}\left(\dfrac{\alpha}{57.3}\right)^3 \\ \dfrac{\partial C_m}{\partial C_L} = \dfrac{1}{2} - \dfrac{1.11\sqrt{\lambda^2 + 4} + 2}{4(\lambda + 2)} \\ C_m = 0.25 - C_{m\frac{c}{4}}/C_N \end{cases} \tag{6.8}$$

式中　$\partial C_L/\partial\alpha$——升力系数曲线在 $\alpha = 0$ 时的斜率；

C_{DC}——舵的横流阻力系数，取决于叶梢形状和倾斜比，可按图 6.8 取值；

C_{d0}——舵翼型阻力系数(黏性阻力)，对 NACA0015 剖面 $C_{d0} = 0.0065$；

Λ——舵 1/4 弦线后掠角；

λ——展弦比；

α——攻角，(°)。

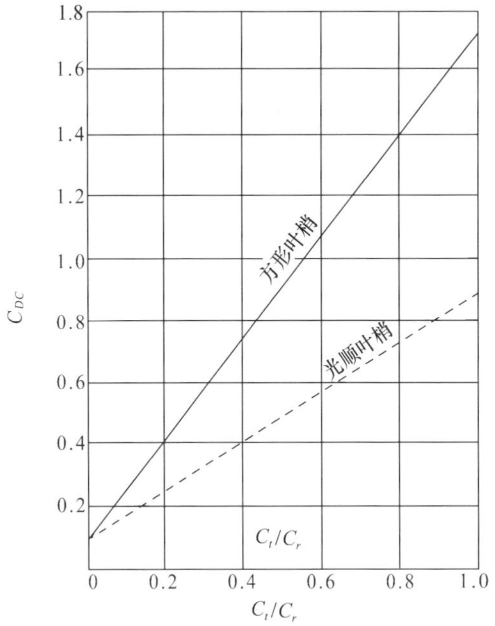

图 6.8 系数 C_{DC}

6.3.3 舵参数选择

1. 舵面积

舵的总面积 A_R 不宜过小或过大：A_R 过小不能保证船舶的操纵性；过大则增加了舵装置的质量、体积和功率。保证船舶操纵性能必需的舵面积，取决于船的使命、主尺度、艉形状，舵相对于螺旋桨的位置等。最好的办法是参考经过航行检验证明操纵性良好的母型船来选取舵面积，母型船的艉部形状应接近于设计船的艉部形状。各类民用船和军舰的舵面积系数 $A'_R = A_R/LD$，见表 6.4 和表 6.5。

表 6.4 各类民船的舵面积系数

	船舶类型	$A'_R/\%$		船舶类型	$A'_R/\%$
海洋船	单桨单舵运输船	1.60～1.90	内河船	双桨客货轮(险航道)	4.60～8.00
	双桨双舵运输船	1.70～2.10		双桨客货轮(深宽航道)	2.10～5.00
	双桨单舵运输船	1.50～2.10		机动驳船	3.00～8.00
	油　轮	1.35～1.90		拖　轮	4.00～8.50
	大型客船	1.20～1.70		推　轮	6.00～11.00
	快速客船	1.80～2.00		驳　船	3.00～6.00
	沿海小型运输船	2.00～3.30		双桨油轮(险航道)	4.90～6.50
	渔　船	2.50～5.50		双桨油轮(深宽航道)	3.00～4.00
	拖　轮	3.00～6.00		轮　渡	3.50～5.50

表 6.5　各类军舰的舵面积系数

舰艇类型	A'_R/%	舰艇类型	A'_R/%
航空母舰	2.30 ~ 2.90	驱逐舰	2.50 ~ 3.30
巡洋舰	2.20 ~ 2.90	鱼雷舰	2.50 ~ 3.30

下面简要介绍一些国外确定民船舵面积的规范和经验公式，以供参考。

（1）挪威船级协会 1964 年的规范中提出舵面积值为

$$\frac{A_R}{LD}=\frac{1}{100}\left[1+25\left(\frac{B}{L}\right)^2\right] \tag{6.9}$$

（2）日本船级协会提出的大型船舶舵面积计算公式（以 $t_1=14s$ 为基准）：

$$\begin{cases}\dfrac{A_e}{LD}=\dfrac{1}{13.3}\left[\dfrac{B}{L}C_B\Big/\left(1-\dfrac{t_1V}{7.22L}\right)+0.33\left(\dfrac{B}{d}+5\right)\right]\\ A_e=\dfrac{A_R+(0.6+0.4D/h)}{0.45+0.675\ 1/\lambda}\end{cases} \tag{6.10}$$

式中　D——桨直径；

A_R——舵可动部分侧面积；

h——舵可动部分的平均高度。

（3）村桥图谱（图 6.9）　适用于一般单桨单舵货船。

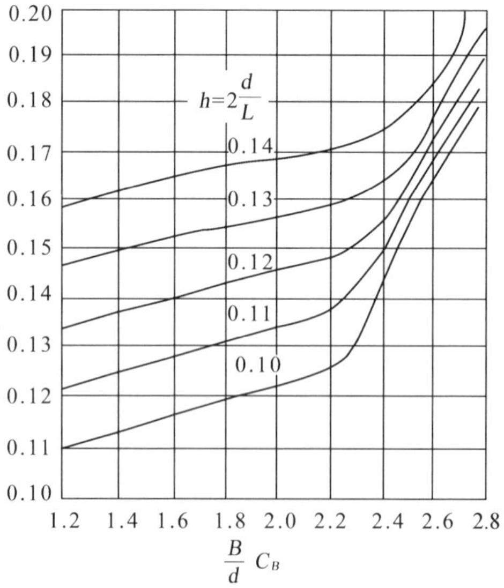

图 6.9　村桥图谱

（4）山田图谱（图 6.10）　由 120 艘大型船的试验资料整理得来，适用于 $L/B<6.0\sim6.5$，$C_B>0.8$ 的单桨单舵船。由图（a）确定满足回转性所需要的舵面积，由图（b）确定满足航向稳定性所需要的舵面积。如稳定性所需的舵面积超过回转性所需的，超过部分可做成固定鳍。

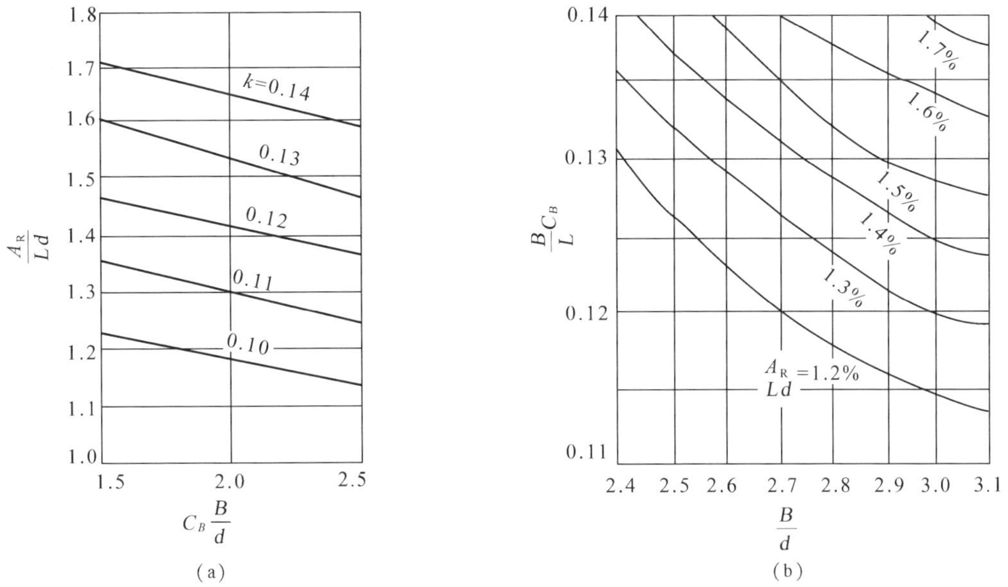

图 6.10　山田图谱

(5) 对于水线以上受风面积较大的船，确定舵面积时需考虑抗风能力　图 6.11 为风速不超过 4.5 倍船速时，在任意风向下能保持航向所需的舵面积。图中，S_w 为船水线以上侧投影；a 为 S_w 的面积中心至船中的距离，在船中前位，$\bar{a}=a/L$。

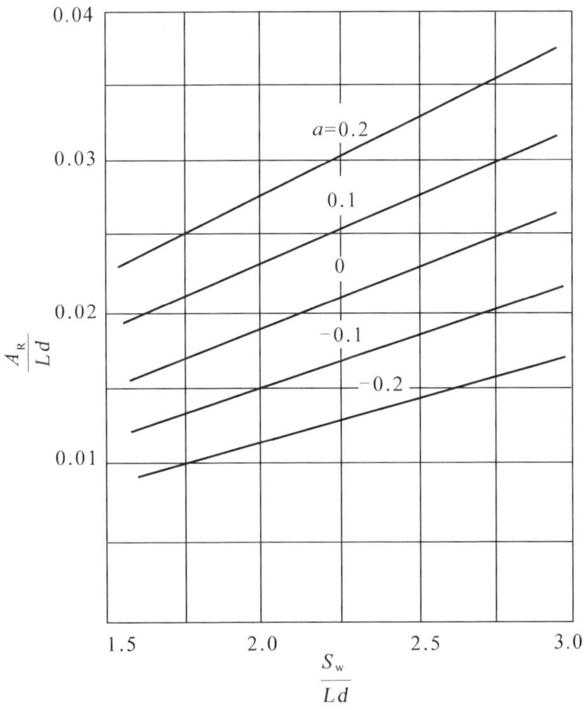

图 6.11　由抗风要求确定舵面积的图

2. 舵的形状

选择舵的形状参数的主要出发点是获得最大升力系数。分析舵的试验资料表明，对舵的升力系数影响最大的是展弦比，其次是剖面厚度比及舵的侧面形状。

(1)展弦比 λ　图 6.12 所示为具有不同展弦比 λ 的舵升力系数 C_L 试验曲线。从图中可以看出，λ 较大的舵在失速角以前有较大的升力系数 C_L，但失速角较小，失速角所对应的最大升力系数之值 $C_{L\max}$ 也较小。实船的舵雷诺数较模型舵大得多，所以失速角要较图 6.12 中的大，因此舵的展弦比选大一些有利。实际上，在设计舵时，受到船尾形状的限制，展弦比可以选择的余地也是不大的。

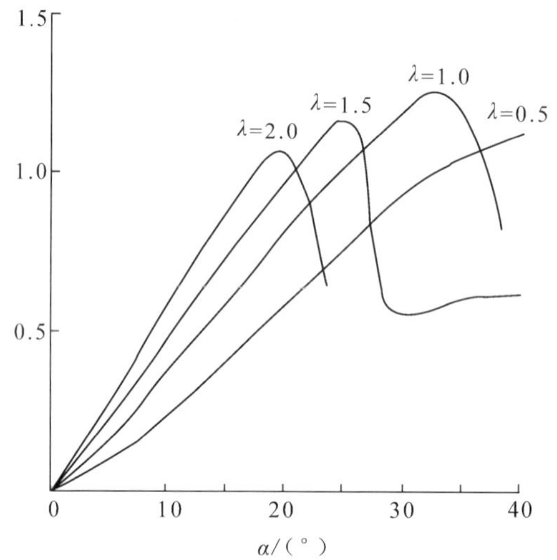

图 6.12　展弦比对舵升力系数的影响

(2)厚度比　分析舵升力系数 C_L 的试验资料表明，在失速角以前，厚度比对 C_L 的影响是不大的，但其影响失速角的大小，厚度比过大或过小都不好，一般在 0.15 ~0.25 较好。确定厚度比时还需照顾到舵轴直径的大小。

(3)侧面形状　图 6.13 为几个前缘或后缘具有不同倾斜程度的梯形舵的 C_L 试验结果。可以看出，舵的侧面形状对 C_L 影响不大，将舵的后缘设计成适当倾斜的梯形，能稍提高升力系数，且可使舵的压力中心向上移动，减少舵根处舵轴的弯矩，对于舵轴的强度有利。但与矩形舵相比，其制造工艺复杂些。

图 6.14 是几个楔形舵的试验结果。试验资料表明，舵的下端适当减小成楔形，能稍提高升力系数 C_L。

3. 平衡比 k

平衡比 $k = A_c/A_R$，对舵的升力系数 C_L 无影响，而对舵轴扭矩和舵机功率影响大。平衡系数 k 愈大，则小舵角时其负 C_{ma} 值愈大(C_{ma} 为负值表示舵轴扭矩 M 的方向使舵角增大)，而大舵角时其 C_{ma} 值愈小(图 6.15)。小型船采用人力舵，为了避免人力操舵时操舵不稳，k 应取小些：一般为 0.20 左右；大型船一般为 0.25 ~0.30；高速船和舰艇一般为 0.27 ~0.30。选取平衡比 k 的目标是使需要的舵机功率最小，故一般应使正车和倒车时舵轴的扭矩大致相等，计算倒车时舵的扭矩，航速应按规定的倒车航速，一般为正车航速的 1/3 ~1/2。

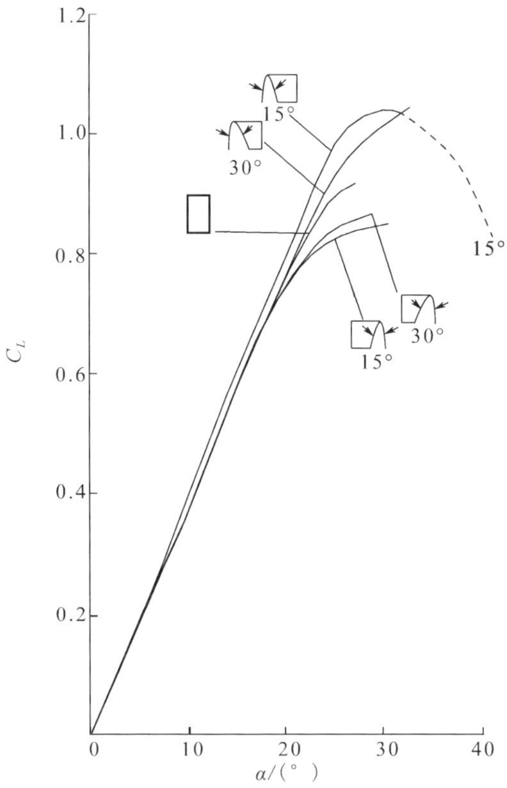

图 6.13　舵侧面形状对 C_L 的影响

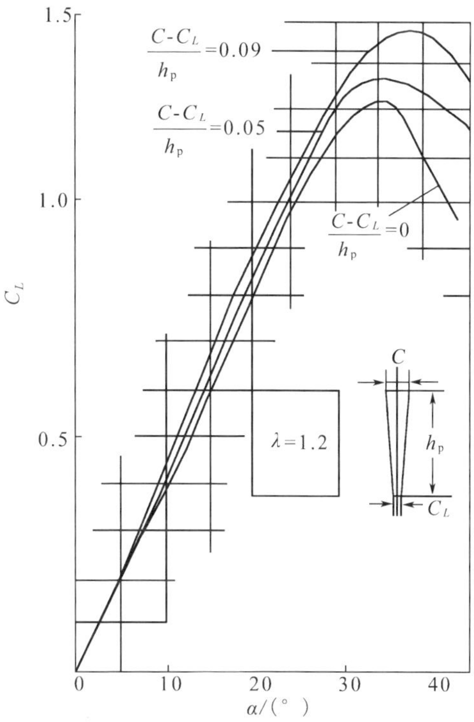

图 6.14　楔形对舵的影响

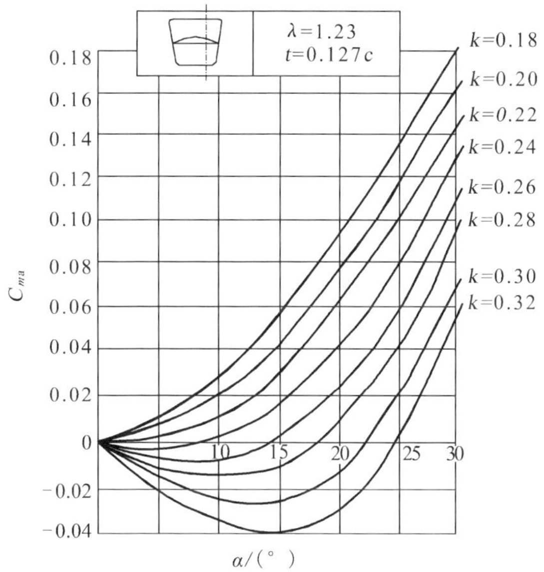

图 6.15　C_{ma}与 k 的关系

4. 舵的数目与布置

海洋运输船为了便于制造和节省造价，一般采用单桨单舵。军舰和航道比较险峻、复杂的内河船需采用双桨,故采用双舵或多舵,以增大舵的展弦比和可布置在桨后利用螺旋桨的尾流,且双桨的抗损性比单桨好。

为了增大舵力所产生的转艏力矩,舵应布置在远离船重心的船尾处;但舵转动时,不应超出船尾和船舷,舵的下端与船底的间隙小些好,这相当于增大了舵的展弦比,但不能影响舵的转动。

在舵设计中,确定了舵的面积、数目、布置和形状之后,就需要对船的操纵性进行预报(计算或做自航船模试验),以检验是否满足操纵性要求。如果不满足则需重新设计舵,如果计算结果满意,则要再确定舵的平衡比,计算舵的水动力和力矩及进行舵的结构设计等。关于舵的强度计算和结构设计,可参考有关手册,这里不再介绍。

6.4 船舶在浅水及限制水域中的操纵性概述

6.4.1 浅水及限制水域中操纵性

近年来船舶发展的趋势之一是大型化。随着船舶吃水的增加,其在近岸、入海口、港湾和内河航行时,水深相对变浅,宽度相对变窄,出现浅水效应的概率明显增大,船舶受到的水动力和力矩更加复杂。船舶在水深和宽度都不加限制的水域中航行时,水流不仅可以自由地流经船侧四周,而且可以自由地流过船底。但是船舶在浅水中航行时,船底水流受到限制,使流经船侧的水流增加、流线变密,改变了水流对船体的作用力和力矩,船舶的水动力导数发生了变化。如果航道除了水浅之外,宽度也受到限制,那么上述变化将更为显著。船舶在限制水域中航行引起了水动力对位置和航向改变的敏感性,这在无限制水域中是不存在的。水动力对位置和航向的敏感性是船舶在航行位置和航向偏中时敏感地受到水动力作用使其继续偏位的特性。因此限制水域中的船舶操纵性研究是当前船舶水动力学领域的前沿热点课题。

哈尔滨工程大学、上海交通大学、浙江海洋学院、海军大连舰艇学院、中国船舶科学研究中心对此开展了大量研究工作。主要是利用数值计算方法(CFD)计算船舶在浅水域作斜航运动、定常回转运动、近岸航行、非定常横向停靠运动,以及定漂角、定舵角、纯舷摇试验的黏性流场的水动力,确定了模拟船舶限制水域操纵运动黏性流场有效的数值方法。上海交通大学以系列 60 船型为例,利用一阶 Rnakine 源面元法方法对船舶在浅水航道中的岸壁效应进行数值研究,准确判定船舶在受限水域的最小安全通航水深,其中主要是计算下沉量。该研究成果已成为关系船舶航行安全的重要课题。海军大连舰艇学院分析了船舶下沉量研究的三种方法,进而根据船模水池实验结果,提出了基于 Ankudinov 公式的改进公式,并以实船测试值和其他船模水池实验值为基准,证实了改进公式具有更高的精度。

6.4.2 两船相互作用问题

当两船靠近航行时也会发生类似于船舶在限制水域的情况。两船靠近时内舷间的流速加快,压力下降,产生了相互吸引的现象,这就是通常所说的“船吸”现象。其吸力的大小与两船间的横距平方成反比。在狭水道中,当一船追越另一船时,由于船吸及艏艉波系压力高低的影响,船还会出现偏转现象。

关于两船靠近时的作用力和力矩的大小,美国加利福尼亚大学锡尔费司坦曾作过理论上的研究。此后由勒·恩·牛顿于1960年在美国泰勒试验池做过试验。2011年5月,第二届浅水和限制航道船舶操纵国际会议在挪威召开,该会议上公开了大量关于两船相互作用的文章。中国船舶科学研究中心、哈尔滨工程大学等单位相继开展了船船相互作用问题的研究。海军大连舰艇学院提出了基于切片理论的两船并靠安全实施最高海况的计算方法,并提出一种简易算法。其同时还致力于两船对靠操纵性实时仿真工作。上海交通大学对两船在浅水中会遇的三维非定常黏性流场进行了数值模拟,计算了其水动力相互作用。武汉理工大学建立追越船舶操纵运动数学模型,计算船间干扰力,在此基础上对追越过程中船舶受船间效应作用下的操纵运动进行了数值仿真。同时,国内近些年来也出现了少数关于岸壁效应的文章。

第 7 章 船舶操纵性试验

船舶操纵性试验分为实船试验和船模试验,船模试验又分为自由自航试验和拘束试验。此外,船舶操纵模拟器也将在本章中作简要介绍。

进行实船试验的目的如下:

(1)检验船舶操纵性能的优劣,是否达到操纵性标准的要求。

(2)为船舶驾驶部门提供操纵性资料。

(3)为设计、科研提供数据资料。如积累各种操纵性指数的数据,辨识操纵性数学模型等。

各种实船操纵性试验都可用自由自航船模进行。自由自航船模试验由于成本低、时间短、方便、直观,用来预报和研究操纵性已有很长的历史并得到广泛的使用,其作用如下:

(1)在船舶设计阶段预报和研究、改进操纵性。

(2)将各种理论或半理论半经验的计算方法,对船模操纵性的计算或数学模型的辨识结果,与自航船模试验结果相比较,以检验其可靠性。

自由自航船模试验的不足之处如下:

(1)未能解决“尺度效应”问题。

(2)目前基本上还能测量运动参数和辨识数学模型的综合参数,尚不能提供水动力系数,不便于从流体动力来分析研究船体和附体形状与操纵性的关系。

1. 相似准则

要使船模试验与实船试验得到的实验结果一致,需要满足流体动力的相似准则,这在流体力学中已有详细的讨论。对于在无限深广、平静的水面上运动的船舶,要使船模与实船的无量纲运动状态特征量和无量纲操纵性指数相同,必须满足下列条件:

(1)几何相似　即对应点的无量纲坐标 $x'=x/L, y'=y/L, z'=z/L$ 相等。

(2)质量和质量分布相似　即 $m'=\dfrac{m}{\frac{1}{2}\rho L^3}, x'_G=x_G/L, y'_G=y_G/L, I'_z=\dfrac{I_z}{\frac{1}{2}\rho L^5}$ 相等。在要求模拟横摇运动的情况下,还需要 z'_G、I'_x 相等。

(3)运动相似　舵角 δ(将其看作运动参数,而非形状参数),无量纲线速度 u/V、v/V,无量纲线加速度 $\dot{u}L/V^2$、$\dot{v}L/V^2$,无量纲角速度 rL/V、$\dot{\delta}L/V$、nL/V 及无量纲角加速度 $\dot{r}L^2/V^2$、$\dot{n}L^2/V^2$ 等相等。

(4)水动力相似　黏性相似:雷诺数 $Re=VL/\nu$ 相等。重力相似:傅汝德数 $Fr=V/\sqrt{Lg}$ 相等。空泡现象相似:空泡数 $\chi=\dfrac{p-p_v}{\frac{1}{2}\rho V^2}$ 相等,P_v 为汽化压力。表面张力相似:韦伯数 $We=\dfrac{\rho v^2 L}{\tau}$ 相等,τ 为表面张力。

实际上要全部满足以上参数相等,实现完全的动力相似是做不到的。目前操纵性自航模型试验只能有重点地在一定程度上实现部分的动力相似,其条件有:

①几何相似,质量和质量分布相似　有时,螺旋桨也不是几何相似,而是选择尺度相近的现有螺旋桨模型。因为即使采用几何相似的螺旋桨,由于船模的雷诺数小,阻力系数比实船大,在等速直航时螺旋桨无量纲转速 n' 也不相等。

②直航阶段满足重力相似　由于船模和实船的主机外特性不相似和船体、螺旋桨的水动力不相似,航速下降也不相似,傅汝德数不相等。不能满足雷诺数相等,但应使船模达到紊流状态,一般为 $Re>10^5$。

在自航模试验中也不能满足空泡数和韦伯数相等。这将使螺旋桨、舵、附体上的空泡现象和舵的吸气现象不相似。一般航速的民船不产生空泡和吸气现象,但高速舰船会产生空泡。回转中横倾角大时,舵露出水面也容易发生吸气现象。但船模则不发生空泡和吸气现象。

综上所述,实际进行操纵性自航船模试验时,常保持船型相似,质量、质心位置及转动惯量相似,舵角相似。船模的长度应考虑临界雷诺数的要求,初始航速满足傅汝德数相等。

2. 尺度效应

由于船模与实船不能做到完全动力相似,引起无量纲运动参数和水动力的差别,称为尺度效应。尺度效应主要受雷诺数影响,对于高速船,还有空泡数和韦伯数的影响,主要影响如下:

(1)由于船模的雷诺数 Re_m 小于实船的雷诺数 Re_s,所以船模边界层的相对厚度或摩擦伴流比实船大。船模尾部的舵和附体等在边界层内的相对面积比实船大。边界层内水流速度低,所以舵和附体的作用小,使船模的稳定性和机动性都较实船差。

(2)由于船模的雷诺数 Re_m 小于实船的雷诺数 Re_s,所以船模的摩擦阻力系数比实船大,使船模的总阻力系数比实船大,要求船模螺旋桨的 n' 较实船大。螺旋桨的滑脱比大,尾流速度也大,在螺旋桨尾流中的舵面积的无量纲流速较实船大,使舵效增高。对于舵布置在螺旋桨后的船,使船模的稳定性和机动性较实船好。以上两种影响正好相反,在趋势上是相互抵消的。

(3)船模舵的雷诺数较实船舵的小,使舵的失速角较实船小。在大舵角回转时,有时增大舵角,船模由于舵失速,回转直径不是减小,而是突然增大,实船在此舵角时,舵还未发生失速,回转直径将继续减小。

(4)高速船的舵上会发生空泡　空泡使舵的升力系数下降。航速愈高,空泡数愈小,空泡影响愈大。而船模则不发生空泡,使船模的回转性较实船好。由于空泡在舵角较大时才影响升力系数,所以对稳定性无影响。航速很高的船,螺旋桨、附体甚至船体艉部都可能产生空泡,影响更复杂。

(5)肥型船的异常尺度效应　对于 $C_B>0.8$,$L/B<6.0$ 的肥型船,船模试验结果与实船相比,有时出现不仅是量的差别,甚至有质的变化,称为异常尺度效应。

如图7.1所示,实船的 $r'-\delta$ 曲线(虚线)表明船是不稳定的,而船模试验结果(实线)却是稳定的。发生这种现象的原因是船模的雷诺数过小。肥型船后体的艉部存在一对与中纵剖面对称的艉涡。当船有漂角时,船迎流侧的艉涡减弱,甚至消失,而背流侧的艉涡却加强。船模在小漂角时,形成稳定的不对称分离,使回转阻尼增大,稳定性变好。而实船的雷诺数比船模大得多。此分离涡的强度仅及船模的一半,因而小漂角时对操纵性的影响比船模要小得多。对于 15 m 长的船模,异常尺度效应已极少出现。在大舵角、大漂角运动时,不对称分离区域扩大而达到饱和状态,其分离涡强度不再增大,分离引起的回转阻尼力矩在船的总阻尼力矩中所占比例下降,异常现象几乎消失。此异常现象的发生和消失,对艉部和水线形状很敏感,有些 $C_B>0.8$, $L/B<6.0$ 的肥型船却并不发生异常现象。

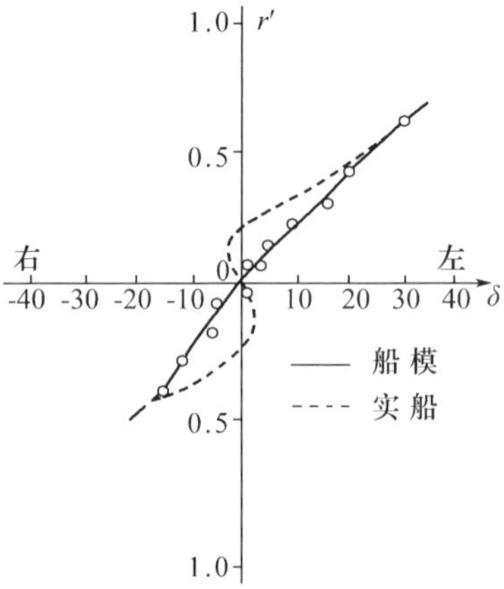

图 7.1　肥型船螺旋试验曲线

对于尺度效应的修正,目前还没有妥善的方法。有时是对于某种船型,根据积累的资料,对船模试验结果作一些经验修正。也有在船模试验时,采取一些措施,例如用减小船模的舵面积,使船模的某些无量纲操纵性指数与实船相等;安装空气螺旋桨来提供一部分推力,使船模的螺旋桨工作在实船的自航点等。对于肥型船,有沿船尾部水线垂直于船体表面,安装水平顺流鳍,使水尽量不从舭部流入和流出,来抑制涡旋的产生。沿船尾某横剖面且切于船体表面安装垂直顺流鳍,以加速船侧纵向流速,避免分离。顺流鳍的位置要经过试验确定,安装得合适,对避免出现异常现象有一定成效。

7.1　实船试验

7.1.1　回转试验

1. 试验目的

评价船的回转性能。

2. 试验方法

船在预定航向上稳速直航,发出操舵令,以最快速度操舵至规定舵角(即使舵角与规定舵角略有差别,也不要任意修正),并保持此舵角,直至船首向改变 540°,一次试验结束。

以同样方法进行相反舵角和其他舵角(或航速)下的回转试验。

3. 测量回转轨迹的方法

要可靠地测量回转轨迹,早期测试船位置信息需要专门的特高频无线电定位装置。一般航海用的无线电定位和船上雷达、测距仪精度尚不够。图 7.2 为特高频无线电定位装置的原理。C 为在船上装设的发射器,发射特高频无线电波。A 和 B 为在岸上装的两个应答装置。测定 CA 和 CB 间往返的特高频波的相位差,便可确定距离 CA 和 CB。由于距离 AB 是已知的,由 $\triangle ABC$ 的三边可确定 C 点的位置。

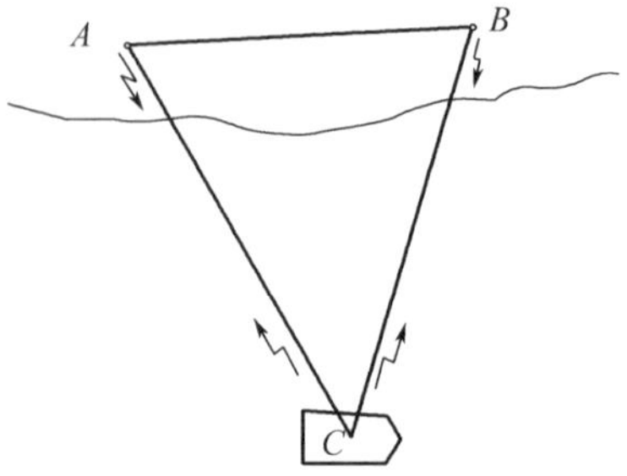

7.2　定位仪原理

现在更多应用差分 GPS(DGPS)技术来测试船舶位置信息的采集,方便易行。要求差分信号作用200 n mile 内,定位误差不大于5 m(置信度95%,水平精度因子值不大于4),天线安装位置尽量远离无线电干扰,天线5°仰角以上空间对卫星的视野应清晰,天线接地线应与船的接地系统连接,应能接收到4颗以上足够强度的卫星信号。应选择差分信号最强的差分台,保证差分信号良好。

4. 试验应取得的主要参数

船重心轨迹、战术直径、定常回转直径、纵距、横距(以上各参数可从轨迹曲线上量取)、静横倾角、动横倾角、回转周期、定常回转角速度、定常回转航速等。

7.1.2　Z 形操纵试验

1. 试验目的

评价船的航向改变性能,测定回转性指数 K 和应舵指数 T。

2. 试验方法

船在测定航向上稳速直航(应逆风),以最大转舵速率操舵右10°,当艏向角改变到达右10°时,立即将舵角自右10°操至左10°,当艏向角达到左10°时,又立即将舵操至右10°。如此共操舵5次,一次试验结束。试验时最好用方向陀螺和电位器自动连续记录艏向角 ψ 和舵角 δ,也可用船上的罗经和舵角显示器人工读数记录。

按同样方法进行从左10°舵角开始的试验。

以上为10°/10°(舵角值/艏向角改变值)Z 形操纵试验,也有进行20°/20°、15°/15°、5°/5° Z 形操纵试验和20°/10°、20°/5°、10°/5° 等变形 Z 形操纵试验的。

Z 形操纵试验的目的是评价船在中、小舵角下改变和保持航向的能力。因此艏向角改变值不宜过大,否则将出现非线性影响,尤其是稳定性差的船。但为了减少试验时的误差,舵角和艏向角改变值也不宜过小。国际上通用的为10°/10°,实际操船时改变航向最常用的操舵角也为10°左右,对于稳定性好的快速军舰也有20°/20°的。

3. 试验应取得的主要参数

艏向角 ψ 和舵角 δ 随时间变化的曲线,见图7.3。

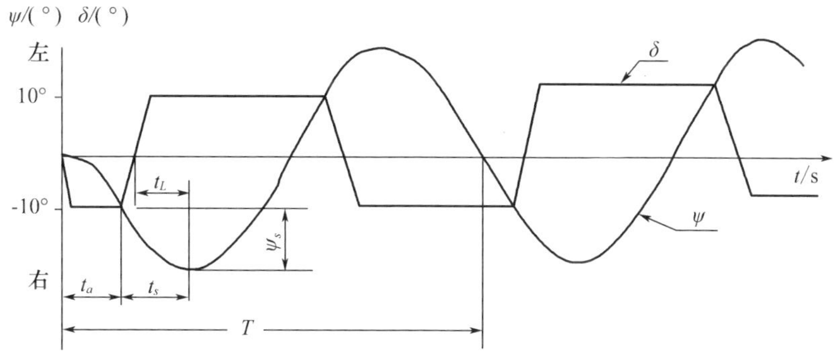

图7.3　Z 形操纵试验记录曲线及特征曲线

从 $\psi(t)$、$\delta(t)$ 曲线可直接测量以下特征值:

初转角 t_a，指从首次操舵起至第一次操反舵止所经过的时间。其表示从直航中操一定舵角(如10°)、艏向角改变一定值(如10°)所需的时间，也就是船改变艏向的快慢，其无量纲值为

$$t'_a = t_a \frac{V}{L}$$

超越时间 t_s，指操反舵开始到船停止朝原方向回转的时间。也有用从舵角回复到零的时刻起至船停止朝原方向回转的时间 t_L 的，称为转艏滞后。

超越角 ψ_s，指操反舵后船继续朝原方向回转所经过的最大角度。

周期 T，指从操舵瞬时到船完成向右舷和左舷摆动各一次，回复到初始艏向角的时间。

平均转艏强度，指取左、右最大回转角速度 $\dot{\psi}_{max}$ 的平均值的0.7倍，作为回转角速度 $\dot{\psi}$ 的均方差的近似值。

4. 利用Z形试验结果确定 K、T 指数

1957年野本提出，对于航向稳定的船，在操舵不是很频繁的情况下，可用一阶 $K-T$ 方程式(2.20)和式(2.21)来描述船的转艏响应，并说明了 K、T 指数的意义和用Z形试验来确定 K、T 的方法。

$$T\dot{r} + r = K\delta$$

这种方法的意义在于通过试验不仅是获得某些特征值(特征值随航速、舵角而不同)，而是确定了数学模型，就可以计算各种操纵运动。

下面简要介绍一下确定 K、T 的方法。

实际上由于螺旋桨等引起的不对称力，船直航时需有一压舵角 δ_r，将 $K-T$ 方程写为

$$T\dot{r} + r = K(\delta + \delta_r) \tag{7.1}$$

式中 δ_r——直航压舵角；

δ——试验时测量得的名义舵角。

将上式对任意时间隔 $t_a \sim t_b$ 积分得

$$T[\dot{\psi}(t_b) - \dot{\psi}(t_a)] + \psi(t_b) - \psi(t_a) = K\int_{t_a}^{t_b}\delta \mathrm{d}t + K\int_{t_a}^{t_b}\delta_r \mathrm{d}t \tag{7.2}$$

式中有 K、T、δ_r 三个未知量，原则上只要从图7.4中取得三个不同的时间间隔进行积分，得出三个方程，即可解得。

为了统一，规定按以下方法计算。

作 $t=0$ 处 $\psi(t)$ 曲线的切线，其斜率为 $\dot{\psi}(0)$，并在 $\psi(t)$ 曲线各峰谷值附近，作平行于其的切线，切点为 e、e'、e''(图7.4)，故有

$$\dot{\psi}_0 = \psi_e = \dot{\psi}_{e'} = \dot{\psi}_{e''}$$

若Z形试验开始时，船确定作直线运动，则上式诸 $\dot{\psi}$ 值皆为零。

从 $t=0$ 至 $t=t_{e'}$ 对式(7.1)积分，可得

$$\psi_{e'} = K\int_0^{t_{e'}}\delta(t)\mathrm{d}t + K\delta_r t_{e'} \tag{7.3}$$

从 $t=0$ 至 $t=t_{e''}$ 积分，可得

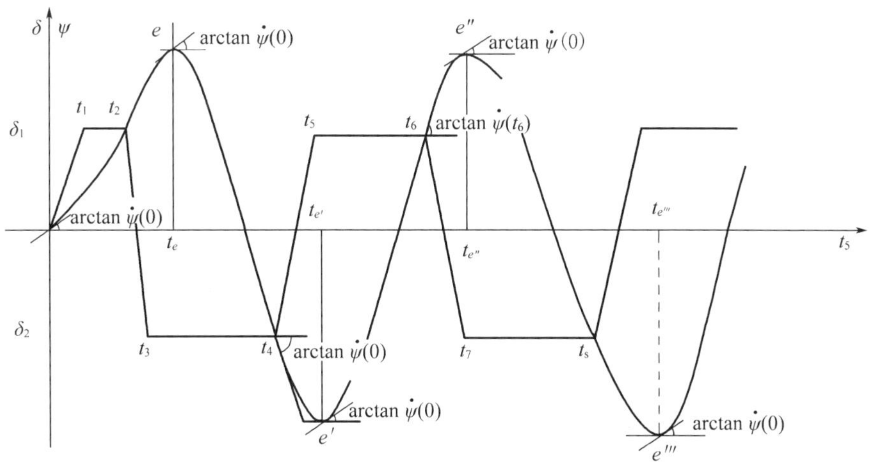

图 7.4 由 Z 形试验求 *K*、*T*

$$\psi_{e''} = K\int_0^{t_{e''}}\delta(t)\,\mathrm{d}t + K\delta_{\mathrm{r}}\mathrm{t}_{e''} \tag{7.4}$$

由式(7.3)和式(7.4)可解得 K 和 δ_{r},记此处的 K 为 $K_{④⑥}$,为后两个峰得到的 K 值。

从 $t=0$ 至 $t=t_e$ 积分,得

$$\psi_e = K\int_0^{t_e}\delta(t)\,\mathrm{d}t + K\delta_{\mathrm{r}}t_e \tag{7.5}$$

将上面求得的 δ_{r} 代入式(7.5),求出 K,记此处 K 为 $K_{④}$,为由第一个峰得到的 K 值。

再分别从 $t_2\to t_e$,$t_4\to t_{e'}$,$t_6\to t_{e''}$对式(7.1)积分,可得

$$T_{④}(\dot{\psi}_0 - \dot{\psi}_2) + (\psi_e - \psi_2) = K_{④}\int_{t_2}^{t_e}\delta(t)\,\mathrm{d}t + K_{④}\delta_{\mathrm{r}}(t_e - t_2) \tag{7.6}$$

$$T_{⑥}(\dot{\psi}_0 - \dot{\psi}_4) + (\psi_{e'} - \psi_4) = K_{⑥⑧}\int_{t_4}^{t_{e'}}\delta(t)\,\mathrm{d}t + K_{⑥⑧}\delta_{\mathrm{r}}(t_{e'} - t_4) \tag{7.7}$$

$$T_{⑧}(\dot{\psi}_0 - \dot{\psi}_2) + (\psi_{e''} - \psi_6) = K_{⑥⑧}\int_{t_6}^{t_{e''}}\delta(t)\,\mathrm{d}t + K_{⑥⑧}\delta_{\mathrm{r}}(t_{e''} - t_6) \tag{7.8}$$

由以上三式可分别解得 $T_{④}$、$T_{⑥}$、$T_{⑧}$。

计算定积分 $\int_0^t\delta(t)\,\mathrm{d}t$ 时,$\delta(t)$ 可以梯形近似、分段积分。例如

$$\int_0^{t_\varepsilon}\delta(t)\,\mathrm{d}t = \delta_1\left(\frac{t_2+t_3}{2} - \frac{t_1}{2}\right) + \delta_2\left(t_e - \frac{t_2+t_3}{2}\right)$$

其他类似。

以 $K = \dfrac{K_{⑥⑧}+K_{④}}{2}$,$T = \dfrac{T_{⑥⑧}+T_{④}}{2}$ 作为整个 Z 形试验中得到的 K、T 值,其中 $T_{⑥⑧} = \dfrac{T_{⑥}+T_{⑧}}{2}$。

K、T 的无量纲值为

$$K' = K\left(\frac{L}{V}\right),\ T' = T\left(\frac{V}{L}\right) \tag{7.9}$$

式中 L——船长；

V——直航速度。

上述方法只是用试验曲线上几个特殊点的值来确定 K、T 值，比较方便，但求得的 K、T 值只是在几个点上与试验曲线相符合，而不能保证在总体上完全反映 ψ 与 δ 的关系。为了更为合理地提高拟合精度，有人提出用最小二乘法拟合。

在 Z 形试验中除了记录 ψ、δ 外，同时还用角速度陀螺测量记录转艏角速度 $\dot{\psi}$（如不能直接测量 $\dot{\psi}$，也可由 ψ 对时间求导数来求得 $\dot{\psi}$，但精度较差）。将式(7.2)中的 K、$K\delta_r$ 和 T 作为三个待定参数，由试验测量值 ψ、$\dot{\psi}$、δ 用最小二乘法来确定。

在试验记录中取适当的时间间隔（t_a、t_b），将其 N 等分，则有

$$\Delta t = (t_b - t_a)/N$$

$$t_i = t_a + i\Delta t$$

$$t_b = t_a + N\Delta t$$

从试验记录上读取 $N+1$ 个 $\psi(t_i)$、$\dot{\psi}(t_i)$ 及 δ_m 值，并令

$$a_i = \int_{t_a}^{t_i} \delta_m(t)\,\mathrm{d}t$$

$$b_i = -[\dot{\psi}(t_i) - \dot{\psi}(t_a)]$$

$$\theta_i = \psi(t_i) - \psi(t_a)$$

$$\tau_i = t_i - t_a$$

$$D = K\delta_r$$

则式(7.2)在时间间隔 $t_a \sim t_i$ 的积分可写为

$$Ka_i + D\tau_i + Tb_i = \theta_i \tag{7.10}$$

误差平方和为

$$J = \sum_{i=1}^{N} (Ka_i + D\tau_i + Tb_i - \theta_i)^2$$

要使 K、D、T 为最佳值，即使 J 有最小值，必须满足 J 对 K、D、T 的导数等于零的条件：

$$\frac{\partial J}{\partial K} = 2\sum_{i=1}^{N}(Ka_i + D\tau_i + Tb_i - \theta_i)a_i = 2\left(K\sum_{i=1}^{N}a_i^2 + D\sum_{i=1}^{N}\tau_i a_i + T\sum_{i=1}^{N}b_i a_i - \sum_{i=1}^{N}\theta_i a_i\right) = 0$$

$$\frac{\partial J}{\partial D} = 2\sum_{i=1}^{N}(Ka_i + D\tau_i + Tb_i - \theta_i)\tau_i = 2\left(K\sum_{i=1}^{N}a_i\tau_i + D\sum_{i=1}^{N}\tau_i^2 + T\sum_{i=1}^{N}b_i\tau_i - \sum_{i=1}^{N}\theta_i\tau_i\right) = 0$$

$$\frac{\partial J}{\partial D} = 2\sum_{i=1}^{N}(Ka_i + D\tau_i + Tb_i - \theta_i)b_i = 2\left(K\sum_{i=1}^{N}a_i b_i + D\sum_{i=1}^{N}\tau_i b_i + T\sum_{i=1}^{N}b_i^2 - \sum_{i=1}^{N}\theta_i b_i\right) = 0$$

从以上三方程式可解得 K、D、T，由 $D = K\delta_r$，即可求得 K、T、δ_r。

在时间域（t_a，t_b）内的平均转艏角速度 $\dot{\psi}_m$ 为

$$\dot{\psi}_m = \sqrt{\frac{1}{N+1}\sum_{i=0}^{N}\dot{\psi}_i^2} \tag{7.11}$$

对于二阶艏摇线性方程式(2.20)和非线性方程式(2.21)，可从 Z 形试验结果用相平面分析法来求得 K、T_1、T_2、T_3 值，非线性方程中的系数 α 可由螺旋试验的 $r-\delta$ 曲线确定。

现代控制理论中的系统辨识方法,已应用于操纵性中以辨识操纵性数学模型模型,即从系统的输入和输出数据,来推算出系统的等价数学模型。系统辨识方法对运动参数的测量精度要求较高和希望辨识的参数要少,辨识的精度稍高。用来辨识一、二阶线性和非线性艏摇响应方程,取得了较好的效果。

7.1.3 频率特性试验

对于具有航向直线稳定性的船,在受到风、浪等外界干扰时,操舵比较频繁,若用简化的一阶 $K-T$ 方程式来设计自动舵,则性能很差,需考虑船舶运动的高阶导数,采用二阶 $K-T$ 方程式:

$$T_1T_2 + (T_1 + T_2)\dot{r} + r = K\delta + KT_3\dot{\delta} \tag{7.12}$$

对于二阶线性定常系统,经典控制理论已作过充分的研究,有较完整的方法来确定系统的特性,野本将其引入船舶操纵性。

在自控理论中,一个线性定常系统,在零初始条件下求得的输出信号的拉普拉斯变换与输入信号的拉普拉斯变换的比值,称为系统的传递函数。

在零初始条件下对式(7.12)进行拉普拉斯变换:

$$T_1T_2s^2R(s) + (T_1 + T_2)sR(s) + R(s) = K\Delta(s) + KT_3s\Delta(s)$$

或

$$[T_1T_2s^2 + (T_1 + T_2)s + 1]R(s) = K(1 + T_3s)\Delta(s)$$

可得对应于式(7.12),船的传递函数为

$$G(s) = \frac{R(s)}{\Delta(s)} = \frac{K(T_3s + 1)}{T_1T_2s^2 + (T_1 + T_2)s + 1} \tag{7.13}$$

式中 $G(s)$——系统的传递函数;

$R(s)$——角速度的拉普拉斯变换;

$\Delta(s)$——舵角 $\delta(t)$ 的拉普拉斯变换;

s——复变量。

传递函数表征了系统的固有特性。

稳定的线性定常系统在正弦输入下,系统的输出与输入之比,称为系统的频率特征。

若给系统一个正弦输入

$$\delta(t) = \delta_0\sin\omega t \tag{7.14}$$

则具有直线稳定性的船,经过一段时间,待运动稳定后,艏摇角速度也是正弦变化的:

$$r(t) = r_0\sin(\omega t + \phi) \tag{7.15}$$

式中,ϕ 为转艏角速度与舵角的相位差。

由于 $\sin\omega t$ 是指数函数 $e^{i\omega t}$ 的虚部,故可将上两式写成复数形式(只取虚部):

$$\delta(t) = \delta_0 e^{i\omega t} \tag{7.16}$$

$$r(t) = r_0 e^{i(\omega t+\phi)} \tag{7.17}$$

将式(7.16)、式(7.17)代入式(7.12),可得

$$[T_1T_2(i\omega)^2 + (T_1 + T_2)(i\omega) + 1]r_0^{i(\omega t+\phi)} = K[T_3(i\omega) + 1]\delta_0 e^{i\omega t}$$

系统的频率特性

$$G(\mathrm{i}\omega)=\frac{r_0\mathrm{e}^{\mathrm{i}(\omega t+\phi)}}{\delta_0\mathrm{e}^{\mathrm{i}\omega t}}=\frac{r_0}{\delta_0}\mathrm{e}^{\mathrm{i}\phi}=\frac{K(T_3\mathrm{i}\omega+1)}{(T_1\mathrm{i}\omega+1)(T_2\mathrm{i}\omega+1)} \tag{7.18}$$

将式(7.18)与式(7.13)相比较可以看出,只要将系统的传递函数的复变量 s 取为纯虚数 $\mathrm{i}\omega$,即得系统的频率特性。

一复变函数,可用其模和幅角来表示,式(7.18)可写成

$$G(\mathrm{i}\omega)=|G(\mathrm{i}\omega)|\mathrm{e}^{\mathrm{i}\arg G(\mathrm{i}\omega)} \tag{7.19}$$

由式(7.18)可得

$$|G(\mathrm{i}\omega)|=K\sqrt{\frac{T_3^2\omega^2+1}{1+(T_1^2+T_2^2)\omega^2+T_1^2T_2^2\omega^4}} \tag{7.20}$$

$$\arg G(\mathrm{i}\omega)=-\arctan\frac{(T_1+T_2-T_3)\omega+T_1T_2T_3\omega^3}{1-(T_1T_2-T_2T_3-T_3T_1)\omega^2} \tag{7.21}$$

式中 $|G(\mathrm{i}\omega)|$——系统频率特性的模,即 $|G(\mathrm{i}\omega)|=\frac{r_0}{\delta_0}=\frac{\text{输出量的幅值}}{\text{输入量的幅值}}$,表示在各种频率下的系统的输出量与输入量幅值之比,称为系统的幅频特性;

$\arg G(\mathrm{i}\omega)$——频率特性的幅角,即各种频率下系统的输出量与输入量之相位差 ϕ,称为系统的相频特性。

系统的幅频特性和相频特性统称为系统的频率特性。系统的频率特性可以用试验来求得。

1. 正弦操舵试验

(1)试验目的

测定船舶中、高频范围的频率特性。

(2)试验方法

船在预定航向上稳速直航,用专门的装置(如电机带动偏心装置)使舵角以某一频率按正弦规律连续转动。经过一段时间,待船的运动稳定后,记录下舵角和转艏角速度曲线。一次试验结束。

以同样方法进行其他转舵频率下的试验。

(3)试验应取得的主要参数和分析方法

图 7.5 为进入稳态后的某一转舵频率下的正弦转舵试验记录,从图上可直接读得舵角幅值 δ_0,此转舵频率下的转艏角速度的幅值 r_0,以及 r 与 δ 的相位差 φ(也即频率特性的幅角),r_0/δ_0 即为此频率下频率特性的模 $|G(\mathrm{i}\omega)|$。所有频率下频率特性的模 $|G(\mathrm{i}\omega)|$ 和幅角,即组成船 - 舵系统的频率特性。

频率特性一般用对数坐标来表示,称为对数频率特性图,又称伯德(Bode)图(图7.6)。对数幅频特性曲线的纵坐标是 $20\lg|G(\mathrm{i}\omega)|$,采用普通的均匀分度,其单位为分贝(dB),即 $20\lg|G(\mathrm{i}\omega)|=1$ dB。对数幅频特性曲线的横坐标是 $\lg\omega$,当频率 ω 增大 10 倍,在横轴上增加一个单位,称为“十倍频程”。

相频特性曲线的纵坐标是相角 $\phi=\arg G(\mathrm{i}\omega)$,单位是(°),采用普遍的均匀分度,其横坐标与对数幅频特性相同。

表示频率特性的对数幅频特性曲线和对数相频特性曲线统称为伯德图,如图 7.6 所示。

伯德图的优点：展宽了图形的频率范围，因为其每一单位长度表示频率增加10倍；绘制系统的伯德图很方便，因为对数把乘法变成了加法。

伯德图全面表示了系统的频率特性。对于研究船的开环操舵特性和设计自动操舵装置都很有帮助。

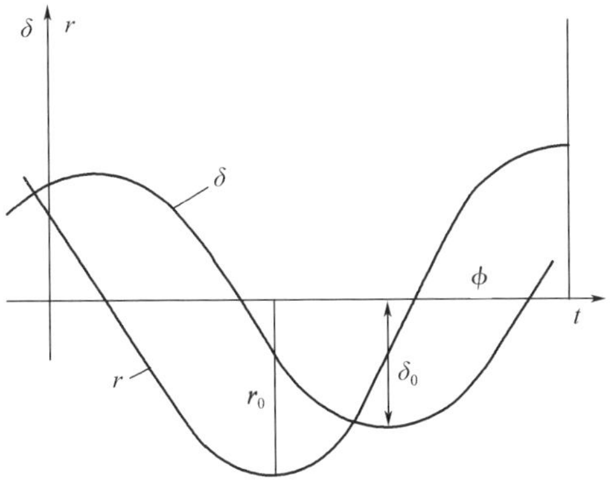

图7.5 正弦操舵试验记录

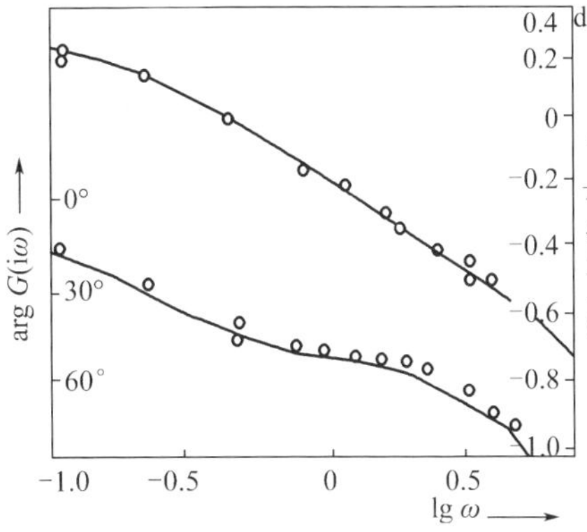

图7.6 伯德图

若要确定式(7.12)的系数 K、T_1、T_2、T_3，可用四个不同频率正弦操舵试验确定的 $|G(i\omega)|=r_0(\omega)/\delta(\omega)$，从式(7.20)解出 K、T_1、T_2、T_3，也可用伯德图和式(7.20)按最小二乘法求得 K、T_1、T_2、T_3。

原则上讲用正弦操舵试验可求得船－舵系统的开环频率特性，但实际上由于在低频范围内试验所需的水域较大，且易受外界干扰影响而精度很低。一般来说，正弦操舵试验能比较正确地确定中、高频率时的船－舵特性。

2. 平行移动操舵试验

(1)试验目的

测试、分析船舶低频范围的频率特性。

(2)试验方法

船在预定航向上稳速直航，操舵右5°，并保持此舵角至艏向改变3°时，立即操舵左5°并保持此舵角，待艏向折回距原航向为1°时，再操舵右5°并保持此舵角，当艏向快折回到原航向时(一般为0.5°)，立即转换成自动操舵，并按比例操舵使船保持原预定航向。

从操左舵开始，按同样方法进行试验。

平行移动试验，要求船在试验的前后航向保持平行，只是横方向平行移动一段距离。实船进行一次低频平行移动试验，一般只需要15 min左右，比较方便实用，但只能在有自动操舵装置的船上进行。对于试验时有初始转艏角速度、直航压舵角及试验前后航向不完全平行等所引起的误差，应进行修正。

图7.7为一次平行移动试验的记录。

(3)试验应取得的主要参数及分析方法

试验需记录舵角、艏向角、转艏角速度及船重心的轨迹。

对试验结果进行谐和分析，可求得低频范围的操舵频率特性。

由传递函数的定义，转艏角速度 r 和舵角 δ 二者拉普拉斯变换的比值即为传递函数，即

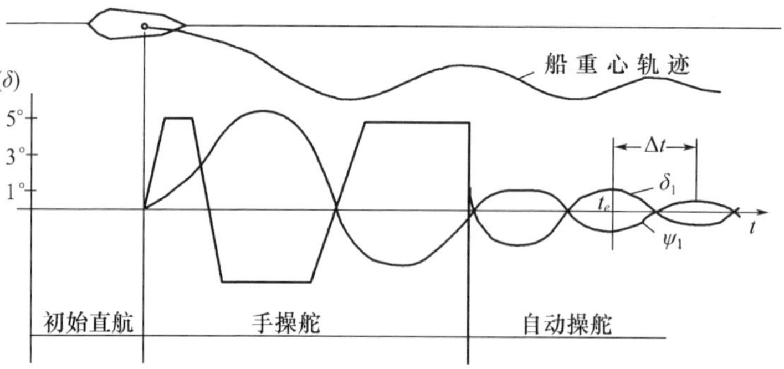

图 7.7　平行移动试验记录

$$G(s) = \frac{L[r(t)]}{L[\delta(t)]} = \frac{\int_0^{\infty} e^{-st} r(t)\,dt}{\int_0^{\infty} e^{-st} \delta(t)\,dt} \tag{7.22}$$

令 $s = \alpha + i\omega$，则频率特性 $G(i\omega)$ 可表示为

$$G(i\omega) = \lim_{\alpha \to 0} G(\alpha + i\omega) = \lim_{\alpha \to 0} \frac{\int_0^{\infty} e^{-(\alpha+i\omega)t} r(t)\,dt}{\int_0^{\infty} e^{-(\alpha+i\omega)t} \delta(t)\,dt} = \frac{\int_0^{\infty} e^{-i\omega t} r(t)\,dt}{\int_0^{\infty} e^{-i\omega t} \delta(t)\,dt} \tag{7.23}$$

将平行移动试验的记录 $r(t)$、$\delta(t)$ 代入式(7.23)，以不同的频率 ω 值进行数值积分，即可求得船－舵开环系统的频率特性。

由于试验中转艏角速度的数值较小，故直接按式(7.23)积分求 $G(i\omega)$ 精度不高，用 $\psi(t)$ 对式(7.23)作一变换(不用 $r(t)$)。由于函数的导函数的拉普拉斯变换为

$$L[f'(t)] = sF(s) - f(0) \tag{7.24}$$

函数的积分的拉普拉斯变换为

$$L\left[\int_0^t f(t)\,dt\right] = \frac{1}{s}F(s) \tag{7.25}$$

式中，$F(s)$ 为函数的拉普拉斯变换。

应用式(7.24)和式(7.25)，并考虑到 $t = 0$ 时，$\delta = \psi = r = 0$，则有

$$G(s) = \frac{R(s)}{\Delta(s)} = \frac{s\psi(s)}{\Delta(s)} = \frac{\psi(s)}{\frac{1}{s}\Delta(s)} = \frac{\int_0^{\infty} e^{-st} \psi(t)\,dt}{\int_0^{\infty} e^{-st} \int_0^{\tau} \delta(\tau)\,d\tau dt}$$

频率特性为

$$G(i\omega) = \lim_{\alpha \to 0} \frac{\int_0^{\infty} e^{-(\alpha+i\omega)t} \psi(t)\,dt}{\int_0^{\infty} e^{-(\alpha+i\omega)t} \int_0^{\tau} \delta(\tau)\,d\tau dt} = \frac{\int_0^{\infty} e^{-i\omega t} \psi(t)\,dt}{\int_0^{\infty} e^{-i\omega t} \int_0^{\tau} \delta(\tau)\,d\tau dt} \tag{7.26}$$

由于试验中 ψ 的变化值较 r 的变化值大得多，故用式(7.26)来求 $G(i\omega)$，使精度有较大提高。

$\psi(t)$ 和 $\delta(t)$ 的记录可分成两段，即过渡过程阶段和自动舵激起的定常衰减振荡阶段。

只要时间 t_e 选得足够大,则用一个稳定衰减振荡来表示 t_e 以后的试验记录是相当符合的。于是在 $0\sim t_e$ 段可按 $\psi(t)$、$\delta(t)$ 的试验记录进行数值积分;在 $t_e\sim\infty$ 段则按 $\psi(t)$、$\delta(t)$ 的衰减振荡表示式进行积分,即将 $\psi(t)$、$\delta(t)$ 表示为

$$\psi(t) = \psi_1 e^{-\tau/T_\psi}\cos(\omega t + \phi_\psi) \tag{7.27}$$

$$\delta(t) = \delta_1 e^{-\tau/T_\delta}\cos(\omega t + \phi_\delta) \tag{7.28}$$

式中 ψ_1、δ_1——t_e 时刻 ψ、δ 曲线的幅值,可从试验曲线获得;

T_ψ、T_δ——ψ、δ 的衰减时间常数;

ϕ_ψ、ϕ_δ——$t=t_e$ 时 ψ、δ 的相位角,可从试验曲线获得。

T_ψ 和 T_δ 值可从试验曲线由式(7.29)、式(7.30)求得

$$T_\psi = \frac{\Delta t}{\ln\psi_n - \ln\psi_{n+1}} \tag{7.29}$$

$$T_\delta = \frac{\Delta t}{\ln\delta_n - \ln\delta_{n+1}} \tag{7.30}$$

式中 Δt——衰减振荡曲线相邻两振幅间的时间间隔;

ψ_n、ψ_{n+1}——ψ 衰减振荡曲线任意两相邻的振幅值;

δ_n、δ_{n+1}——δ 衰减振荡曲线任意两相邻的振幅值。

于是式(7.26)成为

$$\begin{aligned} G(\mathrm{i}\omega) = &\int_0^{t_e}(\cos\omega t - \mathrm{i}\sin\omega t)\psi(t)\,\mathrm{d}t + \int_{t_e}^{\infty}(\cos\omega t - \mathrm{i}\sin\omega t)\psi_1 e^{-\frac{t}{T_\psi}}\cos(\omega t + \phi_t)\,\mathrm{d}t + \\ &\int_0^{t_e}(\cos\omega t - \mathrm{i}\sin\omega t)\int_0^{t_e}\delta(\tau)\,\mathrm{d}\tau\mathrm{d}t + \int_{t_e}^{\infty}(\cos\omega t - \mathrm{i}\sin\omega t)\Big[\int_0^{t_e}\delta(\tau)\,\mathrm{d}\tau + \\ &\int_{t_e}^{\infty}\delta_1 e^{-\frac{t}{T_\delta}}\cos(\omega t + \phi_\delta)\,\mathrm{d}\tau\Big]\mathrm{d}t \end{aligned} \tag{7.31}$$

给定各种频率值 ω,由式(7.31)可计算出频率特性 $G(\mathrm{i}\omega)$。实践表明,在 $\lg\omega'\leqslant 0.2$($\omega'=\omega L/V$,为无量纲频率)的低频率范围内,由平行移动试验确定的频率特性有较好的精度。如将正弦操舵试验求得的中、高频范围($\lg\omega'>0.2$)的操舵频率特性和平行移动试验求得的低频率范围的频率特性画在一张伯德图上,就能较好地获得整个频率特性。

7.1.4 正螺线和逆螺线试验

1. 试验目的

评价船的稳定性,测定不稳定船的滞后环的环宽和环高。

2. 试验方法

(1)正螺线试验 船在预定航向上稳速直航,操舵右 15°,把定舵角,不断测定回转角速度 r(利用角速度陀螺或船上的罗经、时钟)。当 r 稳定后,回舵至右 10°,并把定舵角,待 r 再次稳定后,将舵转到下一个舵角,继续进行试验。

整个试验的操舵顺序:+15°(右)→+10°→+5°→+3°→+1°→0°→-1°(左)→-3°→-5°→-10°→-15°。

正螺线试验是固定一系列舵角,被动地等待船的 r 稳定。试验需时间长、场地大、易受风浪干扰,且测不出稳定区的 $r-\delta$ 曲线(图 4.19 中的 fOl 段)。贝茨(Bech)于 1966 年提出逆螺线试验,即选定一系列 r 值,通过试验来确定舵角 δ 值。

(2)逆螺线试验　预先选定一系列回转角速度 r 值(根据回转试验或经验),操适当的舵角,当船达到适当的 r 值时,通过操舵尽可能精确地保持此 r 值,测定此舵角的平均值。

3. 试验应取得的主要参数

作出 $r-\delta$ 曲线(图 4.18 或图 4.19)。对于稳定的船,在 $r-\delta$ 曲线上量取原点的斜率 $\mathrm{d}r\mathrm{d}\delta$;对于不稳定的船,量取滞后环的宽度和高度。

用螺线试验来评定船的稳定性,试验工作量大,回舵试验可迅速、简便地鉴定船的稳定性。

7.1.5　回舵操纵试验

1. 试验目的

迅速、简便地评定船的稳定性和不稳定程度。

2. 试验方法

船在预定航向上稳速直航,操舵右 10°,稳定舵角。当船的回转角速度稳定后,操舵回中,并不断测量船的回转角速度 r。若最终 r 为零,则一次试验结束。若 r 为某一稳定剩余值 r_0,则操左舵并逐渐增大舵角,当船突然向左回转,记下该舵角,即为临界舵角 δ_k,一次试验结束。

用同样方法操舵左 10°进行试验。

3. 试验应取得的主要参数

画出回转角速度的时历曲线 $r(t)$,如图 7.8 所示。

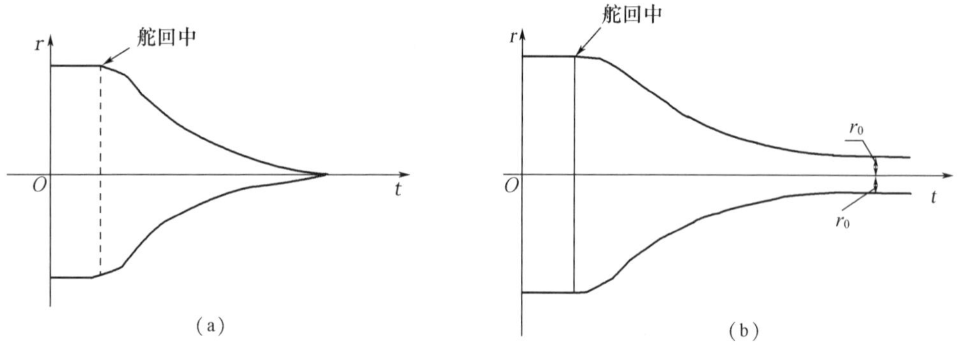

图 7.8　回舵操纵试验结果

(a)稳定类船;(b)不稳定类船

对于不稳定的船,左右临界舵角之和即为滞后环的环宽,左右舵角 $r(t)$ 曲线剩余回转角速度值 r_0 之和即为滞后环高。

对于直线稳定的船,$\ln r-t$ 曲线(图 7.9)的斜率可表示稳定程度:

$$\frac{\mathrm{d}(\ln r)}{\mathrm{d}t}=\tan\theta=-\frac{1}{T}$$

即野本稳定性指数的倒数,所以 $\mathrm{d}(\ln r)/\mathrm{d}t$ 愈大,稳定性愈好。

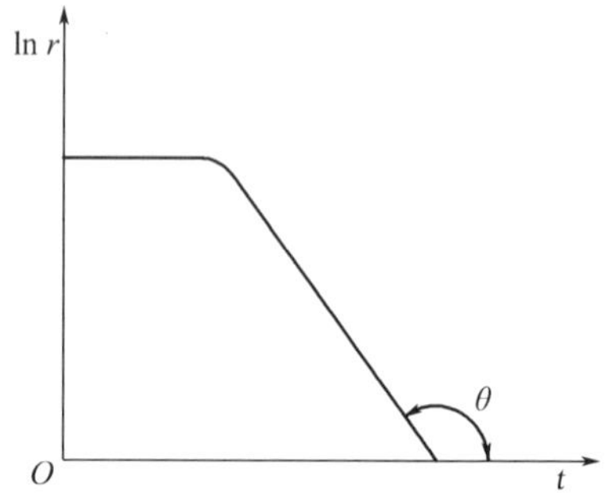

图 7.9　$\ln r-t$ 关系曲线

7.1.6 变航向试验

变航向试验是分析船在中等舵角下的转向性能的一种简易而实用的试验方法。

1. 试验目的

画出变航向数据图,供操舵参考使用。

2. 试验方法

船在预定航向上稳速直航,操舵右 15°,保持此舵角不动,当艏向角改变达到 10°(记为 ψ_2)时,即操舵左 15°,并保持此舵角。在船停止向右回转而要开始向左回转的瞬时,操舵回中,使船保持在新的航向(记为 ψ_4)上航行。

按上述方法,进行艏向角改变 ψ_2 = 右 20°、右 30°和左 10°、左 20°、左 30°的试验。

3. 试验应取得的主要参数

试验过程中连续记录 $\delta(t)$ 和 $\psi(t)$,当无角速度陀螺时,可只记录图 7.10 中的时间 t_1、t_2、t_4,以及 t_2、t_4 所对应的艏向角 ψ_2、ψ_4。

按下式计算变航向距离 x_c:

$$x_c = \frac{1}{2}Vt_4 + \frac{1}{2}L$$

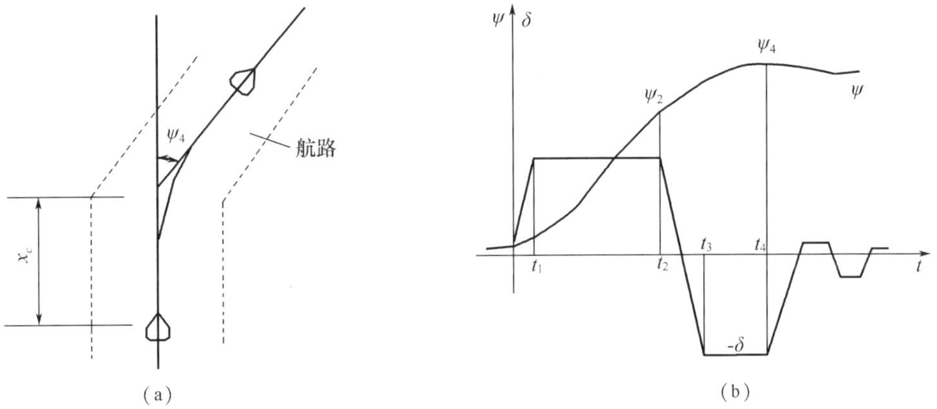

图 7.10 变航向试验示意图

作出 $x_c - \psi_2$ 和 $\psi_4 - \psi_2$ 曲线为变航向数据图(图 7.11)。

7.1.7 停船试验(包括主机停车和全工况倒车)

1. 试验目的

测定船从航行状态至停船所滑行的距离。

2. 试验方法

船在预定航向上稳速直航,发紧急倒车(或停车)令,测量船重心轨迹(方法与测量回转轨迹同)和艏向角,直至船停止前进(一般截止速度为 1 kn),并记录发令、螺旋桨转速为零、螺旋桨全工况倒转和船停止前进的时间。

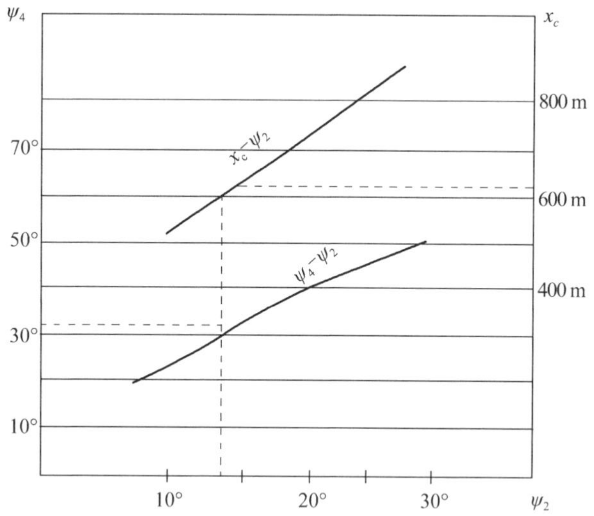

图 7.11　变航向数据图

3. 试验应取得的主要参数

从停船试验轨迹图上测量停船冲程、停船迹程、停船横距和偏航角。

7.1.8　倒航试验

1. 试验目的

测定船在倒航情况下的稳定性和方向控制能力。

2. 试验方法

船按设计倒车工况倒车。不操舵，如船自动进行回转，则船不具有倒航稳定性，测定此自动回转圈直径 D_0 或回转角速度 r_0。操舵，舵角由小逐渐增大，直至船脱离回转，记下此舵角值 δ_k；再操满舵，测定其回转直径。如不操舵船能保持直航，则船具有倒航稳定性，操满舵测定倒航回转直径 D_{min}。

3. 试验应取得的主要参数

倒航无量纲自动回转角速度 $r_0'=2L/D_0$，倒航可操纵舵角 δ_k 和最小回转直径 D_{min}。

若 $r_0'=0, \delta_k=0$，则船不会自动回转，倒航是稳定的。若操满舵，船仍保持直航，则倒航不可操纵。

若 $r_0'\neq 0, \delta_k\neq 0$，则倒航是不稳定的。$r_0'$、$\delta_k$ 愈大，则倒航愈不稳定。若 δ_k 超过最大舵角，则倒航不可操纵。

7.2　船 模 试 验

目前要比较精确地确定水动力导数，需进行拘束船模试验。拘束船模试验是用机械的拘束，强迫船模作规定的运动。试验时系统地改变运动参数，测定作用在船模上的水动力，从而求得各水动力导数。用拘束船模试验确定水动力导数，可用斜航试验（ORT）、旋臂试验（RAT），平面运动机构试验（PMM）或圆运动试验。试验时船模一般装有全部附体和驱动电机,船模螺旋桨的转速相当于实船工作状态,船速按实船傅汝德数确定。下面简要介绍试验和求水动力导数的方法。

7.2.1 斜航试验

斜航试验在普通长条形水池中进行,用来确定漂角和舵角的位置导数。试验时船模安装在拖车上,中纵剖面与水池中心线成一夹角 β,以航速 V 作等速斜航运动(图7.12)。

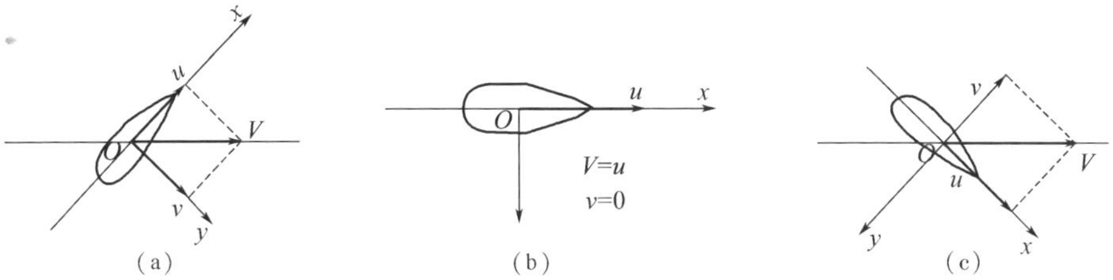

图7.12 船模斜航运动

系统地改变漂角 β 和舵角 δ,用多分力天平测量船模所受的拘束力 X、Y、N,从而可求得诸水动力位置导数。

船体水动力由水平的前后各一组应变片式传感器 X_1、Y_1、L_1 和 X_2、Y_2、L_2 测量,经换算后可得到船体纵向力 $X=a_1X_1+a_2X_2$、横向力 $Y=b_1Y_1+b_2Y_2$、横摇力矩 $L=c_1L_1+c_2L_2$、艏摇力矩 $N=b_1Y_1l_1-b_2Y_2l_2$,其中 a_1、a_2、b_1、b_2、c_1、c_2 为测量信号与力的比例系数,l_1、l_2 为 Y_1、Y_2 传感器至船舯的距离。舵的三分力 X_R、Y_R、N_R 由舵力仪测量,螺旋桨推力、扭矩由螺旋桨动力仪测量。上述各种测量信号先输入低通滤波放大器进行初级放大、平滑后,由A/D(模/数)转换板将模拟量转换为数字量,并进一步放大,再输入计算机,由计算机采样、求均值后打印输出。

图7.13～图7.15为一艘集装船模ORT测得的 X'、Y' 和 N' 及其回归数据(CMT)曲线。

斜航时船模所受之水动力可表示为

$$\begin{cases} X = X_0 + X_{vv}v^2 \\ Y = Y_v v + Y_{vvv}v^3 \\ N = N_v v + N_{vvv}v^3 \end{cases} \tag{7.32}$$

按上式用最小二乘法回归可求得诸水动力位置导数 X_{vv}、Y_v、Y_{vvv}、N_v、N_{vvv}。

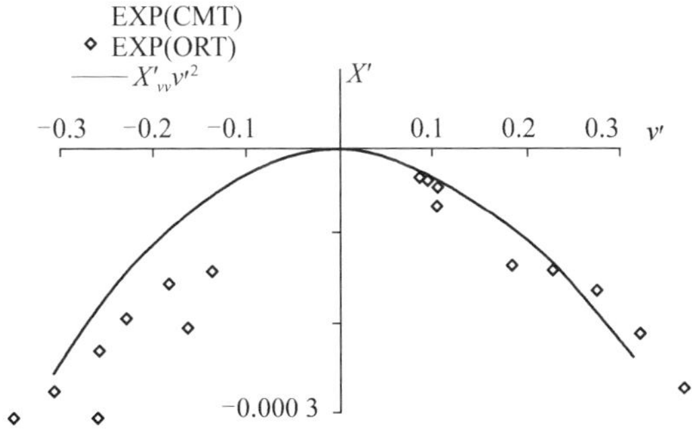

图7.13 $X'-v'$ 曲线

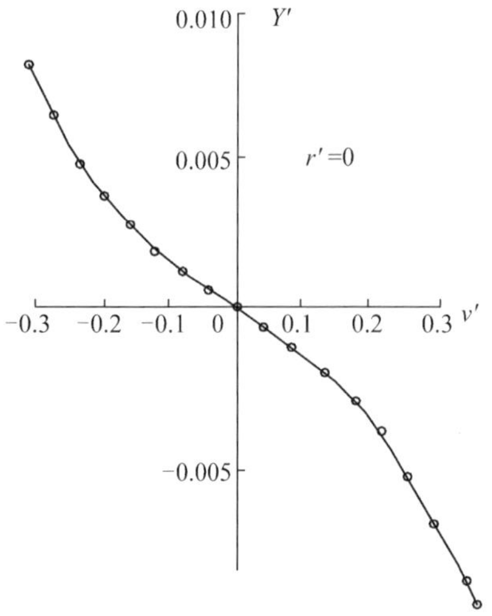

图 7.14 **Y′ – v′曲线**

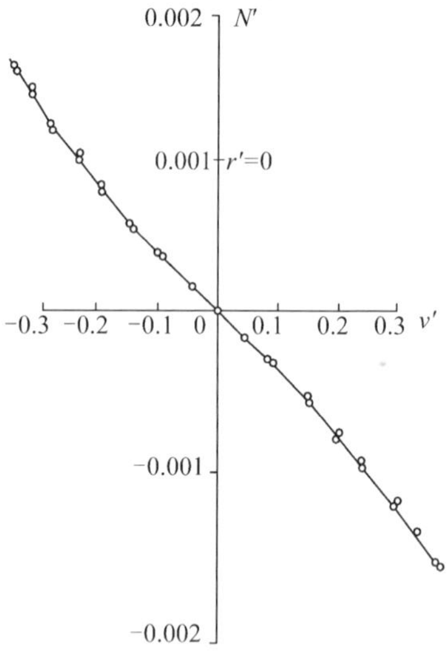

图 7.15 **N′ – v′曲线**

若采用"整体型"数学模型(将船体、螺旋桨和舵看作一个整体,如阿柏科维茨方程),尚需求舵角导数和 v、δ 的交叉耦合导数,需系统地改变 β 和 δ 进行 ORT(对于"分离型"数学模型,如 MMG 方程,则不需要求耦合导数,而是确定船、桨、舵相互之间的水动力干扰系数,这将在以后阐述)。图 7.16 和图 7.17 为海员型(Mariner)船模对于一系列 β 和 δ 的试验结果。

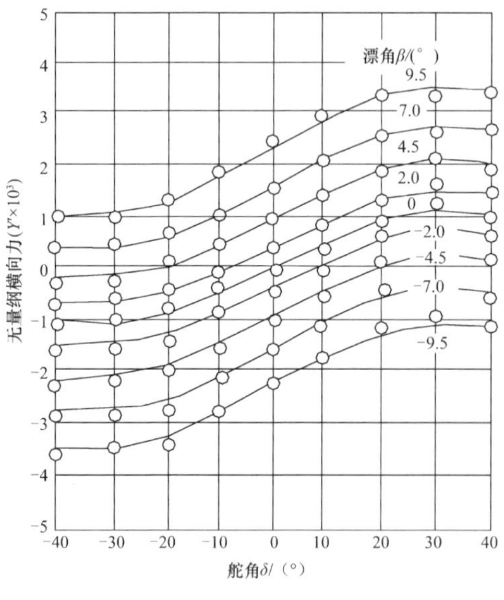

图 7.16 **Y′(β,δ)曲线**

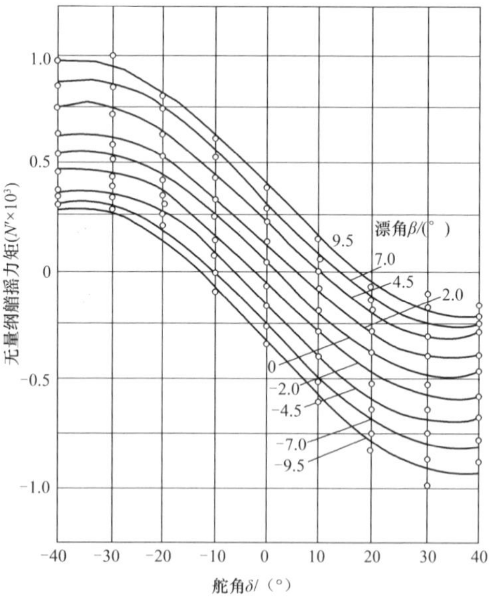

图 7.17 **N′(β,δ)曲线**

船模的水动力可表示为

$$\begin{cases} X = X_0 + X_{vvv}v^2 + X_\delta \delta^2 + X_{v\delta} v\delta \\ Y = Y_0 + Y_v v + Y_{vvv}v^3 + Y_\delta \delta + Y_{\delta\delta\delta}\delta^3 Y_{vv\delta} v^2 \delta + Y_{v\delta\delta} v\delta^2 \\ N = N_0 + N_v v + N_{vvv} v^3 + N_\delta \delta + N_{\delta\delta\delta}\delta^3 + N_{vv\delta} v^2\delta + N_{v\delta\delta} v\delta^2 \end{cases} \tag{7.33}$$

对于试验结果($X'(\beta,\delta)$曲线,未画出),按上式回归,可得诸位置导数和交叉耦合导数。

对于集装箱船、滚装船和高速军舰等回转中横倾角较大的船,需计算横摇运动及其对回转运动的耦合影响,试验时还需要系统地改变横倾角 φ 及测量对 Ox 轴的力矩 L。图7.18～图7.21为某集装箱船的 ORT 结果。ORT 确定位置导数精确性较好,但不能求得旋转导数及与旋转有关的交叉耦合导数,也不能求得加速度导数。所以必须与其他试验一起才能求得操纵性所需的全部水动力导数。

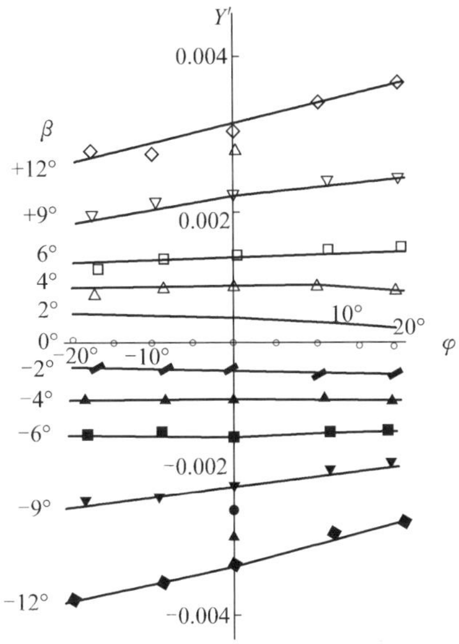

图 7.18　Y'与β、φ的关系

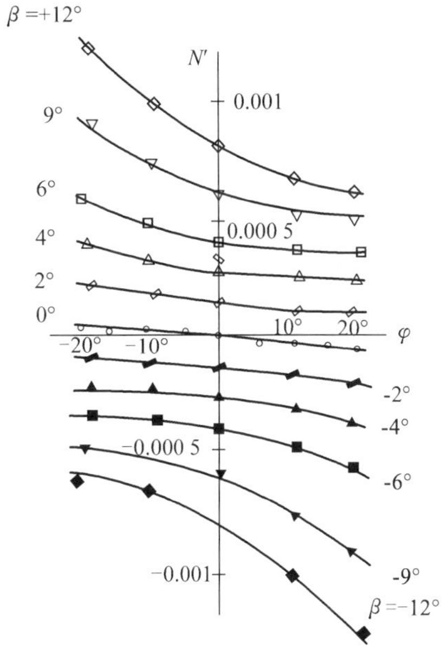

图 7.19　N'与β、φ的关系

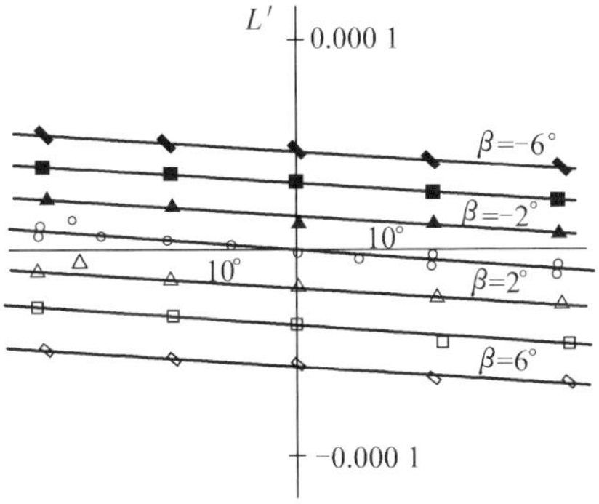

图 7.20　L'与β、φ的关系

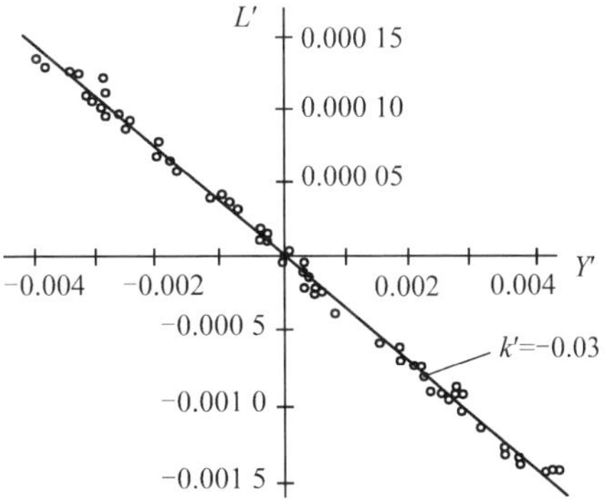

图 7.21　L'与Y'的关系

7.2.2 旋臂试验

旋臂试验是在圆形的旋臂水池中进行的。水池有一横臂,一端置于池壁的轨道上,可绕水池中心以不同的角速度 r 旋转(图 7.22)。船模以某一漂角 β 和舵角 δ 安装在旋臂的某一半径 R 处。试验时船模即以一定的 R、r、β、δ 作定常圆周运动。用多分力天平测量船模给予天平与船模连接点的拘束力,即可求得诸水动力导数。

图 7.22 旋臂试验装置图

图 7.23 与图 7.24 是 60 系列船模的 RAT 结果。

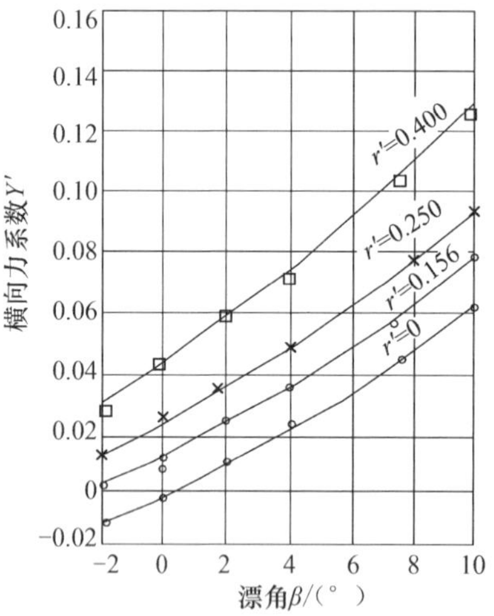

图 7.23 Y' 与 β、r' 的关系

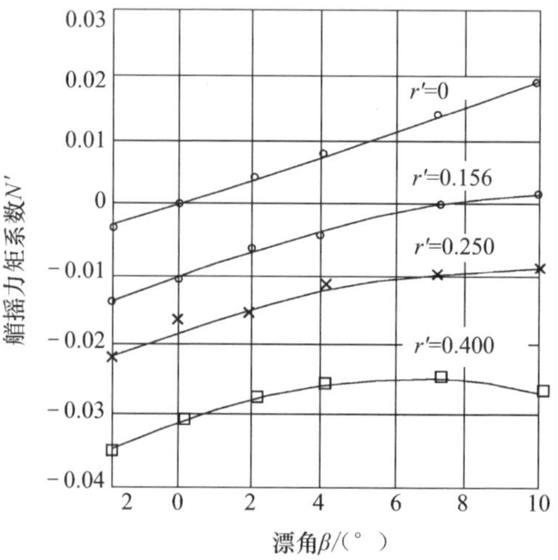

图 7.24 N' 与 β、r' 的关系

将船模所受的黏性水动力表示为

$$\begin{cases} X' = X'_0 + X'_{vv}v^2 + X'_{vr}vr + X'_{rr}r^2 \\ Y' = Y'_v v' + Y'_r r' + Y'_{vvr}v'r'^2 + Y'_{vvv}v'^3 + Y'_{rrr}r^3 \\ N' = N'_v v' + N'_r r' + N'_{vvr}v'^2 r' + N'_{vrr}v'r^2 + N'_{vvv}v'^3 + N'_{rrr}r^3 \end{cases} \tag{7.34}$$

对于试验结果按上式用最小二乘法回归,可求得船体诸水动力导数。

旋臂试验时船模作定常圆周运动,故测定的旋转导数及有关旋转的交叉耦合导数较准确。但当回转角速度 r 较小时,由于船模本身的质量离心力所占成分大,扣除后可能已在测量误差范围内,可靠性差。另外 RAT 不能测定加速度导数,也不能精确测定位置导数。因试验时船模作圆周运动,$r \neq 0$,位置导数只能用外插法求得。RAT 装置设备庞大复杂、用途窄,有被其他费用低、用途多的设备所取代的趋势。

7.2.3 平面运动机构试验

1. 机构及方法

在普通的长条形拖曳水池的拖车上安装 PMM,使船模在沿水池中心线等速运动的同时,作横方向和艏摇角的简谐振荡运动。测量船模所受的水动力,可求得计算船舶操纵运动所需的各种加速度导数和速度导数。

PMM 分为垂直型的和水平型,前者用于潜艇模型试验,后者用于水面船舶。PMM 也分为小振幅和大振幅,前者只能测定线性水动力导数,后者还可以测定非线性水动力导数。PMM 的优点是可利用普通的长条形水池,求得各种加速度导数和速度导数,费用低而用途广。不足之处为受水池长度的限制,振荡的频率不能太低,否则一个航次不能完成所需的振荡次数。而船舶操纵运动是低频运动,要求接近于零频率的水动力导数(若振荡频率高了,使水动力导数有变化)。也有将 PMM 安装在环形水槽上的,这时船模不前进,水以一定的速度流向船模,就可以作频率很低的振荡。且 PMM 和测量仪器是安装在不动的支架上,不同于安装在拖车上,安装在拖车上工作时引起拖车振动,影响测量精度。而在循环水槽中进行 PMM 试验的困难在于流速高时水槽中的水面很难保持水平和不起波,以及使水槽工作断面上各处的流速均匀。

PMM 的构造形式很多,小振幅 PMM 利用双曲柄连杆机构组成(图 7.25),用调整曲柄长度 α 和转动角速度 ω 来改变振荡的振幅和频率,调整前后二曲柄转动的相位差 ϕ 来改变艏摇运动。大振幅 PMM 多用单支点,船模可绕支轴转动作艏摇运动。数控平面拖车有主拖车 X 和副拖车 Y(图 7.26),主拖车沿水池中心线方向运动,而副拖车在主拖车上作横向运动(有点还装有副拖车 ΔX,以便小量改变 x 方向速度)。船模安装在副拖车上,且有转动装置可改变船模的艏向角。用计算机控制船模的速度和艏向角可使船模的横向位移和艏摇角作大振幅简谐振荡。

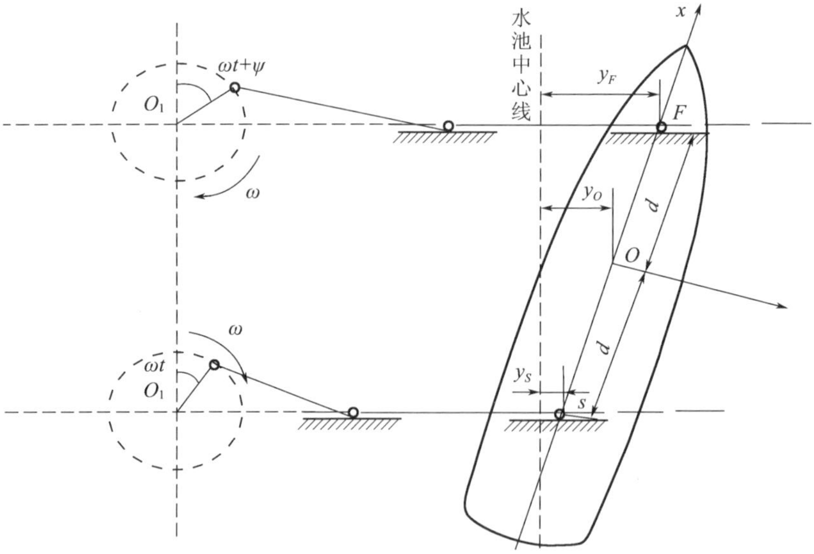

图 7.25　双曲柄连杆机构示意图

图 7.26　数控拖车

PMM 能使船模作以下几种运动：

(1)斜航运动　$r=0, v=$定值(图 7.27)。

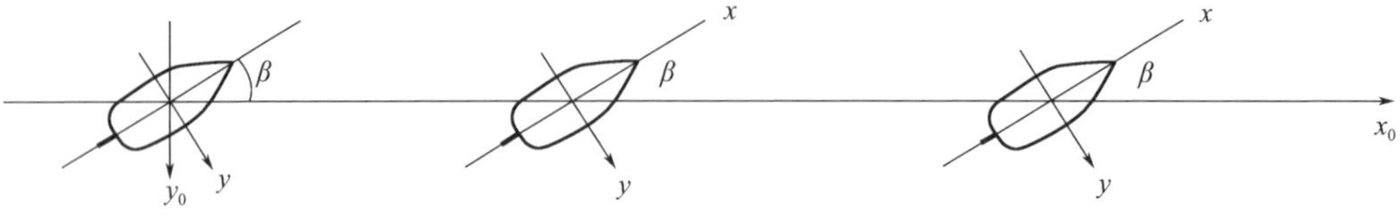

图 7.27　斜航运动

(2)纯横荡运动　$\psi = r = 0, y = a\sin \omega t$(图 7.28)。

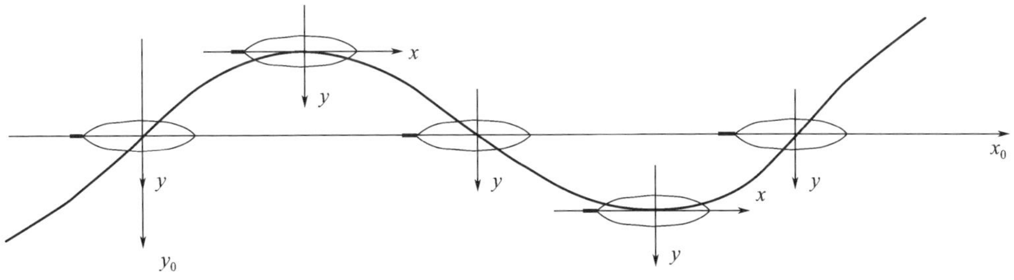

图 7.28　纯横荡运动

(3)纯艏摇运动　$v = 0$,船模中纵剖面始终与合速度的方向一致(图 7.29)。

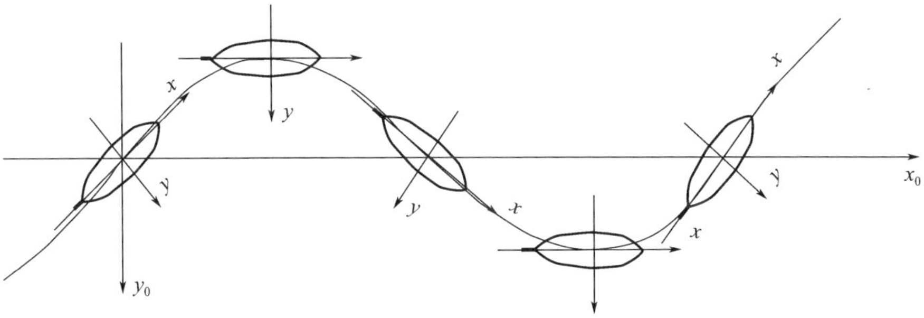

图 7.29　纯艏摇运动

(4)以上三种运动的组合运动(图 7.30)。

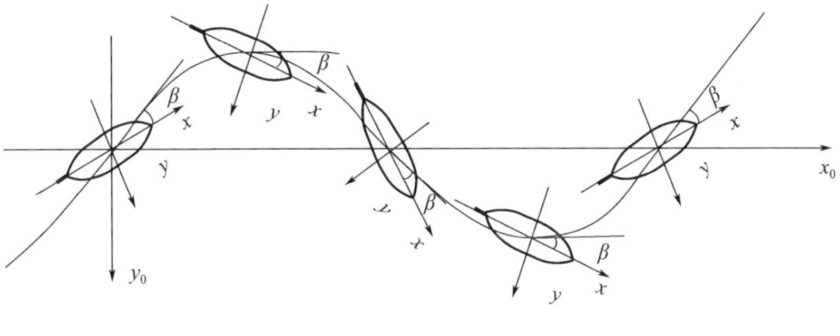

图 7.30　组合运动

2. 由 PMM 试验确定水动力导数的原理

(1)线性水动力导数

①由纯横荡运动确定位置导数和线加速度导数

使船模 $r = \psi = 0$,而作纯横荡运动

$$\begin{cases} y = a\sin \omega t \\ v = \dot{y} = a\omega\cos \omega t \\ \dot{v} = \ddot{y} = -a\omega^2\sin \omega t \end{cases} \tag{7.35}$$

可以看出，$\dot{v}$ 与 $-y$ 同相位，而 v 与 y 相位差 $\pi/2$。

设测力计测得的拘束横向力 $\bar{Y}$ 和力矩 $\bar{N}$ 为

$$\begin{cases} \bar{Y} = Y_0\sin(\omega t - \phi_y) \\ \bar{N} = N_0\sin(\omega t - \phi_N) \end{cases} \tag{7.36}$$

式中　Y_0、N_0——拘束力和力矩的幅值；

ϕ_y、ϕ_N——拘束力和力矩与横向位移的相位差。

将式(7.36)展开，得

$$\begin{cases} \bar{Y} = Y_0\cos \phi_r\sin \omega t - Y_0\sin \phi_r\cos \omega t = Y_s\sin \omega t + Y_\sigma\cos \omega t \\ \bar{N} = N_0\cos \phi_N\sin \omega t - N_0\sin \phi_N\cos \omega t = N_s\sin \omega t + N_\sigma\cos \omega t \end{cases} \tag{7.37}$$

式中

$$\begin{cases} Y_s = Y_0\cos \phi_r \\ Y_\sigma = -Y_0\sin \phi_r \\ N_s = N_0\cos \phi_N \\ N_\sigma = -N_0\sin \phi_N \end{cases} \tag{7.38}$$

其中　Y_s、N_s——拘束力 $\bar{Y}$ 和力矩 $\bar{N}$ 正弦分量的幅值；

Y_σ、N_σ——$\bar{Y}$ 和 $\bar{N}$ 余弦分量的幅值。

试验时，一般将原点取在船中，在纯横荡运动时 $r=0$，若不操舵 $\delta=0$，对于线性运动有

$$\begin{cases} \bar{Y} = (m - Y_{\dot{v}})\dot{v} - Y_v v \\ \bar{N} = (mx_G - N_{\dot{v}})\dot{v} - N_v v \end{cases} \tag{7.39}$$

将式(7.35)代入式(7.39)得

$$\begin{cases} \bar{Y} = (m - Y_{\dot{v}})(-a\omega^2\sin \omega t) - Y_v a\omega\cos \omega t \\ \bar{N} = (mx_G - N_{\dot{v}})(-a\omega^2\sin \omega t) - N_v a\omega\cos \omega t \end{cases} \tag{7.40}$$

比较式(7.37)和式(7.40)可得

$$\begin{cases} Y_v = -\dfrac{Y_\sigma}{a\omega} \\ Y_{\dot{v}} = \dfrac{Y_s}{a\omega^2} + m \\ N_v = -\dfrac{N_\sigma}{a\omega} \\ N_{\dot{v}} = \dfrac{N_s}{a\omega^2} + mx_G \end{cases} \tag{7.41}$$

所以，由纯横荡运动测量得 Y_0、N_0、ϕ_r、ϕ_N，即可由式(7.35)和式(7.38)求得上述诸水动力导数。由于 ORT(斜航试验)确定位置导数 Y_v、N_v 较准确，而 PMM 可作 ORT，所以通常只用纯横荡运动确定位置导数和线加速度导数。

②由纯艏摇运动确定旋转导数和角加速度导数

船模以速度 u_c 随拖车前进，同时垂直于水池方向作横荡运动

$$\eta_0 = a\sin \omega t$$

垂直于水池方向的速度为

$$u_R = \frac{\mathrm{d}\eta_0}{\mathrm{d}t} = a\omega\cos \omega t$$

船模的合速度方向为

$$\begin{cases} \psi \approx \tan \psi = \dfrac{u_R}{u_c} = \dfrac{a\omega}{u_c}\cos \omega t = \psi_0\cos \omega t \\ r = \dot{\psi} = -\dfrac{a\omega^2}{u_c}\sin \omega t = r_0\sin \omega t \end{cases} \tag{7.42}$$

因此，只要使船模以振幅 $r_0 = a\omega^2/u_c$ 作简谐振荡(对于双曲柄联杆 PMM 可调节前后两曲柄转动的相位差 ϕ 来实现)，则船模中心线随时与合速度方向一致，对于联船坐标系有 $v=0$，即船模作纯艏摇运动。

同样，可将船模所受的拘束力表示为

$$\begin{cases} \bar{Y} = Y_0\cos(\omega t - \phi_r) = Y_\sigma\cos \omega t + Y_s\sin \omega t \\ \bar{N} = N_0\cos(\omega t - \phi_N) = N_\sigma\cos \omega t + N_s\sin \omega t \end{cases} \tag{7.43}$$

$$\begin{cases} Y_\sigma = Y_0\cos \phi_r \\ Y_s = Y_0\sin \phi_r \\ N_\sigma = N_0\cos \phi_N \\ N_s = N_0\sin \phi_N \end{cases} \tag{7.44}$$

另一方面由式(2.32)，对于纯艏摇运动有

$$\begin{cases} \bar{Y} = (mx_G - Y_{\dot{r}})\dot{r} + (mu_c - Y_r)r \\ \bar{N} = (I_z - N_{\dot{r}})\dot{r} + (mx_Gu_c - N_r)r \end{cases} \tag{7.45}$$

将式(7.42)代入式(7.45)得

$$\begin{cases} \bar{Y} = (mx_G - Y_{\dot{r}})\left(-\dfrac{a\omega^3}{u_c}\right)\cos\omega t + (mu_c - Y_r)\left(-\dfrac{a\omega^2}{u_c}\right)\sin\omega t \\ \bar{N} = (I_z - N_{\dot{r}})\left(-\dfrac{a\omega^3}{u_c}\right)\cos\omega t + (mx_G u_c - N_r)\left(-\dfrac{a\omega^2}{u_c}\right)\sin\omega t \end{cases} \tag{7.46}$$

将式(7.46)与式(7.43)相比较可得

$$\begin{cases} Y_{\dot{r}} = \dfrac{Y_c}{\dfrac{a\omega^3}{u_c}} + mx_G \\ Y_r = \dfrac{Y_s}{\dfrac{a\omega^2}{u_c}} + mu_c \\ N_{\dot{r}} = \dfrac{N_c}{\dfrac{a\omega^3}{u_c}} + I_z \\ N_r = \dfrac{N_s}{\dfrac{a\omega^2}{u_c}} + mx_G u_c \end{cases} \tag{7.47}$$

所以由纯艏摇运动测量得拘束力 Y_0、N_0 及相位差 ϕ_r,ϕ_N,即可按式(7.44)和式(7.47)求得角速度导数 Y_r、N_r,以及角加速度导数 $Y_{\dot{r}}$、$N_{\dot{r}}$。

(2)区间积分法

实际上在用 PMM 试验确定诸水动力导数时,并不需要从测量记录上量取 Y_0、N_0、ϕ_r 和 ϕ_N,而可利用三角函数的性质,运用一些计算技巧,并制成专门的仪器(相位分析仪)将测量的表示 $\bar{Y}$、$\bar{N}$ 的电压值分解成正弦成分 Y_s、N_s 和余弦成分 Y_c、N_c。下面简要介绍一种变极性积分法,是将正、余弦函数选择一定的区间改变符号,进行积分,即得到正弦成分和余弦成分。

设有正弦函数 $y = Y_0\sin(\omega t - \phi)$,对函数 y 作以下运算

$$\begin{cases} \dfrac{1}{4}\displaystyle\int_0^{\pi} y\mathrm{d}(\omega t) - \dfrac{1}{4}\int_{\pi}^{2\pi} y\mathrm{d}(\omega t) = Y_0\cos\phi = Y_s \\ \dfrac{1}{4}\displaystyle\int_0^{\frac{\pi}{2}} y\mathrm{d}(\omega t) - \dfrac{1}{4}\int_{\frac{\pi}{2}}^{\frac{3\pi}{2}} y\mathrm{d}(\omega t) + \dfrac{1}{4}\int_{\frac{3\pi}{2}}^{2\pi} y\mathrm{d}(\omega t) = Y_0\sin\phi = Y_c \end{cases} \tag{7.48}$$

对余弦函数 $y = Y_0\cos(\omega t - \phi)$ 作以下运算

$$\begin{cases} \dfrac{1}{4}\displaystyle\int_0^{\pi} y\mathrm{d}(\omega t) - \dfrac{1}{4}\int_{\pi}^{2\pi} y\mathrm{d}(\omega t) = Y_0\sin\phi = Y_s \\ \dfrac{1}{4}\displaystyle\int_0^{\frac{\pi}{2}} y\mathrm{d}(\omega t) - \dfrac{1}{4}\int_{\frac{\pi}{2}}^{\frac{3\pi}{2}} y\mathrm{d}(\omega t) + \dfrac{1}{4}\int_{\frac{3\pi}{2}}^{2\pi} y\mathrm{d}(\omega t) = Y_0\cos\phi = Y_c \end{cases} \tag{7.49}$$

所以只要用相位开关在相位为 π 和 $\dfrac{\pi}{2}$、$\dfrac{3\pi}{2}$ 时,改变测量值的符号,在一个周期内进行积分,则得到测量值的正弦和余弦分量。

(3)非线性导数

当 v、r 较大时,水动力需包含 v、r 的高次项。下面简要说明由 PMM 试验确定非线性导数的方法。

①由 ORT 确定诸位置导数

PMM 可作 ORT,ORT 可确定诸位置导数 X_{vv}、Y_v、Y_{vvv}、N_v、N_{vvv},且精确性较好。

②由纯艏摇运动确定诸旋转导数

纯艏摇运动的黏性水动力(已去除惯性力部分)可表示为

$$\begin{cases} Y(r) = Y_r r + Y_{rrr} r^3 \\ N(r) = N_r r + N_{rrr} r^3 \end{cases} \tag{7.50}$$

以 $r = r_0 \sin \omega t$ 代入,并在一个周期内进行区间变号积分,得

$$\begin{cases} \dfrac{1}{4}\displaystyle\int_0^{\pi} Y(r)\mathrm{d}(\omega t) - \dfrac{1}{4}\displaystyle\int_{\pi}^{2\pi} Y(r)\mathrm{d}(\omega t) = Y_r r_0 - \dfrac{1}{9} Y_{rrr} r_0^3 \\ \dfrac{1}{4}\displaystyle\int_0^{\pi} N(r)\mathrm{d}(\omega t) - \dfrac{1}{4}\displaystyle\int_{\pi}^{2\pi} N(r)\mathrm{d}(\omega t) = N_r r_0 - \dfrac{1}{9} N_{rrr} r_0^3 \end{cases} \tag{7.51}$$

系列改变 r_0、ω 进行试验,用最小二乘法回归,可得旋转导数 Y_r、$Y_{rrr} N_r$、N_{rrr}。

③由漂角+艏摇组合试验确定交叉耦合导数

系列改变漂角,使船模作有漂角的艏摇运动,每次试验时,船模的运动为

$$\begin{cases} v = 常值 \\ r = r_0 \sin \omega t \end{cases} \tag{7.52}$$

船模所受之黏性水动力可表示为

$$\begin{aligned} Y(v、r) &= Y_r r + Y_{rrr} r^3 + Y_{vvr} v^2 r + Y_{vrr} v r^2 + Y_v v + Y_{vvv} v^3 \\ &= (Y_r + Y_{vvr} v^2) r + Y_{rrr} r^3 + Y_{vrr} v r^2 + Y_v v + Y_{vvv} v^3 \end{aligned} \tag{7.53}$$

由于常数 $r^2 = r_0^2 \sin^2 \omega t$ 和在一个周期内区间变号积分之值为零。以 $r = r_0 \sin \omega t$ 代入式(7.53),并在一个周期内进行变号积分得

$$\frac{1}{4}\int_0^{\pi} Y(v,r)\mathrm{d}(\omega t) - \frac{1}{4}\int_{\pi}^{2\pi} Y(v,r)\mathrm{d}(\omega t) = (Y_r + Y_{vvr} v^2) r_0 - \frac{1}{9} Y_{rrr} r_0^3 \tag{7.54}$$

去除由纯艏摇运动求得的 Y_r、Y_{rrr},可求得 Y_{vvr}。再由式(7.53)中后三项力中扣除 ORT 求得之 Y_v、Y_{vvv},即可求得 Y_{vrr}。按同样方法,可求得力矩的交叉耦合导数。

综上所述,由 PMM 试验可求得全部加速度导数和速度导数。

7.2.4 确定船体、螺旋桨和能相互之间的水动力干扰系数

以上分别介绍了 ORT、RAT 和 PMM 试验的设备和试验确定诸水动力导数的方法。并已指出,若采用“整体型”模型(Abkowitz 方程),需分别改变参数 v、r、δ 中的一个进行试验,确定诸水动力导数外,还需要同时改变几个参数进行试验,来求得各种交叉耦合导数。若采用“分离型”模型(MMG 方程),其以船体、桨、舵各自的水动力特性为基础,并考虑其间的相互水动力干扰。所以需要确定船体水动力对 v、r 的导数和对 v、r 的交叉耦合导数及螺旋桨和舵的敞水性能。此外还需确定船、桨、舵之间的水动力干扰系数。由于流动情况十分复杂,干扰问题目前还很难从理论上来解决,而是通过试验来确定。但由于船体、桨、舵相互间的干扰错综复杂,试验的方法顺序也不易确定。根据许多学者的理论和试验研究,对

上述问题从工程实用角度进行了简化。对于比较瘦型的船,按前述的程序试验确定干扰系数,预报操纵性与自航船模试验结果符合情况良好。

船、桨、舵之间的干扰,主要包括:船体对桨的干扰,用螺旋桨伴流系数 ω_p 来表示;船和桨对舵的干扰,用对舵的来流速度 u_R 和来流方向 α_R 的影响来表示;舵对船体横向力和力矩的影响,用系数 a_H 和 x_H 来表示;桨对船体的影响,用推力减额系数 i 来表示,由于操纵运动时 t 的数值变化对操纵性计算结果影响很小,所以就用快速性中直航时的值。至于舵对桨的干扰一般已含在 ω_p 和 t 中,不再单独讨论。

1. 用直航操舵试验确定舵对船体力的影响系数 a_H、x_H 和直航时舵的伴流系数 ω_p

使船模直航拖曳($\beta=0$),改变舵角 δ,测量船体横向力 Y 和力矩 N,舵的法向力 F_N 及 $F_N=0$ 时的舵角。

舵使船体周围流场尤其是艉部流场发生变化,使船体的横向力和力矩有增量 ΔY 和 ΔN。乌野的试验研究表明,ΔY、ΔN 与舵力成比例,可用系数 a_H、x_H 表示

$$\begin{cases} a_H = \dfrac{Y - F_N\cos\delta}{F_N\cos\delta} \\ x_H = \dfrac{N - x_R F_N\cos\delta}{F_N\cos\delta} \end{cases} \tag{7.55}$$

设直航时船后舵的舵角为 δ,有效舵角为 $\delta-\delta_r$,舵来流速度为 v_{R0},舵法向力为 F_N,即

$$F_N = C_N \frac{1}{2}\rho A_R V_{R0}^2$$

敞水舵在相同的有效舵角时,法向力系数也为 C_N,而流速为 V,法向力为 F_{N0},即

$$F_{N0} = C_N \frac{1}{2}\rho A_R V^2$$

则

$$\frac{F_N}{F_{N0}} = \frac{V_{R0}^2}{V^2}$$

令

$$V_{R0} = (1-\omega_{R0})V$$

则

$$1-\omega_{R0} = \sqrt{\frac{F_N}{F_{N0}}} \tag{7.56}$$

式中,ω_{R0} 为直航时舵的伴流系数。

在快速性中,已用等推理法求得直航时螺旋桨的等效伴流系数 ω_{P0}。舵与桨在船后的位置很靠近,船直航时的来流速 u_{R0} 与桨的来流速 u_{P0} 数值应该是接近的,但试验结果 u_{R0} 和 u_{P0} 却差别较大。这是由于二者所用的测量流速的仪器(分别为舵和桨)不同的缘故,其比值用系数 ε 来表示:

$$\varepsilon = \frac{1-\omega_{R0}}{1-\omega_{P0}} \tag{7.57}$$

2. 确定螺旋桨的来流速度 u_p 和舵的来流速度 u_R

操纵运动时,桨的来流速度 u_p 表示式很多,目前还不统一,最简单的可表示为

$$u_p = u[(1-\omega_{P0}) + \tau(v' + x_p' r')^2] \tag{7.58}$$

上式方括号中后一项,表示操纵运动时船体对螺旋桨来流速度的影响;τ、x_p' 为由实验确定的系数。

由 ORT 和 CMT 用等推力法求得，可按式(7.58)确定系数 τ 和 x'_p。松本对集装箱船的试验结果 $x'_p = -0.52$，与螺旋桨的位置差别不大。

令
$$1-\omega_P=\frac{u_p}{u}=u'_p$$

而
$$1-\omega_P=(1-\omega_{P0})+\tau(v'+x'_p r')^2 \tag{7.59}$$

式中 ω_P——操纵运动时螺旋桨的伴流系数；

ω_{P0}——直航时桨的伴流系数。

按动量理论，无限远后方处螺旋桨尾流速度为

$$u_\infty=u_{p0}\sqrt{1+\frac{8k_T}{\pi J_p^2}} \tag{7.60}$$

式中，K_T 为推力系数。

$$J_p=\frac{u_p}{nD}$$

舵并不在桨后无限远处，且由于水有黏性、扩散等，故桨后舵的来流速度 u_{Rp} 要小于 u_∞，可表示为

$$u_{Rp}=u_{p0}+k\Delta u \tag{7.61}$$

$$\Delta u=u_\infty-u_{p0} \tag{7.62}$$

根据冈田等人的试验证实，系数 k 在距离桨 $D/2$ 以后即与距离无关，约为0.6。

无桨时，舵的来流速度 u_{R0} 不同于桨的来流速度 u_{p0}，所以式(7.61)中的 u_{p0} 改为 u_{R0} 更为合理。

将式(7.57)、式(7.60)和式(7.62)代入式(7.61)得

$$u_{Rp}=u_{p0}\left[\varepsilon+k\left(\sqrt{1+\frac{8k_T}{\pi J_p^2}}-1\right)\right] \tag{7.63}$$

若舵面积 A_R 中只有部分面积 A_{R2} 在桨尾流内，而其余面积 A_{R1} 不在桨尾流内，则用加权平均值

$$u_R=\sqrt{\frac{A_{R2}}{A_R}u_{Rp}^2+\frac{A_{R1}}{A_R}u_{R0}^2}=\sqrt{\eta u_{Rp}^2+(1-\eta)u_{R0}^2} \tag{7.64}$$

式中，$\eta=\dfrac{A_{R2}}{A_R}$。

将式(7.63)代入式(7.64)，得直航中舵的有效来流速度为

$$u_R=u_{p0}\varepsilon\sqrt{\eta\left[1+\frac{k}{\varepsilon}\left(\sqrt{1+\frac{8k_T}{\pi J_p^2}}-1\right)\right]+(1-\eta)} \tag{7.65}$$

当船作操纵运动时，桨的来流速度为 u_p。将式(7.65)中的 u_{p0} 改为式(7.58)的 u_p，得舵的有效来流速度 u_R

$$u_R=u\varepsilon\left\{(1-\omega_{p0})+\tau(v'+x'_p r')^2\times\sqrt{\eta\left[+\frac{k}{\varepsilon}\left(\sqrt{1+\frac{8k_T}{\pi J_p^2}}-1\right)\right]+(1-\eta)}\right\} \tag{7.66}$$

式中，可取 $k=0.6$。

3. 确定舵的有效流入角

操纵运动时，舵处的横向流速 v_R 可表示为

$$v'_R = v' + x'_R r' \tag{7.67}$$

式中，x'_R 不是舵位置的坐标，而是由实验确定的系数，其值在 -1.0 左右。所以舵的有效流入角 α_R 为

$$\alpha_R = \delta + \gamma\left(\frac{v' + x'_R r'}{u'_R}\right) = \delta - \gamma(\beta - x'_R r')(U/u_R) \tag{7.68}$$

式中，γ 称为整流系数，表示船体、螺旋桨对舵来流方向的影响。

用 ORT 和 CMT 测定有 β、r 时舵法向力 $F_N = 0$ 之舵角 δ_r。当时 $\delta = \delta_r$，有效舵角 $\alpha = 0$，由式(7.68)可得

$$\gamma = \frac{\delta_r u'_R}{\beta - x'_R r'} \tag{7.69}$$

根据一般民船的试验结果，γ 不随 β、r 变化，为一常数。

松本建议：在快速性计算中已有阻力曲线和推荐特性 ω_{p0}、t 的情况下，用带桨和舵的船模进行以下试验，可求得所有的系数：

(1)直航操舵试验　螺旋桨在自航状态和重负荷状态下各 10 个点。

(2)斜航试验　10 个点。

(3)圆运动试验　$v = 0$，10 个点；$v \neq 0$，10 个点。

其中船体的水动力是用测量值去除舵力和舵对船体力的干扰成分而得到。

对肥型船，用上述方法确定干扰系数，来预报大舵角操纵运动与自航船模试验结果有偏离。松本提出，应该用对应于定常回转的舵角、角速度、漂角、航速和螺旋桨转速，进行圆运动试验，分析试验结果来分析船、桨、舵之间的干扰系数。

7.3　船舶操纵模拟器

船舶操纵模拟器能在地面上模拟船舶的实时操纵，近年来有很多的发展和应用。模拟器最早出现在航空中，用于训练驾驶员。因为空中训练危险，所以事先在地面上用模拟器训练，既安全又经济。随后潜艇上也开始运用模拟器。20 世纪 70 年代以来，由于出现了超大型船，其对操舵的响应迟缓，驾驶困难，且对于这种新型船缺乏操纵经验，需要事先在地面上训练，水面船舶操纵模拟器得到迅速发展。现在许多国家已建造了一批各种类型的水面船模操纵模拟器，我国有些科研机构、院校、航运部门和海军都建造了模拟器。

图 7.31 为大型船舶操纵模拟器的示意图。

模拟器主要由模拟驾驶室、计算机系统和视野现实系统三大部分组成。

1. 模拟器的组成

(1)模拟驾驶室

模拟驾驶室的形式、尺寸、陈设等应尽量制造的与实船的驾驶室相同，以使驾驶人员有实际操船的感觉。模拟驾驶室内安装有各种驾驶设备仪表，如操舵手柄、舵角显示器、罗经、雷达、主机操纵台、主机转速表、航速表、风向计、风速计等。驾驶员可在模拟驾驶室中

图 7.31 大型船舶操纵模拟器

操“船”,并从各仪表上看到船的各种运动参数,并由计算机模拟计算来代替船队操舵的响应运动。

(2)计算机系统

根据模拟器的使用目的不同,可采用不同形式和大小的电子计算机。计算机内输入存储有各种船舶操纵运动的数学模型和水动力导数。驾驶员的操纵被转换成电信号输入计算机。计算机根据数学模型进行船舶操纵运动计算,计算出船的各种运动参数,并输出信息控制伺服系统,使模拟驾驶室中的各种仪表显示出船的航向、航速、主机转速等。同时计算机还根据船的运动参数计算出相应的驾驶室视野图像的变化信息,指令视野显示系统变换、移动各种图像。随着驾驶员操纵船舶,各种仪表和视野图像将实时连续显示,驾驶员将感到他在操纵一条实船一样。调用不同的数学模型和水动力系数,船舶操纵模拟器可以模拟不同的船在不同环境下(风、浪、流、浅水、窄航道、进出港等)和抛锚、离靠码头、两船对航、追越等操纵情况。

(3)视野显示系统

一般水面船舶作操纵运动时,转艏缓慢,转艏加速度很小,人无法感觉,所以水面船舶模拟器的驾驶室可以固定在地面上,而由显示环境视野的图像运动来体现船的运动。视野显示在屏幕上放映场景,包括从驾驶室看到本船首部甲板上的情况、兴起的波浪、远方海空景象、浮标、灯塔、港口设施、河岸两岸景色、邻船的运动情况等。对于本船的转艏、移动、向岸边、码头靠近等是利用图像的移动、放大、缩小来体现的。图像的变化是由计算机输出信息控制的。

2. 操纵模拟器的应用

(1)训练驾驶员

利用模拟器训练驾驶员,节省成本而效率高,还可以进行一些实船上不便进行的复杂、危急情况下的操纵训练。

(2)研究船舶的闭环操纵系统特性

传统的船舶操纵性所研究的各种操纵性指数都是船体本身的固有特性(开环系统特性)。由于条件限制,目前制定的船舶操纵性标准也是船的固有特性提出的数值要求。实际上船舶的操作性能应是船在各种环境(浅窄航道、与邻船相遇等)和外界干扰(风、浪、流)下的闭环操纵系统特性(包括驾驶人员特性在内)。有些静水中的开环操纵性指数并不适于表示闭环操纵特性。例如在风浪较大的情况下,不稳定环境值相同而稳定性衡准数 C 不同的两条船,$|C|$值较小者(航向不稳定程度较小)保持航向较易。操纵模拟器是研究船舶闭环操纵特性的有效手段。例如在模拟器上改变各种操纵性指数,让水平较高、中等和较差的驾驶员在各种风浪和航道条件下来操纵,以一般中等水平的驾驶员能胜任的水平,来确定船舶操纵标准。同样可以用模拟器来评价新船的各设计方案的闭环系统操纵性和对港口、航道的设计和改进提出意见等。

(3)研究驾驶员的因素对操纵性的影响

把驾驶员作为操纵回路中的一个环节,研究其生理学、心理学因素及技术水平对操纵性的影响。例如有关跟踪性能心理学的研究表明,为实施正常操纵,从发出操舵指令到船产生反应之间的时间滞后上不宜超过 4 s。而大型油轮的时间滞后常达 15 s,这将引起操纵困难。进行生理学和心理学研究的目的主要是为了改进驾驶人员的操船环境,合理设计驾驶室中的各种仪表,更好地发挥驾驶人员的操船能力。

7.4 计算流体动力学数值模拟

7.4.1 Fluent 软件简介

计算流体动力学(Computation Fluid Dynamics,CFD)是通过计算机数值计算和图像显示,对包含流体流动和热传导等相关物理现象的系统所作的分析。CFD 的基本思想可以归结为:把原来在时间域及空间域上连续的物理量的场,如速度场和压力场,用一系列有限个离散点上的变量值的集合来代替,通过一定的原则建立起关于这些离散点上变量之间关系的代数方程组,然后求解代数方程组获得场变量的近似值。描写流体的传质、传热、动量传递方程都是高阶非线性偏微分方程,要想得到精确解很困难,需要若干边界条件方程和辅助方程对主体方程组加以限制和封闭,需要功能强大的计算机存储和计算。以前,虽然人们希望得到某些偏微分方程的精确数值解,但限于数值离散方法论和数值计算工具的条件,几乎都是利用有限简化方法进行数学方程代数离散化,并辅以计算精度限制,进而求解得到一定意义上的数值解。在此背景下,出现了 CFD 通用软件包。

集网格生成、流场求解、数据可视化于一体的 CFD 软件,是用来进行流场分析、计算、预测的专用工具。其提供了一个完整的流体力学分析环境,已经成为船舶工程研究的一个重要工具。

计算流体力学商业软件包括以下几个模块:几何模型建立与网格生成模块、前处理模块、核心处理模块、后处理模块、软件使用教程及软件说明。

几何模型建立及网格生成是由使用者根据研究的具体问题建立相应二维或三维模型,

再按其外形结构和具体过程特点进行数学网格化处理并生成 CFD 计算网格文件的过程,其为 CFD 模拟计算的工作基础。一般 CFD 软件平台都可以实现与 CAD 的对接,以增强其处理复杂几何形状问题的能力。

前处理模块主要是提供模拟过程基础平台及计算环境,与几何文件连接,建立具体问题的流体进出口边界及其边界条件,提供模拟介质的特性参数及数据库等。

CFD 的核心处理模块包括整个"软件包"功能下的所有可能的数学模型,同时提供使用者们编程接口程序和接口命令;同时向使用者提供模拟过程数学方程的计算方法、数学离散方法、收敛方法和准则,进而形成模拟命令程序。

后处理模块向使用者提供模拟运算数据的存储、交换导出和各种参数图,并与基本图形处理工具实行连接,可为使用者提供模拟几何模型上不同位置的参数分布图。

CFD 本质是建立能准确描述具体流动过程的数学微分方程组,依据模拟几何模型和流动过程特点给予相应的边界条件,最后将上述方程组联立求解得出一定精度模拟结果。计算机仅是用来快速、准确地实现上述目的,真正技术核心是如何将高阶偏微分方程科学离散化,如何确定离散单元,如何使计算过程快速收敛。在不稳定流体流动和湍流规律研究成果基础上,利用有限体积的理念,解决了无数流动分子与流体整体特征之间的联系,使上述过程成为现实。

Fluent 软件是目前功能最全面、适用性最广、国内使用最广泛的 CFD 软件之一。其提供了非常灵活的网格特性,让用户可以使用非结构网格,包括三角形、四边形、四面体、六面体、金字塔形网格和混合型非结构网格来解决具有复杂外形的流动。其允许用户根据解的具体情况对网格进行修改(细化/粗化)。Fluent 使用 Gambit 作为前处理器,可以读入多种 CAD 软件的三维几何模型和多种 CAE 软件的网格模型。

Fluent 求解器的核心是数值求解方案,即对黏性流体 N - S 控制方程和非稳态连续方程的离散格式,采用有限体积法(finite volume method, FVM)并基于 SIMPLE 算法对流场进行数值计算,其可用于二维平面、二维轴对称和三维流动分析,可完成多种参考系下流场模拟、定常与非定常流动分析、可压流和不可压流计算、层流和湍流模拟、多相流分析等。其湍流模型包括 Reynolds 应力模型、LES 模型、标准壁面函数等。Fluent 可以让用户定义多种边界条件,如流动入口边界条件、壁面边界条件等,可让用户自行设定连续方程、动量方程、能量方程或组分输运方程中的体积源相,自定义边界条件、初始条件、流体的物性、添加新的标量方程和多孔介质模型等。

Fluent 的后处理程序的目的是有效地观察和分析流动计算结果,包括计算过程中各种状态的监控;速度矢量线、填充型等值线图(云图)的显示;动态模拟流动效果,直观地了解 CFD 的计算结果。

7.4.2 Gambit 前处理器简介

Gambit 是专用前处理软件包,用来为 CFD 模拟生成网格模型。由其所生成的网格可供多种 CFD 程序或商用 CFD 软件所使用。Gambit 的主要功能包括三个方面:构造几何模型、划分网格和指定边界。其中划分网格是其最主要的功能。Ganbit 前处理器最终将生成包含边界信息的网格文件。

Gambit 提供了多种网格单元,可根据用户的要求,自动完成划分网格这项繁杂的工作。其可以生成结构网格、非结构网格和混合网格(图 7.32 和图 7.33)等多种类型的网格。其有着良好的自适应功能,能对网格进行细分或粗化,或生成不连续网格、可变网格和滑移网格。

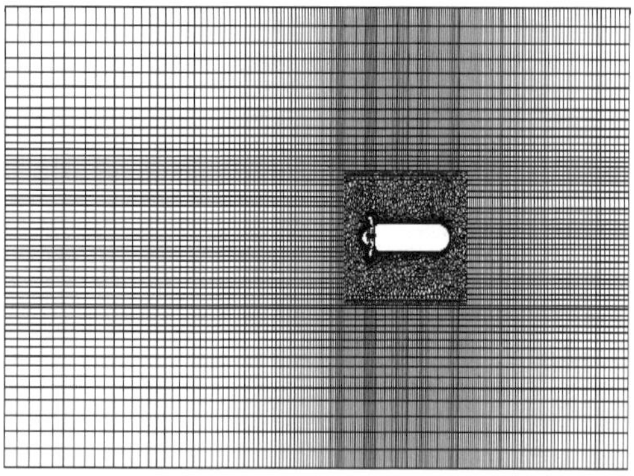

图 7.32　混合网格

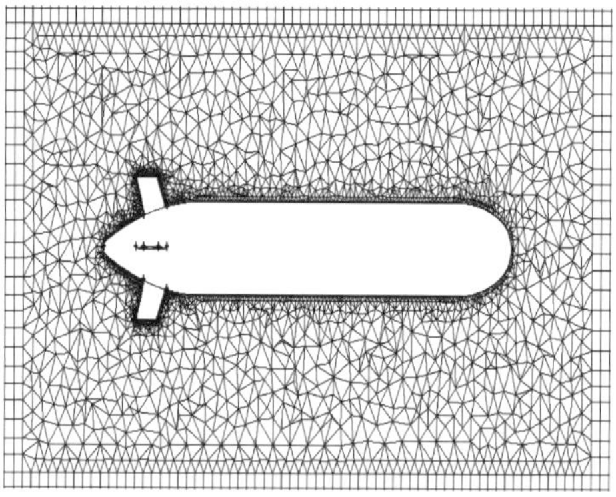

图 7.33　混合网格局部图

Gambit 本身提供了几何建模功能,在模型不太复杂的情况下,一般可以直接在 Gambit 中完成几何模型。但对于复杂的 CFD 问题,特别是三维 CFD 问题,Gambit 需要借助专用 CAD 软件(如 Pro/ENGINEER)来完成几何模型。Gambit 可以导入 CAD 软件或前处理软件生成的几何模型,能够导入的几何模型文件的类型包括 ACIS、Parasolid、IGES 和 STEP 等格式。

Gambit 是一个开放性软件,这不仅体现在输入方面,还体现在输出方面。其不仅能为 Fluent 输出网格,还可以为其他分析软件提供网格,如 ANSYS 等。

7.4.3　Fluent 软件的计算过程

1. 制订分析方案。

2. 在使用 Fluent 前,首先应针对所要求解的问题,制订比较详细的求解方案。制订求解方案时需要考虑以下因素。

(1)决定 CFD 模型目标　确定 CFD 要从模型中获得什么样的结果,怎样使用这些结果,需要怎样的模型精度。

(2)选择计算模型　在这里要考虑怎样对物理系统进行抽象概括,计算域包括哪些区域,在模型计算域的边界上使用什么样的边界条件,模型按二维还是三维构造,什么样的网格拓扑结构最适合该问题。

(3)选择物理模型　考虑该流动是无黏,层流还是湍流,流动是稳态还是非稳态,热交换重要与否,流体是可压还是不可压方式来处理,是否多相流动,是否需要应用其他物理模型。

(4)决定求解过程　在这个环节要确定该问题是否可以利用求解器现有的公式和算法直接求解,是否需要增加其他参数(如构造新的源项),是否有更好的求解方式可使求解过程更加快速收敛,使用多重网格计算机的内存是否够用,得到收敛解需要多久的时间。

3. 求解步骤

当上述几个要素确定以后,便可以按下列过程开展流动计算模拟:

(1)创建几何模型和网格模型(在 Gambit 前处理软件中完成);

(2)启动 Fluent 求解器;

(3)导入网格模型;

(4)检查网格模型是否存在问题;

(5)选择求解器及运行环境。

(6)决定计算模型,即是否考虑热交换、黏性,是否存在多相流等;

(7)设置材料特性;

(8)设置边界条件;

(9)调整用于控制求解系数的特征参数;

(10)初始化流场;

(11)开始求解;

(12)显示求解结果;

(13)保存求解结果;

(14)如果有必要,修改网格或计算模型,重复上述过程重新计算。

第 8 章　船舶操纵运动控制

在现代科学技术的众多领域中,自动控制技术起着越来越重要的作用。所谓自动控制是指在没有人直接参与的情况下,利用外加的设备或装置(称控制装置或控制器),使机器、设备或生产过程(统称被控对象)的某个工作状态或参数(即被控量)自动地按照预定的规律运行。例如,数控车床按照预定程序自动切削工件;化学反应炉的温度或压力自动维持恒定;雷达和计算机组成的导弹发射和制导系统自动将导弹引导到地方目标;无人驾驶飞机按照预定航迹自动升降和飞行;人造卫星准确地进入预定轨道运行并回收等,这一切都是以应用高水平的自动控制技术为前提的。

近几十年来,随着电子计算机技术的发展和应用,在宇宙航行、机器人控制、导弹制导及核动力等高新技术领域中,自动控制技术具有特别重要的作用。不仅如此,自动控制技术的应用范围现已扩展到生物、医学、环境、经济管理和其他许多社会生活领域中,自动控制已成为现代社会活动中不可缺少的重要组成部分。

8.1　运动控制基本原理

8.1.1　自动控制理论

自动控制理论是研究自动控制共同规律的技术科学。其发展初期,是以反馈理论为基础的自动调节原理,主要用于工业控制。第二次世界大战期间为了设计和制造飞机及船用自动驾驶仪、火炮定位系统、雷达跟踪系统及其他基于反馈原理的军用装备,进一步促进并完善了自动控制理论的发展。到战后,已形成完整的自动控制理论体系,这就是以传递函数为基础的经典控制理论,其主要研究单输入 - 单输出、线性定常系统的分析和设计问题。

20 世纪 60 年代初期,随着现代应用数学新成果的推出和电子计算机技术的应用,为适应宇航技术的发展,自动控制理论跨入了一个新阶段——现代控制理论。其主要研究具有高性能、高精度的多变量变参数系统的最优控制问题,主要采用的方法是以状态为基础的状态空间法。目前自动控制理论还在继续发展,正向着以控制论、信息论、仿生学为基础的智能控制理论深入。

8.1.2　反馈控制理论

为了实现各种复杂的控制任务,首先要将被控对象和控制装置按照一定的方式连接起来,组成一个有机总体,这就是自动控制系统。在自动控制系统中,被控对象的输出量即被控量是要求严格加以控制的物理量,其可以要求保持为某一恒定值,例如温度、压力、液位等,也可以要求按照某个给定规律运行,例如飞行航迹、记录曲线等;而控制装置则是对被控对象施加控制作用的机构的总体,其可以采用不同的原理和方式对被控对象进行控制,但最基本的一种是基于反馈控制原理组成的反馈控制系统。

在反馈控制系统中,控制装置对被控对象施加的控制作用,是取自被控量的反馈信息。用来不断修正被控量与输入量之间的偏差,从而实现对被控对象进行控制的任务,这就是反馈控制的原理。

其实,人的一切活动都体现出反馈控制的原理,人本身就是一个具有高度复杂控制能力的反馈控制系统。例如,用手拿取桌上的书,操纵方向盘驾驶汽车沿公路平稳行驶等,这些日常生活中习以为常的平凡动作都渗透着反馈控制的深奥原理。下面通过剖析手从桌上取书的动作过程,透视一下其所包含的反馈控制机理。这里,书位置是手运动的指令信息,一般称为输入信号。取书时,首先人要用眼睛连续目测手相对于书的位置,并将这个信息送入大脑(称为位置反馈信息);然后由大脑判断手与书之间的距离,产生偏差信号,并根据其大小发出控制手臂移动的命令(称为控制作用),逐渐使手与书之间的距离(偏差)减小。显然只要这个偏差存在,上述过程就要反复进行,直到偏差减小为零,手便取到了书。可以看出,大脑控制手取书的过程,是一个利用偏差(手与书之间距离)产生控制作用,并不断使偏差减小直至消除的运动过程;同时,为了取得偏差信号,必须要有手位置的反馈信息,两者结合起来就构成反馈控制。显然,反馈控制实质上是一个按偏差进行控制的过程,因此也称为按偏差的控制。反馈控制原理就是按偏差控制的原理。

人取物视为一个反馈控制系统时,手是被控对象,手位置是被控量(系统的输出量),产生控制作用的机构是眼睛、大脑和手臂,统称为控制装置。我们可以用图8.1的系统方块图来展示这个反馈控制系统的基本组成及工作原理。

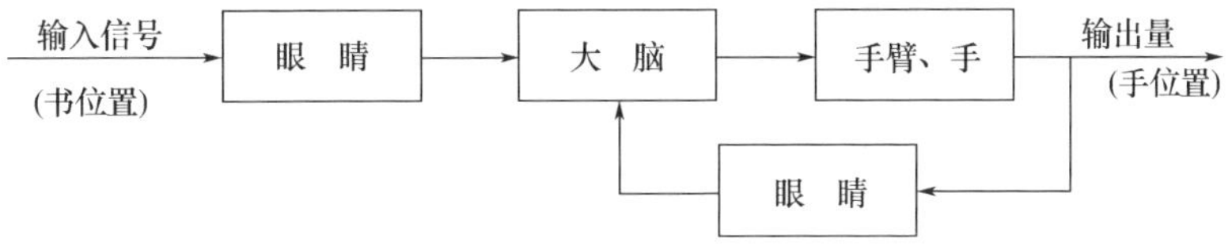

图8.1 人取书的反馈控制系统方块图

通常,把取出输出量送回到输入端,并与输入信号相比较产生偏差信号的过程称为反馈。若反馈的信号与输入信号相减,使产生的偏差越来越小,则称为负反馈;反之,则称为正反馈。反馈控制就是采用负反馈并利用偏差进行控制的过程。而且由于引入了被控量的反馈信息,使整个控制过程成为闭合过程,因此反馈控制也称闭环控制。

在工程实践中,为了实现对被控对象的反馈控制,系统中必须配置具有人的眼睛、大脑和手臂功能的设备,以便用来对被控量进行连续的测量、反馈和比较,并按偏差进行控制。这些设备依其功能分别称为测量元件、比较元件和执行元件,并统称为控制装置。

8.1.3 反馈控制系统的基本组成

反馈控制系统是由各种结构不同的元部件组成的。从完成自动控制这一职能来看,一个系统必然包含被控对象和控制装置两大部分,而控制装置是由具有一定职能的各种基本元件组成的。在不同系统中,结构完全不同的元部件却可以具有相同的职能。因此将组成系统的元部件按职能分类主要有以下几种:

（1）测量元件　检测被控制的物理量，如果这个物理量是非电量，一般要再转换为电量。例如，测速发电机用于检测电动机轴的速度并将其转换为电压；电位器、旋转变压器或自整角机用于检测角度并将其转换为电压；热电偶用于检测温度并将其转换为电压等。

（2）给定元件　给出与期望的被控量相对应的系统输入量（参据量）。

（3）比较元件　把测量元件检测的被控量实际值与给定元件给出的参据量进行比较，求出两者之间的偏差。常用的比较元件有差动放大器、机械差动装置、电桥电路等。

（4）放大元件　将比较元件给出的偏差信号进行放大，用来推动执行元件去控制被控对象。电压偏差信号可用电子管、晶体管、集成电路、晶闸管等组成的电压放大级和功率放大级加以放大。

（5）执行元件　直接推动被控对象，使其被控量发生变化。其用来作为执行元件的油阀、电动机、液压马达等。

（6）校正元件　也叫补偿元件，其为结构或参数便于调整的元部件，用串联或反馈的方式连接在系统中，以改善系统的性能。最简单的校正元件是由电阻器、电容器组成的无源或有源网络，复杂的则用电子计算机。

一般加到反馈控制系统上的外作用有两种类型：有用输入和扰动。有用输入决定系统被控量的变化规律，例如参据量；而扰动是系统不希望有的外作用，其破坏有用输入对系统的控制。在实际系统中，扰动总是不可避免的，而且其可以作用于系统中的任何元部件上，也可能一个系统同时受到几种扰动作用。电源电压的波动，环境温度、压力和负载的变化，飞行中气流的冲击，航海中的波浪等，都是现实中存在的扰动。

8.1.4　自动控制系统基本控制方式

反馈控制是自动控制系统最基本的控制方式，也是应用最广泛的一种控制方式。除此之外还有开环控制方式和复合控制方式，各控制方式都有其各自的特点和不同的适用场合。近几十年来，以现代数学为基础，引入电子计算机的新的控制方式也有了很大发展，例如最优控制、自适应控制、模糊控制等。

1. 反馈控制方式

反馈控制方式是按偏差进行控制的，其特点是不论什么原因使被控量偏离期望值而出现偏差时，必定会产生一个相应的控制作用去减小或消除这个偏差，使被控量与期望值趋于一致。

进出水的反馈控制方式的基本原理如图8.2所示，当水位达到给定位置时，浮子所受到的力足以堵住进水口，水位不再上升；当水位低于给定位置时，浮子的浮力减小，浮子下降，进水口打开，开始进水。

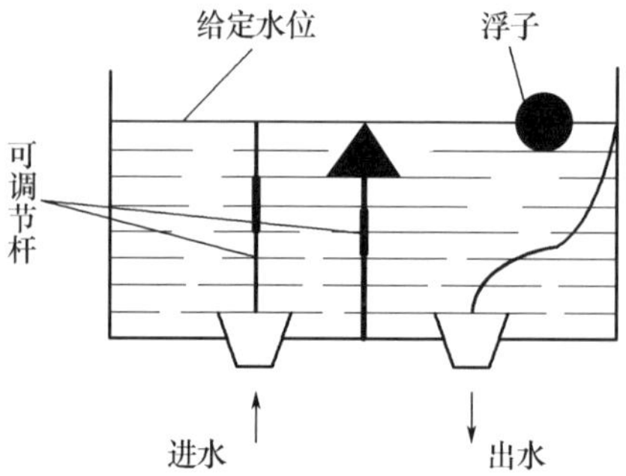

图8.2　进出水反馈控制

可以说，按反馈控制方式组成的反馈控制系统，具有抑制任何内、外扰动对被控量产生影响的能力，有较高的控制精度。但这种系统在实际应用中使用的元件多，结构复杂，特别是系统的性能分析和设计也较麻烦。尽管如此,其仍是一种重要的并广泛应用的控制方式,自动控制理论主要的研究对象就是用这种控制方式组成的系统。

2. 开环控制方式

开环控制方式指控制装置与被控对象之间只有顺向作用而没有反向联系的控制过程。按这种方式组成的系统称为开环控制系统,其特点是系统的输出量不会对系统的控制作用产生影响。

(1)按给定量控制的开环控制系统

其控制作用直接由系统的输入量产生,给定一个输入量,就有一个输出量与之相对应,控制精度完全取决于所用的元件及校准的精度。这种开环控制方式没有自动修正偏差的能力,抗扰动性较差。目前一些自动化装置,如自动售货机、自动洗衣机、产品生产自动线、数控车床及指挥交通的红绿灯的转换等,一般都是开环控制系统。

(2)按扰动控制的开环控制系统

利用可测量的扰动量,产生一种补偿作用,以减小或抵消扰动对输出量的影响,这种控制方式也称顺馈控制。这种按扰动控制的开环控制方式是直接从扰动取得信息,并据以改变被控量,因此其抗扰动性好,控制精度也转高,但其只适用于扰动是可测量的场合。

3. 复合控制方式

按扰动控制方式在技术上较按偏差控制方式简单,但其只适用于扰动是可测量的场合,而且一个补偿装置只能补偿一种扰动因素,对其余扰动均不起补偿作用。因此,比较合理的一种控制方式是把按偏差控制与按扰动控制结合起来。对于主要扰动采用适当的补偿装置实现按扰动控制,同时再组成反馈控制系统实现按偏差控制,以消除其余扰动产生的偏差。这样系统的主要扰动已被补偿,反馈控制系统就比较容易设计,控制效果也会更好。这种按偏差控制和按扰动控制相结合的控制方式称为复合控制方式。

4. 神经网络控制

神经网络控制是(人工)神经网络理论与控制理论相结合的产物,是发展中的学科。汇集了数学、生物学、神经生理学、脑科学、遗传学、人工智能、计算机科学、自动控制等学科的理论、技术、方法及研究成果。

人工神经元的研究源于脑神经学说。19 世纪末,在生物、生理学领域,Waldeger 等人创建了神经元学说。人们开始认识到,复杂的神经系统是由数目繁多的神经元组合而成。神经元由细胞及其发出的许多突起构成。细胞体内有细胞核,突起的作用是传递信息。作为引入输入信号的若干个突起称为“树突”,而作为输出端的突起只有一个,称为“轴突” 。树突是细胞体的延伸部,由细胞体发出后逐渐变细,全长各部位都可与其他神经元的轴突末梢相互联系,形成所谓“突触”。在突触处两神经元并未连通,只是发生信息传递功能的结合部。突触可分为兴奋性与抑制性两种类型,其对应于神经元之间耦合的极性。每个神经元的突触数目、连接强度和极性有所不同,并且都可调整。基于这一特性,人脑具有存储信息的功能。如图 8.3 所示。

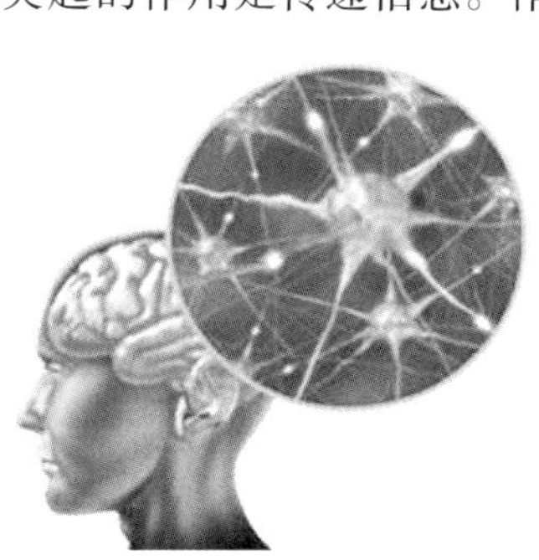

图 8.3 人的大脑神经

对于这样一种多输入、单输出的基本单元可以进一步从生物化学、电生物学、数学等方面给出描述其功能的模型。从信息处理观点考察，为神经元构造了各种形式的数学模型。利用大量神经元相互连接组成的人工神经网络将显示出人脑的若干特征，人工神经网络也具有初步的自适应与自组织能力。

5. 模糊控制

在传统的控制领域里，控制系统动态模式的精确与否是影响控制优劣的最主要关键因素，系统动态的信息越详细，则越能达到精确控制的目的。然而对于复杂的系统，由于变量太多，往往难以正确描述系统的动态，于是工程师便利用各种方法来简化系统动态，以达成控制的目的，但却不尽理想。换言之，传统的控制理论对于明确系统有强有力的控制能力，但对于过于复杂或难以精确描述的系统，则显得无能为力了。因此便尝试着以模糊数学来处理这些控制问题。

模糊逻辑控制简称模糊控制，是以模糊集合论、模糊语言变量和模糊逻辑推理为基础的一种计算机数字控制技术。1965 年，美国的 L. A. Zadeh 创立了模糊集合论；1973 年，他给出了模糊逻辑控制的定义和相关的定理。1974 年，英国的 E. H. Mamdani 首次根据模糊控制语句组成模糊控制器，并将其应用于锅炉和蒸汽机的控制，获得了实验室的成功。这一开拓性的工作标志着模糊控制论的诞生。“模糊”是人类感知万物，获取知识，思维推理，决策实施的重要特征。“模糊”比“清晰”所拥有的信息容量更大，内涵更丰富，更符合客观世界。

6. 混合智能控制

几种方法和机制往往结合在一起，用于一个实际的智能控制系统或装置，从而建立起混合或集成的智能控制系统。

8.2 船舶运动控制概述

海上行船充满了风浪雾礁的危险，如何科学地操纵和控制船舶，使之安全、准时到达目的港，是一个生命攸关、影响重大的问题。为了掌握船舶运动规律和船舶驾控技术，人类已经奋斗了多个世纪，到今天已经取得斐然的成就：船舶运动控制已从手动发展到自动，从单个系统的自动化提高到综合自动化，从简单的控制装置发展成计算机化、网络化的体系结构；船舶运动控制已经形成一门独立的学科。

8.2.1 历史的回顾

18 世纪产业革命带来了今天意义上的轮船：钢制船壳可承载成千上万吨货物；螺旋推进器约于 140 年前投入使用，由发动机以几千马力甚至上万马力使之转动，产生数十吨推力，使船以十几节到二十几节的速度行驶；由动力驱动的操舵装置约于 120 年前建成，能以数十吨米的转船力矩，使船头以一定的角速度回旋，从而达到转向或航向保持的目的。110 年前发明的柴油机，以更大的功率、更高的热效率和更小的单机质量取代了蒸汽机，至今仍然占船舶推进主机的大多数。1920 年，陀螺罗经用于船舶导航，使航向测量精度达到 1°量级，为自动操舵仪的诞生准备了条件；1940 年，流体力学的发展，统一解释了船体、桨、舵产生流体动力的激励,为建立船舶运动数学模型奠定了理论基础。

船舶在海洋中的运动具有6自由度,分解为前进、横漂、起伏三种平移及转艏、横摇、纵摇三种转动。在这种耦合运动中船和周围流体相互依存产生了关联惯性力,又相互作用产生了黏性力。外界环境的干扰包括风力、浪力及流力,其机理很复杂。从效果上看,风引起类似随机游走过程的附加动力,浪造成艏向及其他自由度上的附加高频振荡,流产生船位的运动学偏移。从运动控制角度看,桨、舵、锚是船舶在海洋中赖以工作和生存的三大主动操纵设备,其提供船舶前进推动力、转船的回转力矩和锚泊所需的锚力。为减弱船在波浪中的横摇,20世纪60年代制成了防摇鳍,作用原理类似于鱼类用鳍保持其身体的左右平衡。这表明船舶实际上是一个运行于不确定环境下的多输入-多输出复杂动力学系统,在各种气象、水文、航道等外部环境和不同装载、航速等内部条件下统一协调所有的控制设备,完成特定的航行和操作计划,是一个艰巨的任务,需要驾驶员有丰富的经验和娴熟的技巧,要求自动控制系统具有优良的性能。

为了进行实际的研究,必须确定船舶数学模型方程中诸多参数的量值,这主要靠船模试验结果或采用系统辨识技术对实船操纵数据进行回归,从而得到最佳参数估计。通过计算机仿真可以对各种环境条件及操作方式下的船舶动力学行为进行深入的探讨。在此基础上再配以实景系统,通过计算机生成动态图像方法把环境场景和本船立体图像投影到大屏幕上就能制成船舶操纵模拟器。目前国际上有十余台性能先进的船舶操纵模拟器在运行,包括荷兰海事研究所、挪威Trondheim、美国Kings Point及德国Maritime Simulator Center的模拟器;我国大连海事大学,最近在“211工程”推动下制成了具有三维动态图像的船舶操纵模拟器,并已实现产品化。船舶操纵模拟器不但可进行船员培训,还可完成船舶操纵特性研究、港湾建筑及河道疏浚咨询研究、大型船舶进出港导航研究及海上事故分析研究等任务。船舶操纵数学模型是建立船舶运动控制策略的基础,同时为检验这种控制策略的性能提供一个闭环仿真环境。

8.2.2　船舶运动的手动控制和自动控制

船舶航行中典型的手动控制为驾驶人员通过车中手柄设定螺旋桨转速或主机功率,从而改变船舶前进或后退的速度;舵工转动舵轮设定舵角经液压操舵伺服系统驱动舵叶转动,从而保持或改变航向、航迹。手动控制初看起来是一种开环控制,但如果把操作者也理解为控制系统的一个组成部分,那么这种控制系统实际上是闭环的。人的智能是任何自动化装置甚至“智能机器”所无法比拟的。在当前科学技术发展水平下,船舶运营中一些最困难、最复杂的控制任务如避碰、离靠泊等还得依赖手动操作完成;而为了研制完成同样任务的自动控制装置如自动避碰系统、自动离靠泊控制器等,人的操作经验及由此获得的船舶运行数据是最宝贵的信息来源。即使目前已经实现了自动化的一些环节,如航向、航迹保持系统和航速控制系统,为了改进控制质量,提高经济效益,实现控制器的智能化并不断提高智能水平,把操作者作为教师来学习仍然是最有效的手段。

船舶运动自动控制可概分为三类情况:一是大洋航行自动导航问题,包括航向保持、转向控制、航迹保持、航速控制(到港时间控制)等;二是港区航行及自动离靠泊问题,涉及船舶在浅水中的低速运动,风、浪、流干扰相对增大,系统信息量增多,操纵和控制更趋困难;

三是拥挤水道航行或大洋航行的自动避碰问题,主要涉及多船会遇、碰撞危险度评估、多目标决策、避碰最佳时机及最佳幅度等。

从智能控制的角度看,船舶运动控制可认为是一个分层递阶式的人机控制系统。系统从上到下分为任务规划、协调调度、控制策略、控制执行四层结构,通过信息反馈形成多个闭环,操作者通过人机界面可监视或参与各层的行为。

1. 任务规划层

任务规划层实现航路规划、气象导航、航行日程安排、综合导航、各子系统目标分配等总体决策任务。

2. 协调调度层

协调调度层接收任务规划层下达的目标,根据全船系统状态合理调度各子系统的控制策略,使各子系统互相协调、有条不紊地工作,最终高效地完成总体控制任务。

3. 控制策略层

控制策略层给出每种子系统的控制算法,用以直接操纵各种执行机构去控制各自的对象。该层与前面两层相比,任务更艰巨,因为其要完成多个闭环控制任务,而每一个闭环系统都涉及控制质量,特别是稳定性的保证问题,这对控制算法的研究、设计、选择和运用提出了挑战。可以说船舶运动控制领域的核心问题就是如何不断地改进控制策略,即控制算法,以保证在具有干扰的环境下和船舶本身存在动态特性改变(由航速或装载等变化引起)的条件下,仍能满足航运界不断提高的性能指标要求。对各种控制算法的深入讨论是本书的宗旨。

4. 控制执行层

该层由硬件实现。各式各样的执行机构本身都是一些动态环节,会在相当程度上影响到整个控制系统的性能,例如舵叶转动速率限制、最大转角限制和操舵响应时间延迟等因素都会使航向保持性能恶化。如何从控制策略的角度重视执行器动态的存在,设计出能同时照顾到被控过程和执行器的动态特性的控制算法,以改进整体控制质量是一个应予强调的方面。但人们总是有意或无意地忽视了执行机构对控制带来的不利影响。

5. 信息反馈

信息反馈是系统的认知渠道,其通过传感器与信号传递(通信)手段使得被控过程的状态信息得以反馈到控制策略层的各种控制器,从而具体形成控制闭环。

6. 人机界面

人机界面是人与机器进行信息和命令交换的场所。传统的人机界面以图形学与人机工程学为基础,设计信息显示画面和设置传达指令的方式,如采用按键、旋钮、手柄、触摸屏等,并辅以声光报警等功能。当前基于一人驾驶台操作体制的综合船桥系统的人机界面的主要特点是,以电子海图显示信息系统(ECDIS)为核心,并且通过计算机接口接收各传感器送来的本船运动状态信息,以及 ARPA 雷达送来的跟踪目标船的运动状态信息,而后以适当的方式将这些信息一一显示在同一个电子海图上。当前已经成熟的多媒体技术及虚拟现实技术,将有可能在不久的将来用于将船舶人机交互功能提高到智能化水平。

船舶自动操舵仪(Autopilot)又称自动舵,用于航向保持、航向改变、航迹保持控制。早在 20 世纪 20 年代就已出现商品化的机械式 PID 自动舵用于商船的航向保持。在此后的历史进程中，随着科学的发展和技术、工艺的进步，自动舵的构造变化巨大，电气式、电子式、微型计算机化的产品相继问世。20 世纪 80 年代，GPS 系统开始提供商业化定位服务，使航迹保持真正在自动舵中实现成为可能。船舶的信息传输如图 8.4 所示。

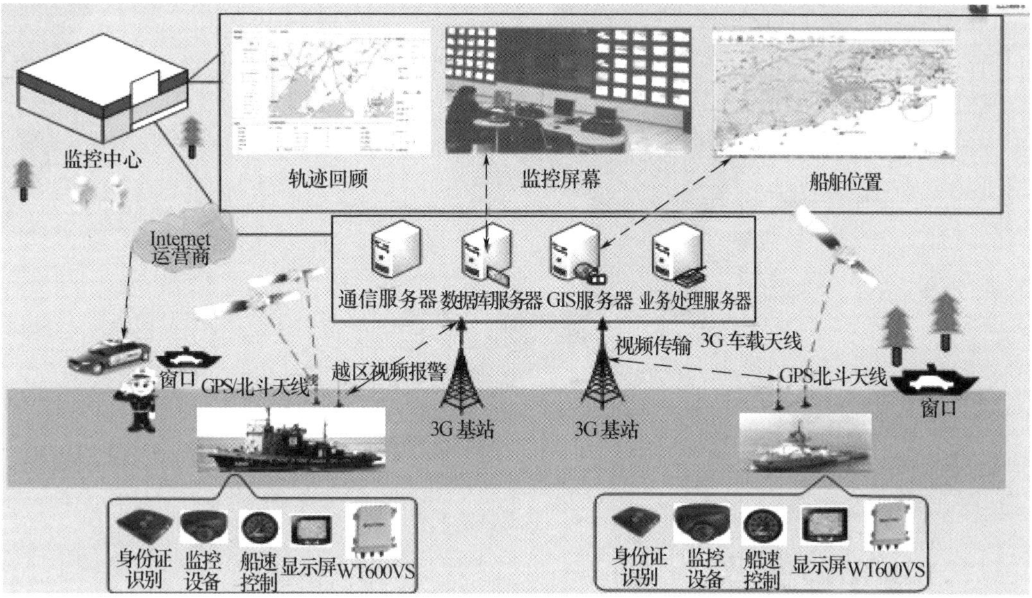

图 8.4　船舶的信息传输

与航迹保持(track keeping)相比，航向保持(course keeping)较为简单。后者只要求用舵角 δ 克服环境的干扰将航向 ψ 维持在设定航向 ψ_r，如图 8.5 所示。航向自动舵作为一种控制器，其输出的控制舵角 δ 应该是航向误差 $\Delta\psi = \psi_r - \psi$ 和转艏角速度 r 的函数：

$$\delta = f_1(\Delta\psi, r)$$

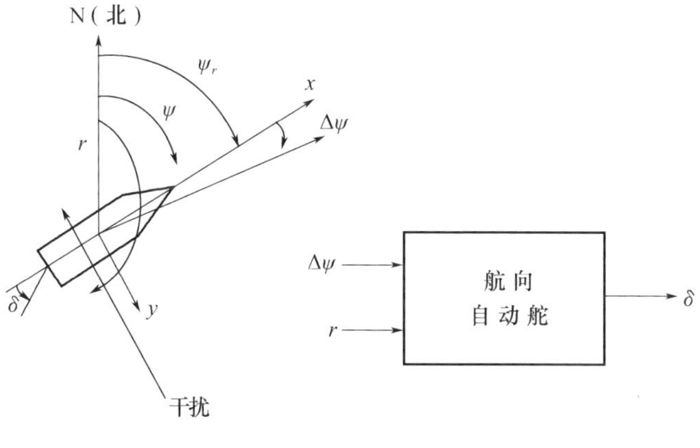

图 8.5　航向保持问题

如果 δ 与 $\Delta\psi$ 和 r 呈线性关系，就得到比例－微分(PD)舵，这是广泛应用的一种控制律，可初步满足通常情况下的航向保持要求。为了提高控制性能，必须引用各种先进的控制策略。航迹保持要求用舵角 δ 克服环境干扰，把船舶的运动轨迹维持在设定航迹上，这时不但要消除航迹误差 η，而且要消除航向误差 $\Delta\psi=\psi_r-\psi$，其中 ψ_r 是设定航迹上与船位距离最近点的切线方位，如图 8.6 所示。航迹自动舵的输出舵角应该是 $\Delta\psi$、r 及 η 的函数：

$$\delta = f_2(\Delta\psi, r, \eta)$$

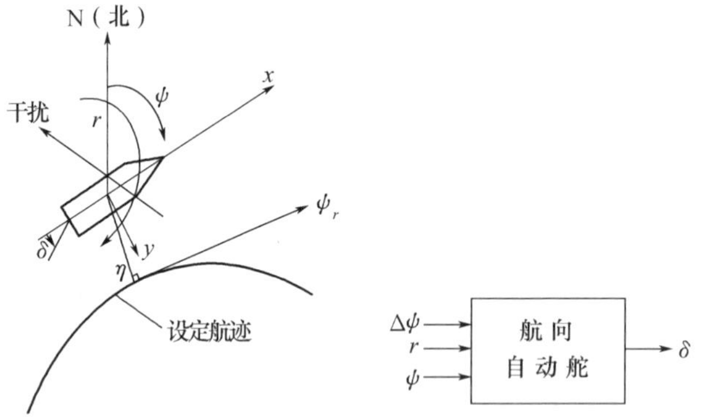

图 8.6　航迹保持问题

自动舵各种控制策略研究中最核心的问题在于寻求确定函数 f_1、f_2 的方法，并得到这两个函数的最终结果。

8.2.3　船舶运动控制研究的基本问题

船舶动态具有大惯性特点，万吨级油轮的时间常数可达百秒以上，对操舵的响应缓慢，某些开环不稳定船舶甚至存在着对操舵的反常响应（在一定舵角界限内打右舵船头反而向左转），其控制更为困难。在操舵伺服子系统中存在着时滞和继电器特性等非线性因素，这是采用某些线性控制理论所设计的自动舵控制算法的效果，与研究者的期望相差甚远的根本原因。航速变化和装载增减造成船舶质量、惯性矩、重心坐标发生变化、引起各种流体动力导数相应改变，最终导致船舶运动数学模型的参数甚至结构产生摄动，这就是研究者甚感棘手的不确定性。上述在自动舵设计中被忽略的舵机伺服子系统的非线性因素是不确定性的一个典型例子。风、浪、流的存在不仅会造成对船舶运动的附加干扰动力（风的低频干扰动力和浪的高频干扰动力），从实质上讲，这些干扰最终也转换成船舶模型的参数和结构的摄动，即干扰同样引起不确定性。在对船舶运动进行闭环控制时，获得反馈信息的量测手段也不可能是完善的，一些重要的量测数据（如航向、船位等）都有一定的误差，后者呈现一种随机噪声，因而我们不得不面对量测信息的不精确性。

一个控制器如果在被控过程处于标称条件下（即过程模型不存在不确定性、环境无干扰、量测无误差）使闭环控制系统稳定，则称该系统具有标称稳定性；如果此时闭环系统的动态性能也满足规定的要求（如满足关于动态误差、静态误差、最大超调量、上升时间和调节时间的要求或满足关于综合反映这些指标的某种范数），则称该系统具有标称性能。满足标称性能自然较满足标称稳定性要前进一步，但并不能真正解决实际问题，因为客观世界是复杂多变的,不存在没有不确定性、干扰、不精确性的被控过程及量测手段。一个控制器如果能够在被控过程存在不确定性、干扰及量测不精确性条件下使闭环控制系统稳定,称该系统具有鲁棒稳定性;若在此基础上系统同时满足规定的性能指标,则称之为具有鲁棒性能。显然,这是研究者追求的最终目标和闭环系统的最终境界。

8.2.4 船舶运动控制策略

控制策略是船舶运动控制科学的主要研究对象。20 世纪 20—70 年代,自动舵的 PID 算法延续了 50 年;70 ~ 80 年代出现自适应控制并在自动舵商品化方面获得了成功,产生了明显的经济效益;90 年代开始,控制论的全面繁荣为船舶运动控制系统设计提供了诸多新控制算法,如神经网络控制、模糊控制、多模态仿人智能控制、混合智能控制、H_∞鲁棒控制等都被不同程度地引入自动舵研制之中,为船舶运动科学的进一步发展注入了活力。

尽管这些成果和经验表面上相当丰富,但是市场上出售的自动舵却只限于 PID 自动舵及少量的自适应自动舵。这种反差一方面源于从理论发现到工程实用不可避免地存在着一段滞后;另一方面因为海上环境的严酷促使人们优先采用成熟可靠的技术和产品。新的东西包括自动舵的新结果,除了理论优秀之外,必须能经受住实践的检验,而这正是到目前为止大部分的“新成果”所欠缺的,其一般只做到仿真阶段。而再好的仿真环境也难于完全真实地描述被控过程和海上环境的动态特性,所以从仿真结果令人满意到海试结果令人满意尚有相当的距离,而要实现满足海上实航性能指标要求的产品化所需的工作恐怕比初期的理论研究还要大数倍。这里面包括关于算法鲁棒稳定性和鲁棒性能的深入探讨、系统软件和硬件的安全监督、系统实现中的工艺,可靠性保证等方面的问题。

1. PID 控制

PID 控制简单、可靠,物理意义明显,目前仍被广泛地应用在实际工程控制中。经典的 PID 控制逐渐发展成自整定 PID 控制、自适应 PID 控制、鲁棒 PID 控制等改进型算法,克服了经典 PID 控制参数整定困难、适应性差、鲁棒性差和控制精度较低等不足。

目前 PID 控制器设计方法大致可分为四类:第一类是 PID 参数根据经验整定或试凑获得,有些方法根据自学习原理或大量的实践经验发展成 PID 自整定算法或专家系统整定方法;第二类是依据某种与误差有关的最优性能指标,通过优化指标值来完成设计,常见的指标有 ISE、ITAE 等;第三类是依据闭环系统继电位置来调节 PID 控制器的参数;第四类是基于特定的理论进行 PID 控制器优化设计,如基于 H_∞ 控制算法的 PID 控制器设计和基于 μ 分析的鲁棒 PID 控制器设计。一般来说,第一类方法注意经验的学习,理论指导差一些;第二类方法注重系统的响应品质;第三类方法更多地考虑了闭环系统的内部特性;第四类方法强调了设计的 PID 控制器具有鲁棒性,但该类方法的特点是算法复杂,需要较深的数学基础。

实际航向保持的控制性能目标可大略描述如下:

(1)静态性能,一般海况下航向保持精度在 0.5° ~1.0°范围内,恶劣海况下在 1.0° ~3.0° 范围内,具备消除恒值干扰的能力。

(2)对装载、航速变化有鲁棒性,对天气变化有适应能力。

(3)能抑制海浪的高频干扰(0.3 ~1.25 rad/s),并保证在八级风以内工作稳定。

(4)在转向时,一般海况下航向基本无超调(小于 5%),调节时间小于航迹引导的周期(30 ~60 s)。

(5)动舵次数少,幅度尽量少,以节约能耗,并减少舵机系统的磨损。

经典的 PID 控制器 $K_P\left(1+\frac{1}{T_I S}+T_D S\right)$ 利用比例系数(K_P)、积分时间(T_I)、微分时间(T_D)三个参数进行控制器整定。但是这三个参数和过程的运行状态及环境变化之间的依存关系是不明朗的,操作人员需进行过程的某种动态试验方能在所获数据基础上进行参数整定,而对于像船舶这样的被控过程实时进行所述的试验是不现实的,因而驾驶员通常是按经验确定这些参数,其结果很难达到满意的程度,并且运行条件变动之后还须重新整定才能达到最优效果,故大多数情况下是根本不进行参数整定的。一般情况下,改进的 PID 控制是用与船舶航行状况及气候条件直接相关的"装载""天气""航速"三个参数取代经典的 K_P、T_I、T_D 参数,而一系列计算过程由系统自行完成;当航速由 GPS 自动计算时,实际上只需调整装载与天气两个参数,一方面整定参数减少,另一方面更主要是参数的含义清楚,这就大大简化了驾驶人员的操作,并可使航向保持效果达到最优。从实践上说,这无疑是前进了一步。

2. 自适应控制

自适应控制主要可分为自校正调节器(STR)和模型参考自适应控制器两个分支。瑞典 Lund 控制学派带头人 Astrom 在创立 STR 理论的同时,于 20 世纪 70—80 年代就深入研究过船舶模型辨识和船舶运动自适应控制,并提出一种基于谱分解的 LQG 航向保持算法。Astrom 当时的博士研究生 Kallstrom 所设计的油轮航向保持 STR 结合了最小方差控制器和最小二乘辨识器,并用 Kalman 滤波器提供状态估计,而在转向控制器中则应用多模态控制算法,这一工作在船舶自动舵领域中具有典型意义,并为后来众多的研究者引用。

在自适应自动舵研究领域,Holzhueter 的工作占有重要地位。由于曾长时间在航海仪器制造厂家(Anschutz & Co.)从事自动舵设计和算法研究工作,因而他较成功地解决了书本理论和实际产品之间的结合问题;他所应用的算法仍不外乎三个主要方面:基于状态反馈的 LQG 控制;基于速度增益的 Nomoto 低频船舶模型参数 K、T 的估计;应用递推 LS 的高频模型参数辨识和提供状态估计的 Kalman 滤波器。他的高精度航迹保持器海上试验结果的良好性能给人以深刻印象,该结果最终转化为定型产品 NDA - W1。

将模型参考自适应控制 MRAC 理论应用于船舶自动舵设计工作,主要由 Van Amerongen 完成。该算法的系统辨识是基于 Lyapunov 稳定性理论给出 PD 航向保持器参数更新的 MIT 适应准则。该算法在船舶机动操纵(如转向控制)中具有良好的性能,但一般认为在航向保持状态中节能效果要较 STR 逊色一些。

3. 变结构控制(VSC)

VSC 是 20 世纪 50 年代在苏联发展起来的一种基于 Lyapunov 稳定性理论的控制策略,又称滑动模态(sliding mode)控制,其对系统的参数不确定性和外界干扰具有较强的鲁棒性。变结构控制器的设计一般分为两个步骤:首先,选择理想的滑动模态超平面;其次,设计某种 VSC 控制律将系统的状态驱动到该超平面,使之始终保持在该滑动模态上,并最终渐近地趋向系统的平衡点。

4. 当前流行的船舶运动控制算法

当前船舶运动控制的热门控制策略可以大致分为两类:一类是具有自适应、自学习、自优化、自整定能力的智能式控制。其又可分成神经网络控制、模糊逻辑控制、混合智能控制等。这些控制具有仿人脑低层物理结构和信息处理方法、仿人脑高层思维模式和学习方法等功能,以达到在环境和控制对象特性变化时能以变应变,审时度势,游刃有余。这一类控制策略对于过程模型存在的不确定性、干扰和量测噪声都具有良好的鲁棒性。另一类是鲁棒控制,其实质是人为规定模型摄动传递矩 Δ 的上界 Δ_{max},在此前提下优化某一指标,设计出保证$\Delta \leqslant \Delta_{max}$时系统具有鲁棒性能的控制器。$H_{\infty}$鲁棒控制器是这类控制器中最典型的例子,其工作模式是以不变应万变,处变不惊,以逸待劳。

附录　向量的绝对改变与相对改变的关系

考虑随时间变化的动量向量 $\boldsymbol{B}$,以 $\Delta\boldsymbol{B}$ 表示在很短的时间间隔 Δt 内,在定系中所观察到的变化;以 $\Delta\tilde{\boldsymbol{B}}$ 表示动系中的改变。动系的原点相对于定系以速度 $\boldsymbol{V}$ 平移运动,同时动系绕其原点以定系下角速度 $\boldsymbol{\Omega}$ 转动,故 $\Delta\boldsymbol{B}\neq\Delta\tilde{\boldsymbol{B}}$,这里须找到 $\Delta\boldsymbol{B}$ 和 $\Delta\tilde{\boldsymbol{B}}$ 的关系。

为此作向量 $\boldsymbol{B}$ 对于两种坐标系改变的向量图(附图 1)。

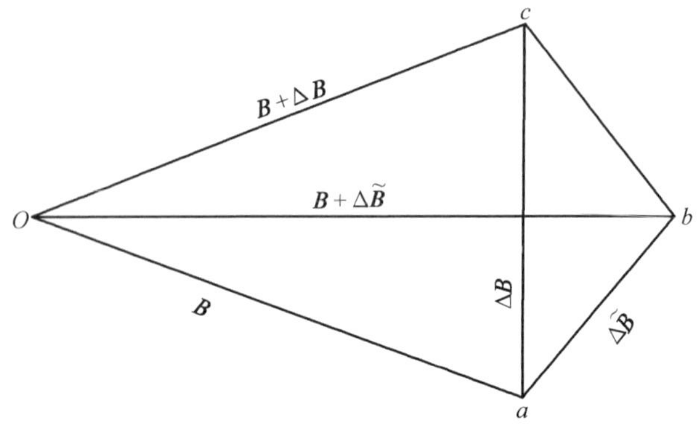

附图 1　向量的绝对改变与相对改变的关系

为了便于分析,分两步考虑:

首先,设在时间 Δt 中,动系 $O-xyz$ 相对于定系没有运动,则 $\Delta\boldsymbol{B}=\Delta\tilde{\boldsymbol{B}}$。从任一极点 O 画瞬间 t 的向量 $\boldsymbol{B}$,并加上 $\Delta\tilde{\boldsymbol{B}}$,得到向量 $\boldsymbol{B}+\Delta\tilde{\boldsymbol{B}}$。若动系只作移动,则情况也一样。因为当动系作移动时,向量 $\boldsymbol{B}+\Delta\tilde{\boldsymbol{B}}$ 将保持与其自身相等且平行,将两者移至共同极点 O 的图上,将互相重合。

其次,若动系 $O-xyz$ 在时间 Δt 中以角速度 $\boldsymbol{\Omega}$ 绕某一轴转动了角度 $\theta=\boldsymbol{\Omega}\Delta t$,则向量 $\boldsymbol{B}+\Delta\tilde{\boldsymbol{B}}$ 的端点 b 将有位移 $\boldsymbol{L}_{bc}$

$$\boldsymbol{L}_{bc}=\theta(\boldsymbol{B}+\Delta\tilde{\boldsymbol{B}})=\theta\boldsymbol{B}+\theta\Delta\tilde{\boldsymbol{B}}$$

式中,$\Delta\boldsymbol{B}$ 与 θ 都是微量,所以第二项是二阶微量,可略去。于是从附图 1 可看出,向量 $\boldsymbol{B}$ 的绝对改变 $\Delta\boldsymbol{B}$ 为

$$\Delta\boldsymbol{B}=\Delta\tilde{\boldsymbol{B}}+\boldsymbol{L}_{bc}=\Delta\tilde{\boldsymbol{B}}+\theta\boldsymbol{B}=\Delta\tilde{\boldsymbol{B}}+\boldsymbol{\Omega}\Delta t\cdot\boldsymbol{B}$$

两边各除以 Δt,并令 $\Delta t\to 0$ 取极限,得到

$$\lim_{\Delta t\to 0}\frac{\Delta\boldsymbol{B}}{\Delta t}=\lim_{\Delta t\to 0}\frac{\Delta\tilde{\boldsymbol{B}}}{\Delta t}+\lim_{\Delta t\to 0}\left(\frac{\boldsymbol{\Omega}\Delta t}{\Delta t}\cdot\boldsymbol{B}\right)$$

由理论力学知,对于动量 $\boldsymbol{B}$ 和动量矩 $\boldsymbol{K}$,上式有

$$\frac{\mathrm{d}\boldsymbol{B}}{\mathrm{d}t} = \frac{\mathrm{d}\tilde{\boldsymbol{B}}}{\mathrm{d}t} + \boldsymbol{\Omega}\boldsymbol{B} = \boldsymbol{F}$$

式中 $\boldsymbol{\Omega}$ ——动系中的转动角速度;

$\frac{\mathrm{d}\boldsymbol{B}}{\mathrm{d}t}$ ——定系中的时间导数;

$\frac{\mathrm{d}\tilde{\boldsymbol{B}}}{\mathrm{d}t}$ ——动系中的时间导数。

向量在定系中对时间的导数(绝对导数)等于在动系中的导数(相对导数)同动系的转动角速度与此向量的向量积之和。

动量矩公式中还包括动系以速度 $\boldsymbol{V}$ 移动,使动量矩的臂在 Δt 时间内有增量 $\boldsymbol{V}\Delta t$,使动量矩有增量 $(\boldsymbol{V}\Delta t)\times\boldsymbol{B}$,除以 Δt 并取极限得 $\boldsymbol{V}\boldsymbol{B}$,故有

$$\frac{\mathrm{d}\boldsymbol{K}}{\mathrm{d}t} = \frac{\mathrm{d}\tilde{\boldsymbol{K}}}{\mathrm{d}t} + \boldsymbol{\Omega}\boldsymbol{K} + \boldsymbol{V}\boldsymbol{B} = \boldsymbol{M}$$

式中 $\boldsymbol{B}$——船的动量;

$\boldsymbol{K}$——船相对于质心 G 运动的动量矩;

$\frac{\mathrm{d}\tilde{\boldsymbol{K}}}{\mathrm{d}t}$——向量 $\boldsymbol{K}$ 对于动系的时间导数。

对于动系,近似认为 $G-xyz$ 为船的中心惯性主轴时,有

$$\begin{aligned}\boldsymbol{B} &= m\boldsymbol{V}\\ &= B_x\boldsymbol{i} + B_y\boldsymbol{j} + B_z\boldsymbol{k}(\text{在动系中表示})\\ &= mu\boldsymbol{i} + mv\boldsymbol{j} + mw\boldsymbol{k}\\ \boldsymbol{K} &= K_x\boldsymbol{i} + K_y\boldsymbol{j} + K_z\boldsymbol{k}\\ &= I_xP\boldsymbol{i} + I_yq\boldsymbol{j} + I_zr\boldsymbol{k}\end{aligned}$$

式中,I_x、I_y、I_z 为船对动系 Gx、Gy、Gz 轴的转动惯量。

$$X\boldsymbol{i} + Y\boldsymbol{j} + Z\boldsymbol{k} = \boldsymbol{F}(F_x,F_y,F_z) = m\boldsymbol{a} = m\left(\frac{\mathrm{d}\boldsymbol{V}}{\mathrm{d}t} + \boldsymbol{\Omega}\boldsymbol{V}\right)$$

$$m\left(\frac{\mathrm{d}u}{\mathrm{d}t}\boldsymbol{i} + \frac{\mathrm{d}v}{\mathrm{d}t}\boldsymbol{j} + \frac{\mathrm{d}w}{\mathrm{d}t}\boldsymbol{k}\right) + m\begin{vmatrix}\boldsymbol{i} & \boldsymbol{j} & \boldsymbol{k}\\ p & q & r\\ u & v & w\end{vmatrix} = X\boldsymbol{i} + Y\boldsymbol{j} + Z\boldsymbol{k}$$

写成分量式,得动力学上的质心运动定理

$$\begin{cases}m\dot{u} + m(qw - vr) = X\\ m\dot{v} + m(ur - pw) = Y\\ m\dot{w} + m(pv - uq) = Z\end{cases} \tag{1}$$

同理有动量矩定理

$$L\boldsymbol{i} + M\boldsymbol{j} + N\boldsymbol{k} = \frac{\mathrm{d}}{\mathrm{d}t}(I_xp\boldsymbol{i} + I_yq\boldsymbol{j} + I_zr\boldsymbol{k}) +$$

$$\begin{vmatrix} \boldsymbol{i} & \boldsymbol{j} & \boldsymbol{K} \\ p & q & r \\ I_x p & I_y q & I_z r \end{vmatrix} + \begin{vmatrix} \boldsymbol{i} & \boldsymbol{j} & \boldsymbol{K} \\ u & v & w \\ mu & mv & mw \end{vmatrix}$$

写成分量式,得刚体绕定点转动的欧拉动力学方程

$$\begin{cases} I_x \cdot \dot{p} + (I_z - I_y) \cdot q \cdot r = L \\ I_y \cdot \dot{q} + (I_x - I_z) \cdot p \cdot r = M \\ I_z \cdot \dot{r} + (I_y - I_x) \cdot p \cdot q = N \end{cases} \tag{2}$$

(1)和(2)构成了船舶六自由度的运动方程式。

参考文献

[1]盛振邦,刘应中. 船舶原理(下册)[M]. 上海:上海交通大学出版社,2004.

[2]吴秀恒,刘祖源,施生达,等. 船舶操纵性[M]. 北京:国防工业出版社,2005.

[3]范尚雍. 船舶操纵性[M]. 北京:国防工业出版社,1988.

[4]苏玉民,庞永杰. 潜艇原理[M]. 哈尔滨:哈尔滨工程大学出版社,2005.

[5]沈海龙,陈庆童,苏玉民,等. 基于 CFD 技术的三维滑行艇水动力数值预报方法研究[C]// 第十五届中国海洋(岸)工程学术讨论会论文集. 北京:海洋出版社,2011:201 – 205.

[6]施生达. 潜艇操纵性[M]. 北京:国防工业出版社,1995.

[7]吴秀恒. 船舶操纵性与耐波性[M]. 2 版. 北京:人民交通出版社,1999.

[8]梁霄,李巍. 船舶操纵性与耐波性[M]. 大连:大连海事大学出版社,2012.

[9]苏兴翘,高士奇,黄衍顺. 船舶操纵性[M]. 北京:国防工业出版社,1989.

[10]张显库,贾欣乐. 船舶运动控制[M]. 北京:国防工业出版社,2006.

[11]胡寿松. 自动控制原理[M]. 北京:科学出版社,2007.

[12]MCCUE L. Handbook of marine craft hydrodynamics and motion control[J]. IEEE control systems,2016, 36(1):78 – 79.

[13]庞永杰,杨路春,李宏伟,等. 潜体水动力导数的 CFD 计算方法研究[J]. 哈尔滨工程大学学报,2009,30(8):903 – 908.

[14]黄昆仑,庞永杰,苏玉民,等. 潜器线性水动力系数计算方法研究[J]. 船舶力学,2008,12(05):697 – 703.

[15]黄蓉蓉,李星. 基于 MMG 标准的船舶四自由度操纵运动仿真[J]. 江苏船舶,2018,35(05):9 – 11.

[16]陈厚泰. 潜艇操纵性[M]. 北京:国防工业出版社,1981.

[17]戴遗山. 舰船在波浪中运动的频域与时域势流理论[M]. 北京:国防工业出版社,1998.

[18]王福军. 计算流体动力学分析:CFD 软件原理与应用[M]. 北京:清华大学出版社,2004.

[19]张亮,李云波. 流体力学[M]. 哈尔滨:哈尔滨工程大学出版社,2006.

[20]常文田. 垂直平面运动机构的分析与研究[D]. 哈尔滨:哈尔滨工程大学,2005.

[21]吴宝山. 第七届船舶力学学术委员会操纵性学组工作总结报告[C]// 船舶力学学术委员会全体会议. 中国造船,2010:51 – 61.

[22]邹早建. 船舶操纵性研究进展[C]// 第六届船舶力学学术委员会全体会议专集,船舶力学,2006:54 – 67.

[23]金種三,小林英一,野本謙作. 操縱性試驗の最小自乘法解析[C]//日本造船學會論文集,1978(144):40 – 49.

[24]MOREIRA L, SOARES C G. Dynamic model of manoeuvrability using recursive neural

networks[J]. Ocean Engineering,2003,30(13):1669 - 1697.

[25]孔祥军,邹早建,牟军敏. 一种操纵性水动力导数的实用估算方法[J]. 武汉理工大学学报(交通科学与工程版),2004,28(1):30 - 32.

[26]于勇. FLUENT 入门与进阶教程[M]. 北京:北京理工大学出版社,2008.

[27]张彬. 自动控制原理[M]. 2 版. 北京:北京邮电大学出版社,2009.

[28]金鸿章,姚绪梁. 船舶控制原理[M]. 哈尔滨:哈尔滨工程大学出版社,2013.

[29]刘延柱,朱本华,杨海兴. 理论力学[M]. 3 版. 北京:高等教育出版社,2008.

[30]ALT C V. REMUS 100 transportable mine countermeasure package[C]// Oceans. IEEE, San Diego:Institute of Electrical and Electronics Engineers Inc. ,2003:1925 - 1930.

[31]孙建刚. 船舶操纵运动仿真[D]. 上海:上海交通大学,2006.

[32]叶正兵. 船舶浅水区域航行时的下沉量的数值计算方法研究[D]. 大连:大连海事大学,2009.

[33]李超,吴明,关宇,等. 一种改进的船舶下沉量计算公式[J]. 舰船科学技术,2013,35(3):52 - 56.

[34]陆冬青,芮震峰,万林,等. 风浪中两船并靠作业最高实施海况的估算[J]. 航海技术,2004(z1):39 - 42.

[35]张晨曦,邹早建,杨勇. 浅水中会遇船舶水动力相互作用数值研究[J]. 船舶力学,2012,16(1/2):27 - 35.

[36]姚建喜,邹早建. 船舶近岸航行岸壁效应数值研究[J]. 武汉理工大学学报(交通科学与工程版),2011,35(3):435 - 438.

[37]陆冬青,查海波. 船舶靠离码头触碰岸壁操纵运动计算研究[J]. 中国航海,2013,36(1):105 - 108.

[38]李迎华,潘子英,李龙. 潜水器坐离底吸附力模型试验研究[C]// 全国水动力学研讨会并周培源诞辰 110 周年纪念大会论文集. 北京:海洋出版社,2012:530 - 537.

[39]郭威,王晓辉. 载人潜水器及其运动控制[J]. 仪器仪表学报,2005,26(8):824 - 826.

[40]杨仁友,司马灿,张俊强. 潜器调节索功能分析及水动力性能设计[J]. 船舶力学,2011,15(1):66 - 73.

[41]王小庆,潘子英,陈鲁愚. 扁平型水下航行体操纵性水动力 CFD 预报方法研究[C]// 全国水动力学研讨会并周培源诞辰 110 周年纪念大会论文集. 北京:海洋出版社,2012:945 - 960.

[42]山県昌夫,菊池義男. 推進器と舵との相互作用に関する実験[J]. 日本造船協会會報,1933(52):7 - 30.

[43]KANG D, NAGARAGAN V, HASEGAWA K, et al. Mathematical model of single-propeller twin-rudder ship[J]. Journal of Marine Science and Technology,2008,13(3):207 - 222.

[44]程宣恺,周志勇,陈康,等. 船模自航试验数值模拟研究[J]. 船舶与海洋工程,2013(03):10 - 15.

[45]杨建民,玉岛正裕,杨晨俊,等. 反应舵在螺旋桨尾流中的水动力性能[J]. 中国造船,1998(4):2 - 6.

[46]陈杨科,何苗,姜治芳,等. 桨舵组合式节能推进器设计及水动力性能验证[J]. 中国舰船研究,2015,10(03):13－18.

[47]孙亦兵,梁淑芬,徐传兴. 舵的形状参数对舵性能的影响[J]. 华中工学院学报,1983(04):77－82.

[48]刘小健. 基于实船与模型试验的船舶操纵性相关性分析[J]. 船舶力学,2017(S1):270－277.

[49]肖传芳,刘杨. 船舶在波浪中的机动操舵仿真[J]. 船舶工程,2011,33(S2):29－31,35.

[50]FOSSEN T I,JOHN WILEY & SONS. Hand book of marine craft hydrodynamics and motion contro[M]. Hoboken:John Wiley & Sons Ltd. ,2011.